現代魔術の源流

「黄金の夜明け団」入門

the essential golden dawn

チック・シセロ＋サンドラ・タバサ・シセロ［著］
江口之隆［訳・解説］

ヒカルランド

霧深き19世紀末ロンドン——

大英帝都の片隅に世界オカルト史に燦然と名を残す秘密結社が誕生した。

その名は「黄金の夜明け団」(The Hermetic Order of the Golden Dawn)。

ヘルメス学、エジプト魔術、錬金術、カバラ、占星術など、西洋秘教伝統の膨大な蓄積を体系化したその教義は、20世紀以降の魔術・スピリチュアル理論に決定的な影響を与えた。

本書は謎に包まれた同団の《歴史・人物・教義》のすべてを明らかにし、現代に生きる魔術師たちのスピリチュアル・パスの探求に資することを目的とするものである。

黄金の夜明けの象徴「十字と三角形」

「祭壇上の似姿は、不滅の光すなわち三位一体の光、闇のなかを動き、闇の世界を造り、また闇よりいでる世界を造る光の似姿たる白い三角形なり……白い三角形の上の赤い十字は光のなかに広がるかれの似姿なり」

――――――ニオファイト儀式より

「十字と三角形はともに生命と光を表すものなり」

――――――ジェレーター儀式より

「祭壇の象徴群は、三至高者の綜合としての白三角形に集中される神聖なる光の諸力と顕現を表す……ティファレトの赤十字が白三角形の上に配されるが、白三角形を支配する目的ではなく、その光を引き降ろし、外陣に顕現させるのである。あたかも自己犠牲の象徴を掲げて十字架にかけられた者が、このようにして光の聖なる三組に触れ、物質に作用を引き起こしたのと同様である」

――――――Ｚ１文書「入場者」より

「テンプルの祭壇上にも、光の上昇を表す象徴群が置かれている。六正方形からなる赤いカルヴァリ十字が、調和と均衡の象徴として白三角形の上にある――これが黄金の夜明けの紋章である。三角形と十字は至高のセフィロトの象徴にして、躍動的生命と万物の根源の象徴である。しかるに人間にあっては、本質的に精神の精髄である霊的能力の三組を構成する。ゆえに三角形は光を表す適切な紋章である。そして三角形の上という十字の位置は、聖なる霊の支配ではなく、人間の心における霊の均衡と調和を示唆している」

――――――イスラエル・リガルディー著『黄金の夜明け魔術全書』まえがきより

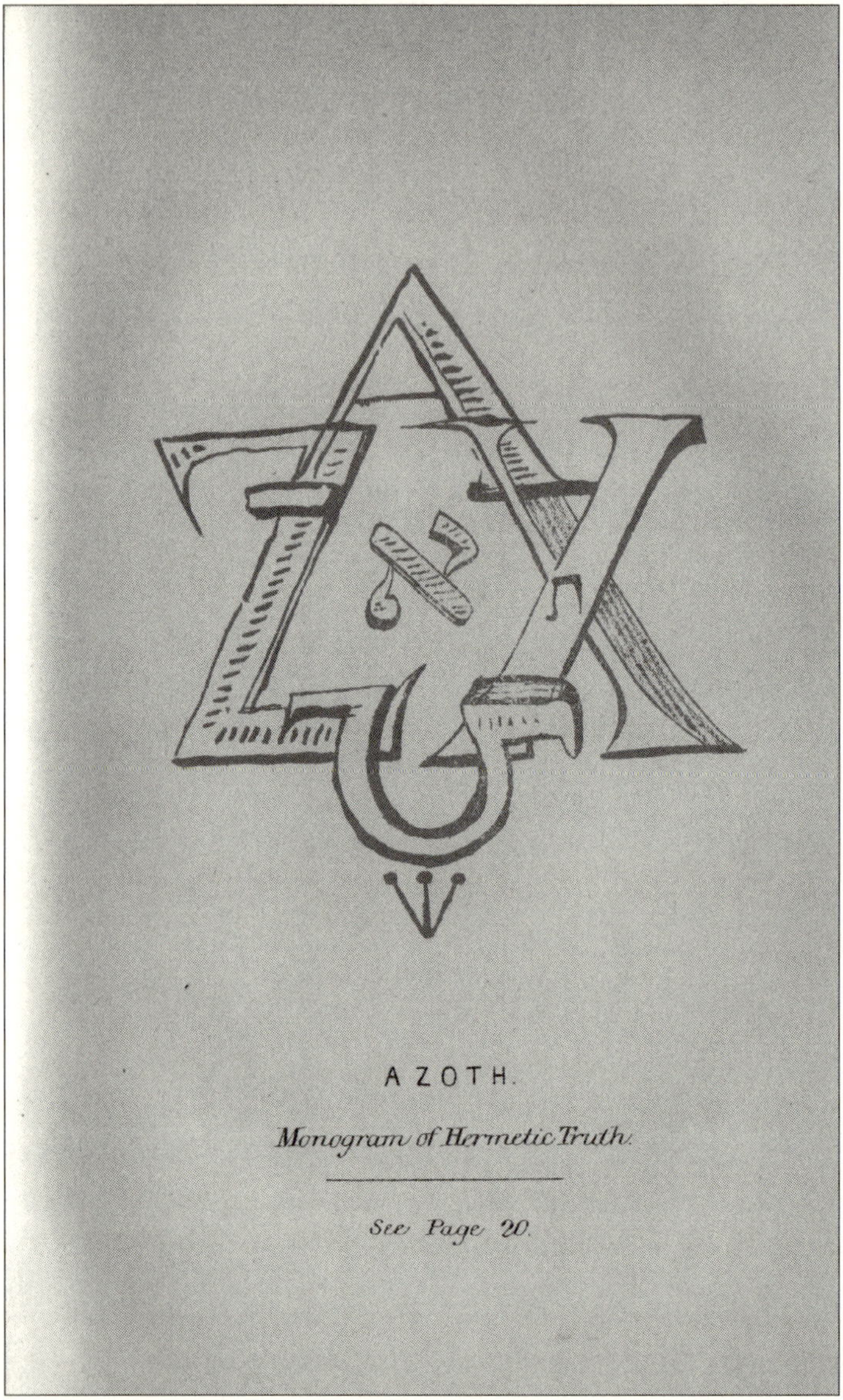

ｉ）ヘルメス学の真理を表すモノグラム「アゾス」。ヘブル・ギリシャ・ラテンの各文字で「大いなる作業」（Great Work）のテーマが示されている。ウィリアム・W・ウェストコット博士が翻訳・編集したエリファス・レヴィ遺稿集『神聖王国の魔術儀式』（*The Magical Ritual of the Sanctum Regnum*）より。タロットカードの大アルカナ22枚に沿ってレヴィの隠秘学思想を紹介した同書は、黄金の夜明け団の理論的支柱の一つとなり、団員のあいだでも熱心に読まれた。

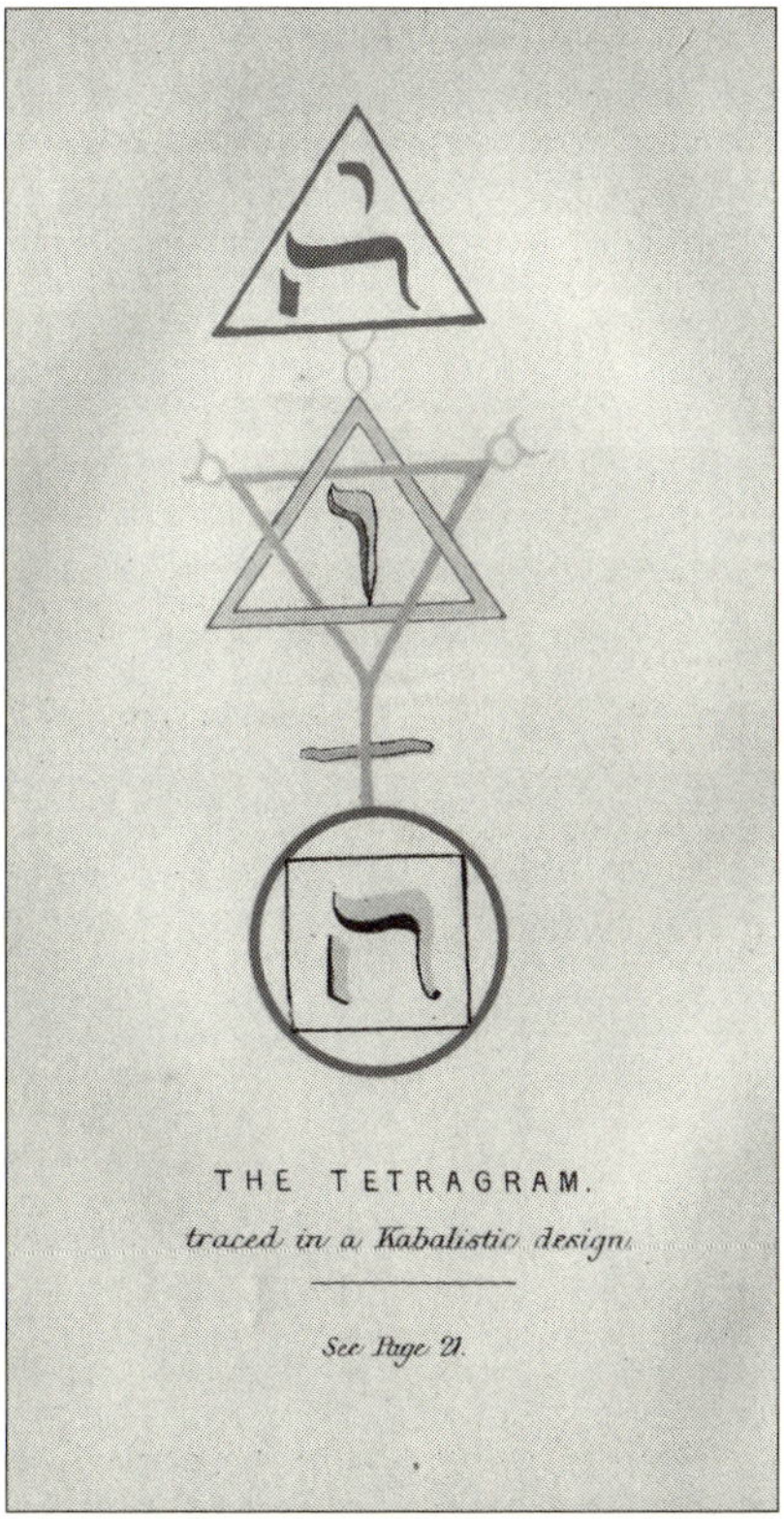

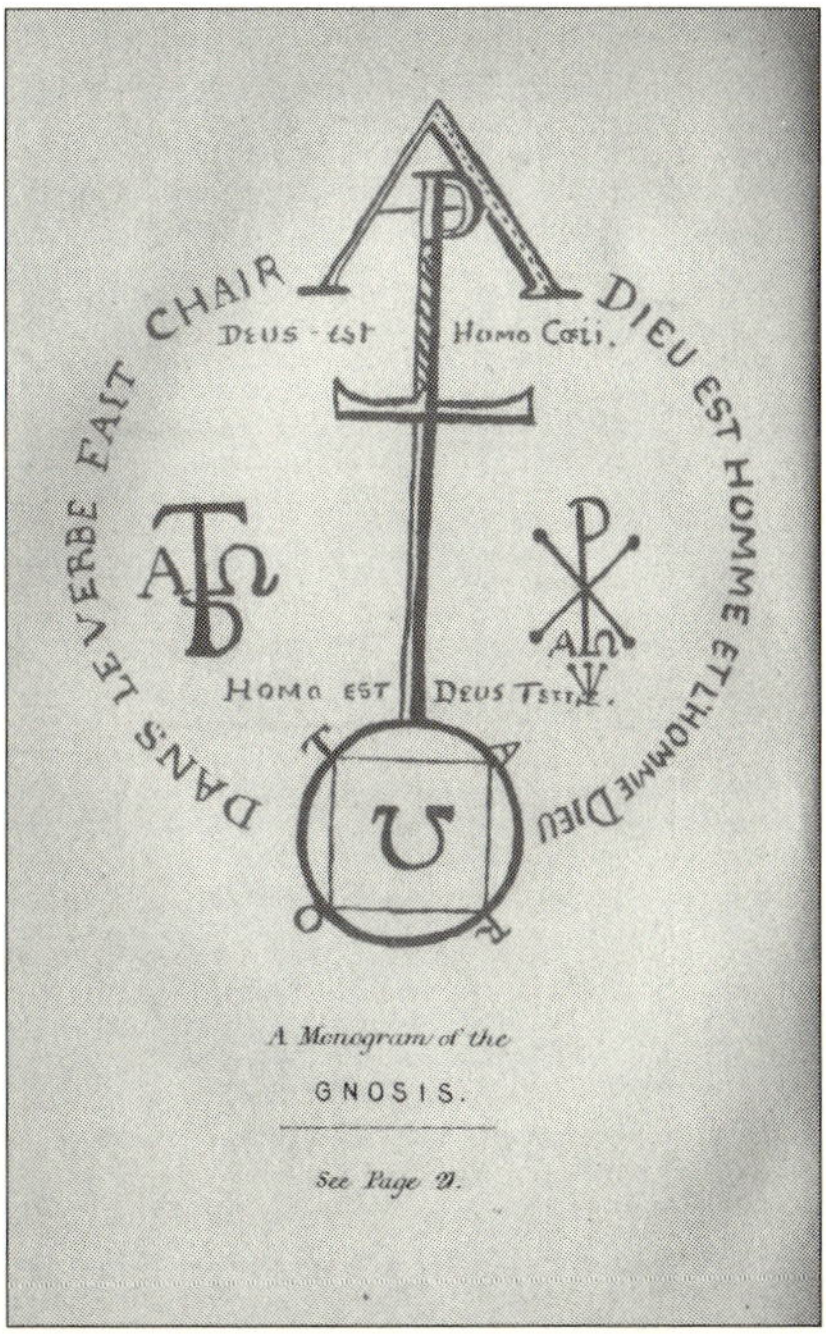

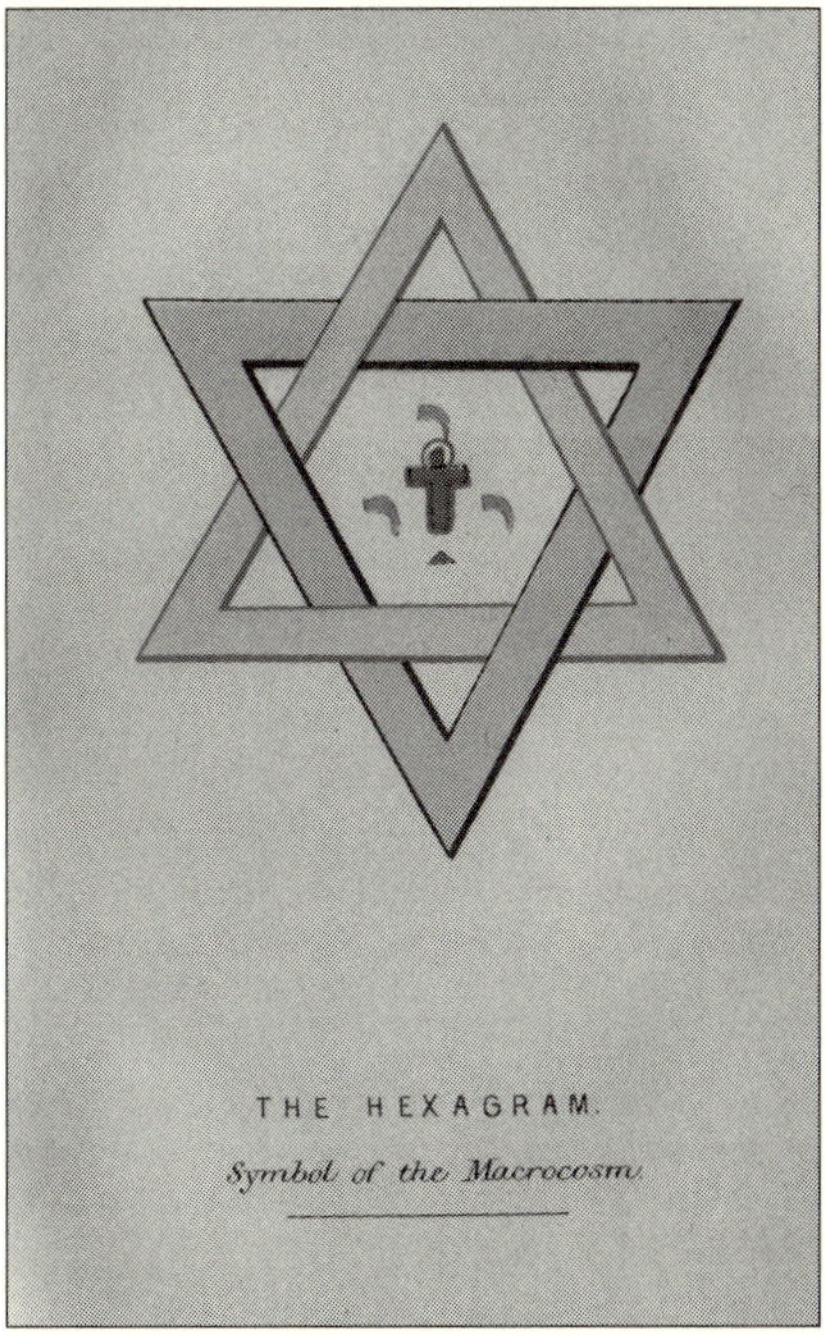

（左上）
ii）テトラグラム。カバラ・ヘルメス学的に描かれた高次の３区分。黄金の夜明け参入者であれば直ちにこれが意味するところを理解するだろう。

（右上）
iii）グノーシス思想をまとめたモノグラム。ギリシャ・ラテン文字により構成され、エゼキエルの輪と福音記者ヨハネの秘密が表現されている。ROTA の４文字を示すが、これはカバラ的観点からは「タロット」という言葉を表すという。

（右下）
iv）ヘキサグラム（六芒星）。大宇宙の象徴。上向きの黄色い三角と下向きの青い三角で構成される。中心にはタウ十字とヘブル文字「ヨッド」が３つ配置されている。

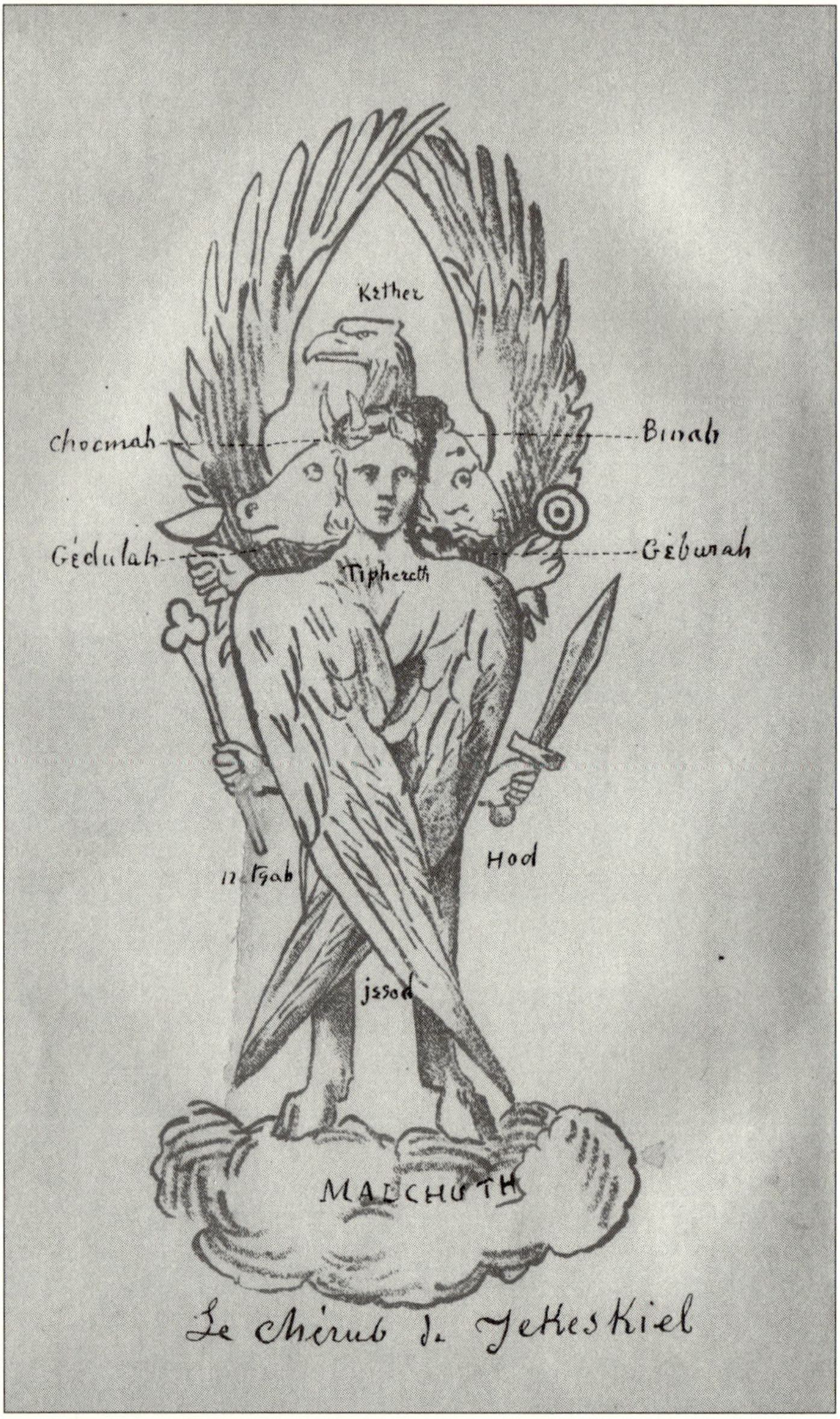

v）エゼキエル書にある智天使ケルビムになぞらえた生命の樹（本書表紙）。セフィロトと称する10の球と、それらをつなぐ22の小径で構成された生命の樹は、宇宙の万物の関係を示すカバラの中核思想とされた。黄金の夜明け団の位階制やタロット・占星術解釈なども、この構造との照応がベースとなっている。

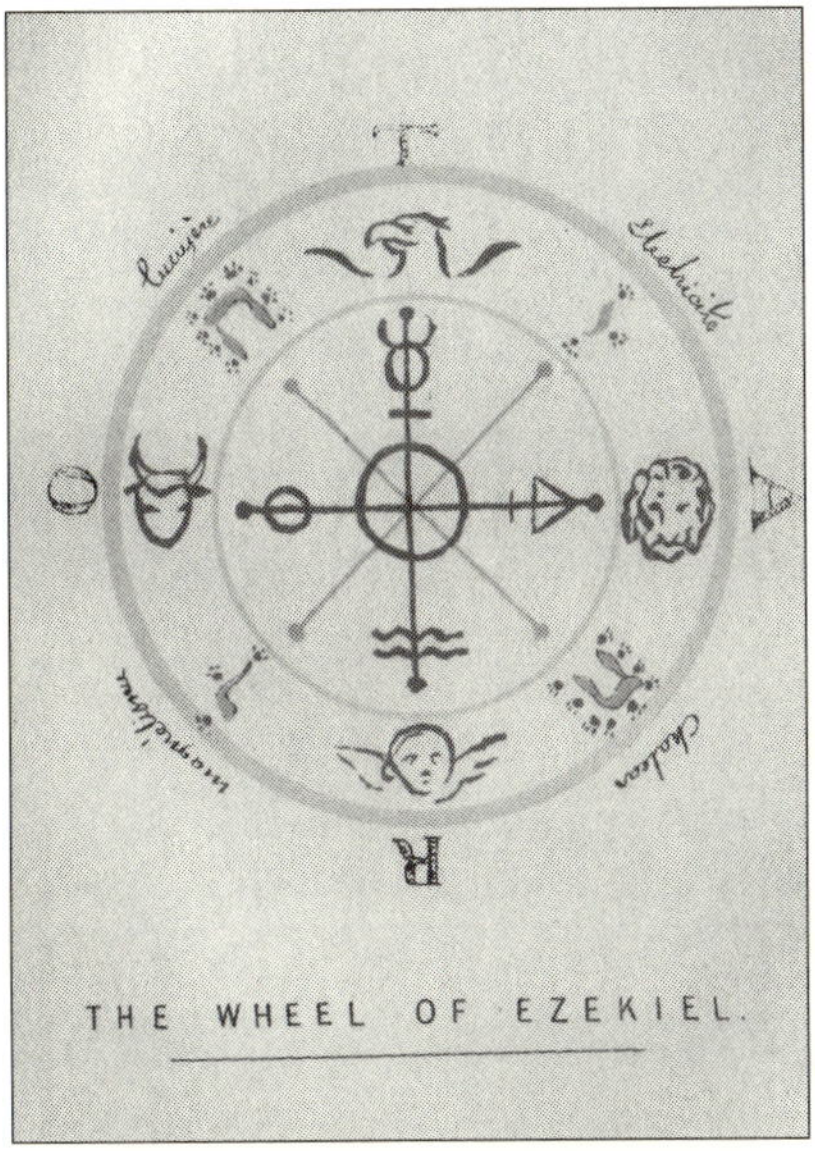

vi）エゼキエルの輪（本書裏表紙）。世界の均衡構造の秘密を表す。高等魔術のパワーを発動させるための土台とされた。

vii）世界で最も有名なウェイト＝スミス版タロットの「運命の輪」カード。作画者のパメラ・C・スミスは黄金の夜明け団員だった一時期があり、彼女のデザインには団の儀式や教義の影響が感じられる。

viii）魔法剣。邪悪なるものを断ち切り、祓うとされた。儀式で使う短剣は、この破魔の役割のほか、空気の元素の象徴として用いられた。

ix）魔法剣のイメージはタロットの「剣エース」に継承されている。一般的には強い意志力や明晰な判断力を示すとされる。

x）魔術結社の教義や儀式の内容は極秘とされたので、当然ながら写真記録は残されていないが、関係文献に基づき再現した。上は⓪＝⓪位階儀式祭壇の想像図。中央に黄金の夜明けの象徴・十字三角が置かれ、その周りにランプやワインなどの道具類が配置される。

xi）西旗（左）と東旗（右）。外陣儀式における重要な魔法道具のひとつ。西旗は黒地に白抜きの三角形、中に黄色く縁どられた赤の十字架。東旗は白地に赤（上向き）と青（下向き）の２つの三角で構成されたヘキサグラム。その背面に黄色の十字という意匠である。

xii）左右の柱。左の黒い柱＝生命の樹のビナー、ゲブラー、ホド（闇、夜、女性、形状）、右の白い柱＝同じくコクマー、ケセド、ネツァク（光、昼、男性、力）にそれぞれ照応している。両柱あわせて、カバラで重視される「力の均衡・中庸」の象徴とされた。

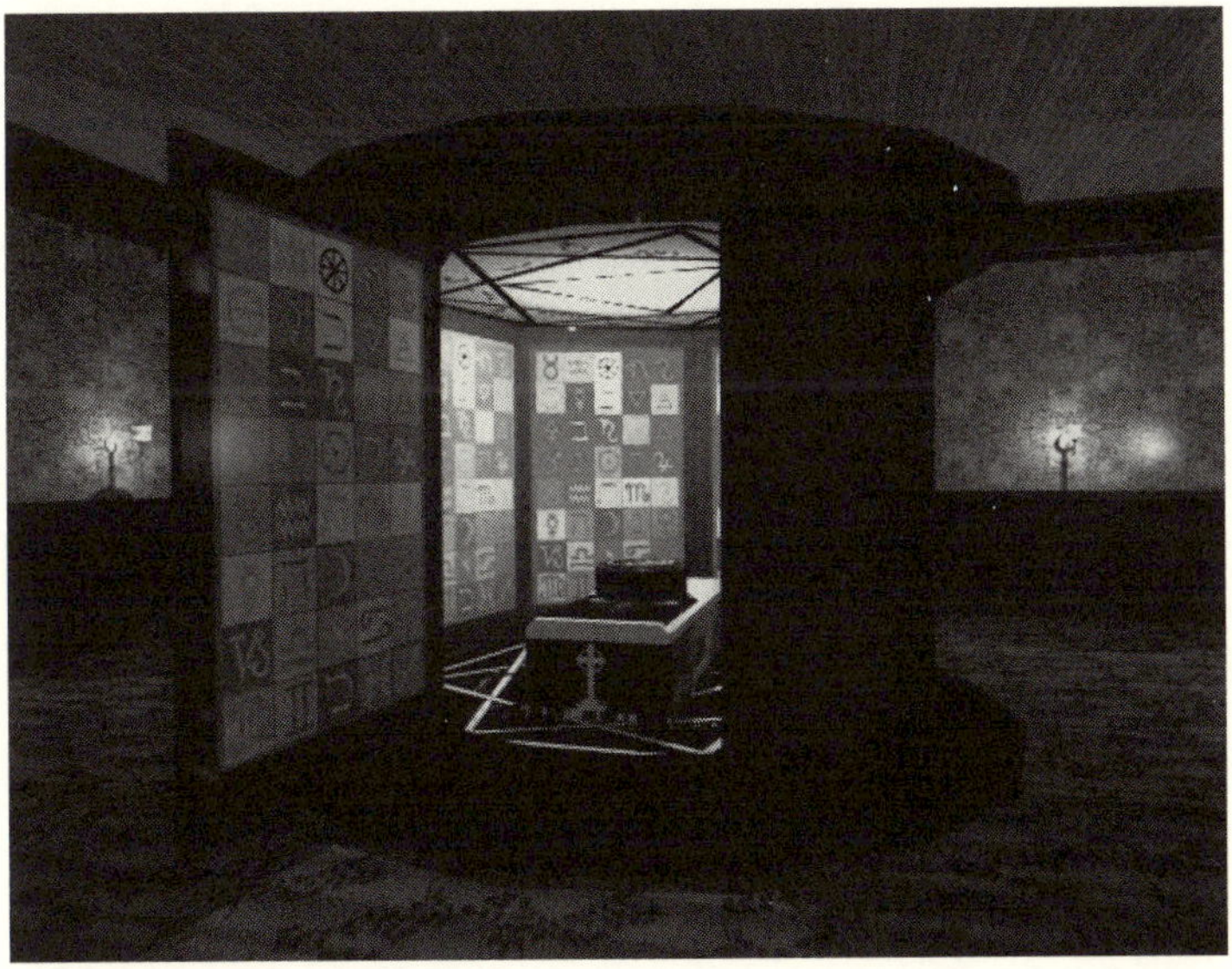

xiii）地下納骨所。薔薇十字団の伝説的始祖、クリスチャン・ローゼンクロイツの墓所を模したもので、⑤＝⑥位階儀式などに用いられる。内部の七側壁は惑星に対応した様々な象徴群が描かれたカラフルなもの。実際に使われていたのは組み立て式のもので引っ越しなどによる移動も可能であった。

口絵出典

図ｉ）～vi）、および viii）

Eliphas Levi, *The Magical Ritual of the Sanctum Regnum*; translated and edited by W. Wynn Westcott. London: George Redway, 1896. (First edition.) *

図vii）および ix）

初期ライダータロット「Pamela-D」**

図ｘ）～xiii）

CG 制作：江口之隆 ***

- * および ** は訳者所蔵。
- ** および *** については「西洋魔術博物館」HP で他図版含むカラー画像の閲覧が可能。
  http://www.elfindog.sakura.ne.jp/

目次　現代魔術の源流［黄金の夜明け団］入門

第6章　黄金の夜明けの教義：その内容…　223

カバーデザイン　櫻井浩（⑥Design）
校正　麦秋アートセンター
本文仮名書体　蒼穹仮名（キャップス）

序章

1888年、カバラ主義者、薔薇十字団員、フリーメイソンに神智学協会会員といった面々が集って魔術結社を創立しました。これが黄金の夜明け団（The Hermetic Order of the Golden Dawn）です。この結社ほど西洋儀式魔術にインパクトを与えた組織はかつてなかったと断言してもよいでしょう。アメリカでもヨーロッパでも、黄金の夜明け団の教義を借用していない魔術結社を見つけるのは困難です。この魔術結社はお金があったわけでもありませんし、大人数を集めてもいません。それでも黄金の夜明け団のカリキュラムのほとんどすべてが現代の西洋魔術や秘教思想に浸透し、吸収されてしまいました。無数の魔術集団や魔女サークル、はてはニューエイジグループに至るまで、五芒星儀式や中央の柱といった黄金の夜明け系のスタンダードを事実上採用しているくらいです。

といろいろ書いてしまいましたが、右の文章には少し解説が必要でしょう。1888年に創立された黄金の夜明け団は、創立者たちの呼び方に従えば「エソテリック黄金の夜明け」団であり、団員たちの間では「外陣黄金の夜明け団」と呼ばれていました。この団体の存在を初めて公に言及した記述では「黄金の夜明けヘルメス学徒」です。1902年3月20日に提出された「再建規則」原案では「黄金の夜明けヘルメス協会」となっています。ですが、だいたいのところ、黄金の夜明け団とあっさり呼ぶのが普通です。イスラエル・リガルディーが『生命の樹』と『黄金の夜明け魔術全書』の両書を発表して以降、「黄金の夜明け団」という名称が一般的に用いられています。

黄金の夜明けは宗教として創造されたものではありませんが、宗教的イメージと霊的コンセプトが作業現場にあっては重要な役割を果たします。創立者たちは黄金の夜明けを男女が集うヘルメス結社、人類の哲学的霊的心霊的進化に貢献する魔術師とオカルティストの友愛組織にしようと意図していました。またこの組織の目指すところは秘教知識を授ける学校にして保存庫でもありました。学徒はここでオカルト学の基本原理を学習し、またさまざまな西洋哲学と実践魔術の要素を研究したのち、実際の魔術作業に乗り出すという算段です。

この学校の生徒たちが求めるものは昂揚した霊的経験であり、内的進化であり、一連の参入儀式を通して得られる啓発でした。位階が上がればさらなる魔術と哲学の研究が始まります。参入者は研究と瞑想をみっちり積んで次なる位階への昇進を目指します。ヘブル文字を学習し、各文字に照応する配属物（数字、色彩、惑星、神格、宝石、占星術記号、錬金術原理など）を記憶します。強い動機を持った生徒が固い決意とともに辛抱強く学習したのち、団が教える魔術技法の実践者がようやく誕生したといえるでしょう。

黄金の夜明けは、ロンドンの検視官にして著名なフリーメイソンでもあったウィリアム・ウィン・ウェストコット博士の創造物でした。この人がたまたま手に入れた文書があり、それには一連の疑似フリーメイソン儀式の概略が暗号で記されていました。ウェストコットはそれをもとに男女が参入できる秘教団体を構想しました。他に二人のフリーメイソン系薔薇十字団員の助けを借りて文書の儀式を翻訳し、１８８８年2月、ロンドンにてイシス・ウラニア・テンプル№3が開幕。かくして黄金の夜明けが誕生したという次第です。

黄金の夜明け団がもっとも活発に活動したのは１８８８年から１９０３年までです。この期間、ウェストン・スパー・メア、ブラドフォード、エジンバラ、さらにパリに団のテンプルが設けられました。参入者は合計でほぼ３５０人、その3分の1は女性です。３５０人中、外陣位階を終えて内陣組織「ルビーの薔薇と黄金の十字」の団員になれた者はおよそ3分の1でした。内陣の参入者になってようやく定期的に魔術作業が行われるようになります。そして内陣の下部位階ジェレーター・アデプタス・マイナーよりも上に進んだ人はさらに一握りだったのです（この見積もりには「暁の星」や「アルファ・オメガ」といった後期派生組織の人員は入っていません。これらの組織は元祖黄金の夜明け団が活動停止した１９０３年以降に生まれたもので、位階昇進に必要な条件が異なるのです。第三の分派「独立改定儀礼」はすべての魔術作業をカリキュラムから除外して純粋な神秘主義友愛組織となっています）。

元祖黄金の夜明け団が3派に分裂してからまるまる1世紀が経過した現在、いまほど黄金の夜明け団に対する関心が高まっている時代もないでしょう。これは魔術というタブー視された題材から秘密のヴェイルと迷信の霧を取り除こうと決意したイスラエル・リガルディーの尽力に帰すること大です。魔術といえば原始的な学問もどきにすぎないという悪評が主流であった時代において、魔術は精神の訓育にして現代心理学の一部門たりえるとし、汚名返上に努めようというのがリガルディーの願いでした。後世に多大なる影響を与えた書『黄金の夜明け魔術全書』および他の著作はこの点でも役に立ちました。あらゆる階層のヘルメス学徒が団の教義と霊的訓練にアクセス可能となったからです。以来、無数の志望者がこの知識を利用してきました。今日では、魔術団体に所属しなくてもだれでも黄金の夜明け流の魔術師になれます。わたしたちが黄金の夜明けに「団」をつけずに黄金の夜明け「システム」とか「伝統」と記述することがあるのもこのためです。

「ヴィクトリア朝の教義が現在でも人を引きつけるのはどんな価値があるからなのか?」という疑問が湧くかもしれません。なぜ黄金の夜明けの魔術システムが新世代の霊的探究者たちにも称賛され、ときに模倣されたり借用されたりしているのでしょうか。

黄金の夜明けシステムはその大部分がオリジナルではありません。構成要素の多くが過去1000年間の秘教文献のなかに散見されます。しかし黄金の夜明け団の創立者たちは実践魔術と霊的成長のための論理的一貫体系を総合する天才だったのです。長年にわたる宗教的迫害のためにあちこちに分散していた西洋秘教伝統の断片を収集してつなぎあわせ、ちゃんと使えるシステムを創りあげました。それはバランスのとれた構成であり、原理をしっかり説明し、知識面においても深いものでした。単にパーツを集めた足し算ではなく、むしろ掛け算といってよかったのです。そしてその体系を動かすための男女平等の友愛会があります。かれらの団としての集合的達成は、各メンバーの人間的短所を計算に入れても大きくプラスとみなされるものでした。

黄金の夜明けシステムを真摯《しんし》に追求した人々の多くが、約束された目標を達成し、このシステムの有効性を確認したという事実は揺らぎません。さらにいえば、黄金の夜明けシステムは前世紀の遺物でもありません。とんでもない話です。ここに包括された古代知識は不変にして不朽です。いまの利己主義と物欲の時代にあって、霊的叡智《えいち》と個人的成長などは時代遅れと思われるかもしれませんが、決してそうではないのです。他の知識学派と同様、黄金の夜明けの教えもまた成長し、進化し、その時代の学徒のニーズに対応してきました。考古学者や研究者、心理学者や21世紀の魔術師たちによって新たな情報が次々に発見される一方、システムの基本原理と精神が有する路線からは外れないのです。

黄金の夜明けシステムは活気あふれる生きた伝統であり、これからも多くの実践者の魔術と霊的生活を豊かにしていくでしょう。


すでに黄金の夜明けに親しんでいた読者の方々には、右に書いたようなことはほとんど驚くにはあたらないはずです。近年、黄金の夜明けに関する書物が何冊も発表されています。その歴史、儀式、作業や教義がだれにでも手に入る状況です。とはいうものの、黄金の夜明けのことをほとんど、あるいはまったく知らない人が大多数だというのも事実なのです。さまざまな流派が黄金の夜明けに関する文献や研究を蓄積してきたことを考えれば、新たな霊的修行法を求める人々が黄金の夜明けに偏見を持っているという事態もまた驚愕ものです。最近では黄金の夜明けを名乗って金儲けをしようとする人々や、インターネット上で不正確な情報をまき散らす人々のおかげで事態はいよいよ悪化しています。そして一分一秒、時は金なりというこの世界、人々は霊的ファストフードを求めているともいえます。手っ取り早く、包装済みの、簡単に手に入るものが欲しいのです。

結果として、黄金の夜明け流の魔術師に必要とされる作法も訓練も理解していない人々が、およそ間違った動機で参入を求めている場合が多いといえます。黄金の夜明けこそ最強の魔術システムだと耳にしただけで、それ以外のことはまったく知らない人もいます。「もっとパワーを得られるかも」「有力者を味方につけて人々に影響力を及ぼしたい」「嫌いな隣人に呪いをかけたい」「宝くじに当たりたい」といった動機の人々もいます。なかには「アントン・ラヴェイの『悪魔のバイブル』の付録にあった儀式を行ったので、そろそろ黄金の夜明けに参入する時期がきた」という奇怪な結論に至ったやっかいな人もいました！　残念ながら、これが西洋秘教伝統とりわけ黄金の夜明けシステムを取り巻く誤解や勘違いの実態です。魔術界を構成する人員の大多数がいまだ黄金の夜明けの実体も教義もまったく知らないのです。さらにいえば、黄金の夜明けの魔術師に必要な原理も水準も精神もまったく理解していません。

本書はこの問題への対処を試みます。黄金の夜明けを扱う書物はいろいろありますが、初心者にはやさしい表現と簡単な用語が必要だということを考慮に入れている書物はほとんどありません。リガルディーの『黄金の夜明け魔術全書』などはその分厚さだけで初心者を追い払うに十分です。また純粋に歴史的視点から記された書物もあれば、団の魔術実践のみに主眼を置く書物もあります。本書を記すにあたり、わたしたちは歴史的視点、魔術的視点の両者から黄金の夜明けの基本をストレートに紹介しようと思います。

黄金の夜明けの位階昇進にはさまざまな研究と儀式作業の完遂が必要です。その様子はしばしば「魔術の博士号取得」に等しいとされてきました。となれば、黄金の夜明けシステムの複雑さをやさしい言葉で初心者に説明して、最終的に重さ20kg超の大冊を書かずに済むにはどうすればよいのでしょうか。この作業を引き受けるにあたり、わたしたちは以下の要件を考慮に入れることにしました。

黄金の夜明け魔術システムに貴重な時間とエネルギーを捧げるか否か、それは黄金の夜明けに関する必要情報を得てから決定すべきです。この情報は簡潔かつ正確でなければなりません。ゆえにわたしたちは以下の情報を本文中に記します。

1）ヘルメス学あるいは西洋秘教伝統として知られるものの歴史的ルーツと原理の紹介。これは黄金の夜明け団を理解するうえで必須です。

2）黄金の夜明けの簡潔かつ正確な歴史、さらに著名メンバーのざっとした人物紹介。元祖黄金の夜明け団は起伏に富む興味深い歴史を有しています。真の天才を発揮したこともあれば、赤面ものの恥をさらしたこともあります。このところ、黄金の夜明けの系統図に新たな空白を生み出そうとの意図のもと、派手な英雄崇拝と歴史修正が遠慮会釈なくまかりとおっていますが、そういう時代であればこそわたしたちは団の創立者たちの個人的欠点を糊塗しようとは思いません。霊的なものを学ぶ者として、わたしたちは偉大な先達からすべてを学ばねばなりません。そしてかれらの過ちからも学ばねばならないのです。

3）魔術の原理と法則の紹介。黄金の夜明けシステムは現代西洋世界の主流魔術として知られています。ゆえに学徒は開始にあたり魔術とはなにか、どう働くかを明確に理解しておく必要があります。また黄金の夜明けの教義で強調されている特定の高等魔術の理解も必須です。

4）黄金の夜明けシステムと位階構造の精査。位階構造の解説、さらにテンプル内の儀式を遂行する際の司官たちの簡潔な描写。黄金の夜明け位階儀式が伝えようとしている照応論と効果の簡潔な解説。

5）基本的な儀式作業。初心者が黄金の夜明け魔術システムに親しむための儀式と訓練のセレクション。黄金の夜明け儀式に含まれる基本ステップの解説も入れて、初心者が簡単な黄金の夜明けスタイルの儀式を創作実行できるようにします。

6）黄金の夜明けの理論と実践を構成する要素の概観。カバラ、占星術、占術、霊的錬金術、霊視、アストラル作業、エノク魔術。

7）秘儀参入の心理学。黄金の夜明け参入プロセスが有する霊的、錬金術的、心理学的効果。黄金の夜明けシステムに内包される基本原理と精神。システムの背後にある哲学。

8）付録に以下のものを入れます。黄金の夜明け歴史年表。オリジナルメンバーの魔法名一覧。用語集。参考文献一覧。索引。

本書は黄金の夜明けの全体像を把握してよりよく理解したいという初心者のために記されました。霊的な道程を歩むにあたり、健全な選択をするための理解といってもよいでしょう。本書を読み終えて、黄金の夜明けシステムに魅力を感じる、あるいはもっと知りたいと思われたなら、このテーマを扱う別の書物をお求めください。わたしたちの著書『黄金の夜明け伝統への自己参入』（*Self-Initiation into the Golden Dawn Tradition*）にあるコースもよい出発点となるはずです。

黄金の夜明けシステム全体は複雑な代物です。だからといって、簡単なことを知りたいだけの初心者が圧倒される必要はないといえるでしょう。「ヘルメス学ってなに？」「魔術はどうやって作用するの？」「この魔術システムは他のシステムとどう違うの？」「参入過程でなにが起きるの？」「黄金の夜明け魔術システムは自分に合う霊的道筋なの？」

真剣に学ばれる人には、本書はこういった疑問への回答をいくつか提供できると思っております。

第1章　ヘルメス学と西洋秘教伝統

魔術結社はしばしばヘルメス団体と称されます。黄金の夜明け団も正式名称はThe Hermetic Order of the Golden Dawnです。

さてわたしたちも直接知るところですが、ヘルメス団体に参入を希望する人の多くがヘルメス学に関する知識をまったく持ち合わせていません。ヘルメスの道への適性の有無を決めるまえに、ヘルメス学の起源と基本原理をしっかり理解しておくほうがよいでしょう。とはいえ、「これがヘルメス学だ」と明確な形で提示することも難しいのです。いまもむかしも、ヘルメスの道はあちこちの伝統からよさそうなものをいろいろ借りて混ぜ合わせた代物だからです。そうはいっても、他の伝統と共有している部分を精査することでヘルメスの道の基本的特徴を定義することは可能でしょう。

ヘルメス学：その起源

黄金の夜明け団の正式名称The Hermetic Order of the Golden Dawnには「ヘルメスの」という形容詞が入っています。これはヘルメス学を奉じる団体であることを表してます。ヘルメス学は伝達を司るギリシャの神ヘルメスにちなんで名付けられました。この神はエジプトの知恵と魔術の神トートと同一視されるようになり、ヘルメス・トートはあらゆる知的活動と学問の守護神として知られています（図1）。この場合の学問には占星術、天文学、建築術、錬金術、数学、医学、著述、生物学、農業、商業、占術などが含まれ、とりわけ実践魔術が占める割合は大です。ヘルメスはまた最高の哲学者でもありました。宇宙の秘密と、宇宙を動かす霊理を理解し、また人間のなんたるかを熟知した偉大な教師であり、時代を通じて男女に技術を伝え、生活を向上させる霊的知識を授けたとされています。

紀元2世紀頃になると、ヘルメスのイメージは2匹の蛇が絡み合うカデュケス杖を持つヘルメス・メルク

図１：ヘルメス・トート

リウス・トリスメギストス「三重に偉大なヘルメス」として世間一般に浸透しました。ヘルメス・トリスメギストスは古代エジプトの司祭にして魔術師であり、秘教哲学に関する著書を42冊書き記したといわれています。これら42冊はまとめて「ヘルメス文書」と称されています。

ヘルメス学のルーツは古代にありますが、比較的新しい古代といってよいでしょう。1世紀前後のヘレニズム期です。この時期、アレクサンドロス大王の地中海世界征服によってギリシャとエジプト（古代名ケム）という偉大な二つの文化が合流し、アレクサンドリアの都という文明のるつぼを生み出しました。さまざまな宗教、哲学、伝統、文化がこのコスモポリタンの都になだれこみ、後世にヘルメス学として知られる哲学と霊性と魔術の総合物（現代ヘルメス学のソース）を錬成したといえます。新たに生まれたこのさまざまな信仰の融合物は、半神半人の叡智のエジプト神がルーツであり、生まれも育ちもエジプトとされています。しかし、ヘルメス学は、たしかに不変不朽のケムの宗教、魔術、哲学を貯蔵するみずみずしいオアシスですが、そこにはギリシャの古典哲学や多神教、プラトン哲学、新プラトン主義、ストア派、新ピタゴラス主義、さらにはイアンブリコスのテウルギアすなわち高等魔術も保存されていたのです。この混合物にユダヤ教の天使階層論、ペルシャのゾロアスター教二元論、キリスト教やグノーシス教も追加されました。以上が古代ヘルメス学の基本成分です。

ヘルメス学に影響を与えたもの

ヘルメス学はアレクサンドリアという洗練された都でひしめきあっていた多数の文化や宗教から多くのものを借用しています。すでに一部は紹介していますが、すべてを解説するには紙面が足りません。ヘルメス学の進展に多大な影響を与えたものを簡潔に記していきたいと思います。

エジプトの宗教と魔術

古代エジプト（紀元前３１００－同１０００）の人々にとって、宗教と魔術の区別はほとんどありませんでした。両者に差異があったとすれば、魔術実践のほうが宗教のそれよりも身近だったというくらいでしょう。宗教では信者は司祭という仲介者を通して神に嘆願します。一方、魔術師は神をダイレクトに召喚するのです。とはいうものの、司祭と魔術師が同一人の兼業という場合がほとんどでした。

古代の歴史家ヘロドトスによれば、エジプト人は「世界一といってよいほど、やりすぎなくらいの宗教好き」[1]でした。エジプトの宗教は複雑で美しくて、抽象的一神論と具体的多神論が混ざり合った誤解されやすい代物です。一部のエジプト学者によれば、ケムの国の住民は創造神という概念を信奉していたようです。それは永遠にして普遍、自ら存在し、人間には把握できないものとされていました。

エジプトの文書は後付けの解説文や注釈が山ほど入っていて、考察や疑問などが余白に書き込まれた長々しい代物である。キリスト教神学を混乱させてきた難問奇問の類《たぐい》が古代エジプトの文献にも登場する。たとえば絶対超絶神に敵対者が存在する理由などだ。創造主を創造したのはだれかというパラドックス、悪の起源、神の男性面と女性面、神は時間のなかに存在するか否か。こういった疑問がキリストが登場する２０００年前にすでに人々の心を悩ませていたのである。[2]

この不可知の神格はときに「ネテル」と称されます。推測される意味としては「神」「神聖」「力」「再生」などがあげられています。エジプトの多神論はその莫大な数の神々を見ても明らかです。神聖神、天上神、地上神、地方神、群小神ときりがありません。これらの神々はネテルのさまざまな局面、あるいは属性ない

し延長とみなされていました。不可知なるネテルが人間精神にも把握できる形で顕現したものであり、人に愛され、崇拝されるためのものだったのです。

エジプト人は哲学が誕生する以前から独自の思考生活を送っていた。自然界の作用や、究極的には説明不能となる魂の現実を洞察し、神話を用いてそれらを伝達していた。エジプトの神々はギリシャの神々よりも無意識層の生々しいアーケタイプにより接近しているし、ある意味でより知的でもあるといってよい。エジプトの神々は観念を表現しているからである。(3)

エジプト人は自然現象の解説にあたっても複数の異なる解釈が両立しうると認識していました。対立し合う神々、神話、伝説のいずれにも正当性を認めるのです。それは現代的思考では混乱にして矛盾と見なされるものでしょうが、エジプト人にとっては一つの現実の代替的表現であり、自然の力の特定面を強調するものとされたのでした。(4)

エジプトの宗教には3種の原理が見てとれます。(1)創造主あるいは「高等神」というかたちをとる太陽一神論。その力は太陽から放たれる生命授与光線に象徴される。(2)自然の再生力に対する信仰。ナイル川の生命授与水に象徴され、無数の豊穣神や豊穣女神、神聖獣といった多神教崇拝によって表現される。(3)人にして神という神格の確認。その物理的世界と霊的世界における人生は、死の向こうにある完成された人間世界を映し出す。

神/人としてのオシリス信仰はエジプト史の初期にはもう確立していました。この神様は他の神様と違って接触が可能であり、そのため人々が大いに慕っていました。神でありながら、人としての部分を自分と重ね合わせることができたからです。オシリスはかつて地のおもてを歩み、人と同じくものを食べ、酒を飲みました。そして人と同じく、オシリスは苦しみ、亡くなりました――しかし他の神々の助けを得て蘇りました。かくしてオシリスは復活と永遠の生命の神として愛されるようになりました。人類も歩むことができるお手本をこの神様が示してくださったからです。他の神々がオシリスにしてあげたことを自分たち人間も他者に施すべきである、とエジプト人は判断しました。オシリスがそうであったように、人間の死者もまた復活して永遠の生命を受け継げるようにと、多数の宗教的魔術的儀式が考案されました。

エジプト人は「人間の魂」という概念を発達させた世界最初の人々でもありました。そしてかれらの宗教の大部分は死者の死後の幸福に注力しました。人間は数種の部分から構成される存在とされました。具体的にいえばクハト（肉体）、カー（アストラル体）、バー（魂）、クフ（霊）、セケム（生命力）、カイビト（影）、そしてレン（名前）です。魂にあたるバーは人間における生命の座と見なされました。バーという言葉には高貴、至高あるいは強大といった意味が含まれています。魂は死後に自由となり、墓所を出て昇天します。しかし霊とアストラル体は墓所に幽閉される場合があり、そういった事態が発生しないよう魔術の術式が用いられました。

エジプトには2種類の魔術師がいました。神殿で修行を積む司祭魔術師と、どこにも属さない世俗魔術師です。しかし大多数は司祭階級でした。さまざまな神々に捧げられた神殿が何百もあり、それぞれ専属の司祭がいろいろな職をこなしていました。神像のお世話係（食べ物をお供えし、衣をまとわせる等々）もいました。浄化もまた重要なお勤めでした――司祭は1日4回水浴びし、剃髪し、特定の衣のみをまとっていました。

高等司祭は「セムの司祭」、あるいは「神の最初の預言者」として知られていました。その下に測天官と呼ばれる司祭団がいて、かれらの仕事は一日の夜と昼の長さを厳密に計算することでした。これはきわめて重要な機能でした。さまざまな儀式を特定の時刻に開始する必要があったからです。測天官は太陽と恒星の位置を考慮に入れて、儀式の開始時刻をピンポイントで算出していました。また占星司祭たちもいて、特定の日にいかなる行動をとるべきかを示す占星暦を担当していました。

しかし司祭魔術師たちはこの2グループには属さない人々でした。かれらは「生命の家」として知られる神殿の一画に居住していました。この神殿には図書館もありました。一般庶民はなにかあれば生命の家に赴き、呪文や護符をもらっていました。司祭たちは身を守る呪文を与えたり、夢占いをしたり、病気平癒の儀式を行ったりします。司祭魔術師たちは秘伝の書物を慎重に秘匿しており、魔術の知識が他に漏れないよう警戒してもいました。かれらはきわめてパワフルな重要人物と見なされていました。

こういったエジプト魔術の一面が、ヘルメス伝統のきわめて重要な部分として現在まで伝わっています。それは「神聖名」と「力の名前」に対する信仰なのです。イシスがラーの真の名前を知ってラーを支配する神話のように、神の秘密の名前を知ることができれば魔術師は大いなる力を得られる、とエジプト人は信じていました（この発想が後世、ギリシャ系エジプト様式の「野蛮なる名前の術」として姿を現すことになります）。

ギリシャの古典哲学

ケムの住民が古代世界で一番宗教的な人々であったとすれば、ヘレネスの民（ギリシャ人）たちが一番哲学的であったことは確実でしょう。紀元前６００年から同２００年にかけて、ギリシャおよび小アジア沿岸のギリシャ系都市では新思想が流行していました。伝統的な神々の実在に疑問を呈し、物質論と合理論を支持するというギリシャの哲学者たちが登場したのもこの地域でした。学者仲間のあいだで根付きつつあった思想の一つが「万物は一物より生ず」というものでした。この「一物」の本質に関してはさまざまな論がありましたが、この宇宙にあるすべてのものは同一物質より創られているという点で多くの哲学者たちが同意しています。この基本物質は宇宙に浸透していて、そこから複数の元素が出現したというわけです。哲学者アナクシマンドロスはこの本質をアペイロンあるいは「無限なるもの」と称しています[5]。

哲学者にして神秘家、そして魔術師でもあったピタゴラスの主張によれば、万物のエッセンスは数であり、現実はその中核において数学的性質を有するとのこと。すなわち「万物は数である」[6]。ピタゴラスといえば音楽と客観世界における数の意義を指摘した人とされており、ゆえに非魔術世界では古代の数学者としか見なされません。しかし信奉者の目に映るピタゴラスは偉大なる魔術師にして霊的指導者でした。そしてかれの生徒には男性のみならず女性もいたのです。

当時の哲学者たちとは異なり、ピタゴラスは人間の魂の存在を信じていました。またかれは転生論を教えており、ある種の過去世退行のやり方も授けていたようです。ピタゴラスが創立した組織は、真の哲学学派というよりは社会の道徳的向上を目的とする宗教グループといったほうがよいでしょう。メンバーたちは厳格な秘密の誓いと忠誠を求められました。ピタゴラスの教えでは、哲学原理は霊的浄化にも使えるし、人間の魂は天に昇って神なるものと合一できるとされました。また数学に由来するある種のシンボルには神秘的重要性があるとも教えられていました。

数が持つ神聖性に夢中になったピタゴラスは、弟子たちのための聖なるシンボルとして数学由来の図形をいくつも用いていました。そのなかにペンタグラム（五芒星）とテトラクティス（図2）があります。テトラクティスでは4という数が取り上げられていますが、同時にモナド、デュアド、トリアド、テトラド（すなわち1、2、3、4）と続く最初の10の数の重要性も示しています。これらの10数にはそれぞれ固有の属性が与えられていて、単一からの前進的進化と見なされるのです。そしてそこには二元性があり、複数化があり、綜合があります。この哲学が初期のカバラ教義に影響を及ぼしたかどうか、その判断は難しいところです。ピタゴラス自身が口伝によるヘブル伝統に影響を受けている可能性も考えられます。

同時期、他の哲学者にはある種の一神教を教えていた人もいます。神はあらゆる時、あらゆる物質、あらゆる自然のなかに存在するとしていました。自然の本質は不変であると説く人もいれば、万物は変転するという見解を採用する人もいました。

エンペドクレスは自然界の四元素すなわち火、水、空気、地という考えを最初に抱いた人です。またかれはこの宇宙が二つの世界から構成されているという考えを支持していました。善の霊的世界と悪の物質的世界の2種類です。そしてエンペドクレスは人間は二つの魂を持っていると考えました。有限の「プシケ」あるいは下位の魂、そして不滅の「ダイモン」あるいは上位の魂です。

哲学者アナクサゴラスの説では、神聖なる精神あるいは「ノウス」は物理宇宙の背後に存在する一個の実体にして力であるとされました。この精神が宇宙の中心で回転運動を通じて世界を創出しているとのこと。

後期のギリシャの知識人たちのなかには、当時の哲学界の主流であった極端な物質論や合理論に背を向ける者もいました。かれらは独自の合理的神秘主義を発展させました。おそらくは伝統の神々を信じなくなったために社会に生じた道徳的退廃を逆転させようという意図もあったのでしょう。ソクラテスの主な教えは、個人は内なる声によって指導されるべきであるというものでした。しかしすべての古典的ギリシャ哲学者たちのなかで、ソクラテスの弟子であったプラトンこそヘルメス伝統に最大の影響を与えた人物でした。

イデアあるいはアーケタイプは物理世界が創造される以前から存在した、とプラトンは教えます。言い方を変えるなら、この宇宙の万物のすべてのイデアは不可視の超自然界に存在している――そして物理世界に

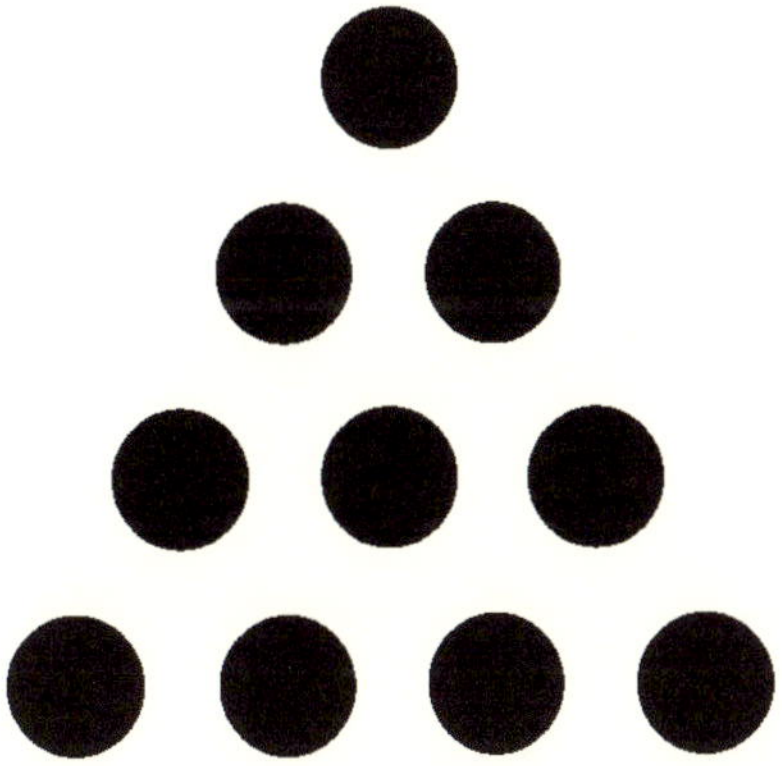

図2：テトラクティス

あるすべての被創造物は神的原型の不完全なコピーにすぎないということです。かくしてプラトンの哲学は汚れた物質界と完全なイデア界という先鋭的二元論を発達させました。この両界を結ぶものが名状しがたい混沌的物質「マテリア」であり、これは自然的プロセスを経て四元素へと進化しました。しかし、両界が相互に作用して顕現世界を形成することを目的として、「デミウルゴス」あるいは「創造神」が宇宙の形を決めて創造したとされています。この思想はのちにグノーシス教の教義に組み込まれました。

プラトンは魂に関する論も提唱しています。個人の魂は死後も生き続け、裁きを受けるとされました。すなわち永遠の喜びを授かるか、あるいは「タルタロス」と呼ばれる場所で永遠の懲罰を受けるのです。ただしタルタロスでは人の罪悪は時の経過とともに赦《ゆる》されます（プラトンのこの思想はのちに初期キリスト教徒が採用します）。プラトンによれば、魂は3種のパーツに分かれるそうです。不滅の部分が「ロゴス」であり、頭部に位置し、知性と同一視されます。「ツモス」は意志であり、心臓に位置します。そして「エピテミア」は欲望であり、下腹部にあります。

プラトンはこの世界自体にも魂があると信じていました。そして個々人はこの「世界魂」と接触して神聖なる知識を取り戻すことができると考えていました。人間はもともと神聖なるイデア界の出身だからです。この世界に生まれた際に忘れてしまった知識を思い出すことさえできればよいのです。プラトンの考えでは、星も惑星もより高次の存在というだけです。

プラトンの思想を一部借用したり採用したりするグループも存在しました。たとえば新プラトン主義、あるいはグノーシス教、さらに初期キリスト教徒たちです。プラトンの教えの一部とカバラ教義の類似性は見誤りようのないものです。そしてプラトンの仮説はヘルメス伝統の基礎のみならず西洋哲学全体の基礎を形成しているといってよいでしょう。

ギリシャの密儀宗教

密儀宗教はアレクサンドロス大王の時代に発展し、繁栄しました。この時期、エジプトやペルシャを含めて世界の大部分がギリシャ化したといってもよいでしょう。密儀宗教が人気となったのは、哲学者たちの冷徹な物質論や抽象的合理論がもたらす道徳的退廃が人々に嫌われたためでした。人々はふたたび神々を信じることを欲した、というか必要となったのです。言われるままに国家が定めた形式で伝統神を崇拝するのではなく、心の奥深くにある感情を呼び覚ますべく、積極的に宗教に参加したくなりました。密儀宗教がこの欲求を満たしました。当時、大衆による神々崇拝と同時並行するかたちで少数の特権階級だけが出席する秘密の参入儀式が存在していました。先ほどから使っている「密儀」は mystery ギリシャ語の「ミステリア」に相当するもので、一般大衆を対象としない私的あるいは秘密の儀式を意味しています。

密儀宗教が召喚して崇拝する神々はさまざまでした。この種の祭儀のなかで最古のものと思われるサモトラキアの密儀では、「カビリ」、すなわち「偉大なる神々」が中心となっていました。オルフェウス系密儀はギリシャの英雄オルフェウスが創始したと伝えられています。その祭儀の焦点は天地の創造者にして光をもたらす神ディオニソス・パネスにありました。エジプトではイシスとオシリスの密儀が行われており、アレクサンドリアではセラピス祭儀が盛んでした。さらに小アジアから輸入されたキュベレーとアティスの密儀もあります。その神話はバビロニアの神々イシュタルとタムズのそれと類似したものでした。いろいろ列挙しましたが、もっとも有名な密儀はエレウシス密儀です。アテネを中心に行われていて、中心となる神々はデメテル、ペルセポネー、そしてハデスです。その後、ペルシャの太陽神ミトラの祭儀がローマ帝国の辺境植民地で勃興していきました。

こういった密儀に参入した人間がどんな体験をしたのか、正確なところはわからないのです。そもそも参入者は密儀を非常に大事に思っていたので、部外者に秘密をもらすことを拒否していました。秘密の誓いを破った者は皆無だったので、記録はほとんど残っていません。のちにキリスト教に改宗した元信者たちですら秘密の誓いを破ることを断固として拒否しています。密儀宗教はそれほど強力なものでした。わずかにわかっていることといえば、ほとんどすべての密儀宗教が死と再生というテーマを扱っていたということくらいです（一人のカビリが三人のカビリによって死なせられ、ふたたび蘇る。オシリスは邪悪なるセトによってばらばらにされ、イシスによって復活する。ディオニソスの多くの死と転生、そしてペルセポネーの黄泉下り等々）。

こういった神話を再現することにより、偉大なる生への霊的再誕――永遠の生命の達成を通じて死に打ち勝つ――という感覚が参入者のなかに浸透します。人を日常から聖なる再誕へと救いあげ、人類の霊的本質をダイレクトに意識させようとします。これらの密儀が登場してきた背景には、高度な神的叡智と真の霊的経験は一定の修行によって浄化された個人のみが体得する、とする信仰がありました。密儀は霊的エクスタシーを生み出すことによって宇宙の秘密を開示しようと試みます。あるいは慎重に計画された一連の参入儀式によって加速的霊的覚醒を促そうとするのです。

この種の儀式にあっては、浄化は重要な役割を果たします。他の要素としては、行進、神話の再現、動物供犠、お供え物、断食、地下世界への下降とそこからの回帰の実践あるいは象徴的実践等があげられます。参入者はこういったいわば演劇に積極的に参加して、象徴的な死と再誕を経験するという仕組みです。

密儀の基本テーマはなんらかのレベルで参入者が「死からの復活」を経験するものです。それは後世のヘルメス団体でも大きな役割を果たすようになり、影響は錬金術師から薔薇十字団員にまで及びます。死と再誕というテーマは黄金の夜明けの参入儀式でも明らかです。

ギリシャ人は知識にも3種類あると考えていました。「マテシス」は学習可能な知識であり、「グノーシス」は瞑想ないし直観によって獲得する知識、そして「パテシス」は感じ取る知識です。密儀宗教はこれら3種の知識を総動員して参入者の啓発をはかります。とりわけ重視されたのがパテシスであり、参入者に高等教義を直接経験させる機会を与えようとしていました。密儀宗教は国家主宰の大衆宗教に欠けていた超絶体験ないし霊的エクスタシーを提供すると約束していたのです。

初期キリスト教もまた、多くの人の目にはギリシャ系の密儀の一種と映っていました。神々も神話も用語も哲学的応用も、どれもすでに似たようなものがあったからです。キリスト教が大成功を収めた理由のひとつは、万人に開かれていたからです。キリスト教は奴隷も女性も受け入れていましたが、他の密儀宗教、たとえばミトラ教などは社会的地位の高い男性のみを対象としてたのです。キリスト教の有力一派が一大政治勢力となり、同業のライバルたちを粉砕してしまうのに、たいして時間はかかりませんでした。

ストア哲学

ヘルメス伝統における意義という点で、もっとも重要なギリシャ哲学のひとつがストア哲学です。ストア派の著名哲学者といえばゼノンとエラトステネスでしょう。ストア派の主張によれば、すべての知識の目的は、人類に行動規範を示すことにあるといいます。知識をもとに穏やかな精神と道徳観の確立をもたらすような行動をとればよいというのです。ストア派はまた、極端な物質論を信奉し、科学的調査の重要性を強調していました。物理以外のすべての現実を無視しました。理性のみが人間存在が目指すべきモデルであり、知覚は知識のための基盤でしかありません。ストア派的精神にとっては、顕現した宇宙は例証された美徳でした。ゆえに道徳的価値観、正しい行い、義務、正義といったものの重要性が強調されました。美徳は幸福をもたらすとされたため、ストア派は霊的理由のみならず世俗的理由でも美徳を追求するようになりました。

ストア派の感覚でも、宇宙は「世界魂」すなわち「ノウス」によって創造されましたが、この力は完全に物質的であるとされていました。さらにすべての宗教神話は哲学的真理を伝えるための寓意と考えられていました。ストア派の信念では、ロゴス（神話ではゼウスという名前）は自らを物質世界の元素に変換するのですが、それは自然のプロセスであって霊的なものではないのです。

ストア哲学は往々にして宿命論となり懐疑論ともなります。ストア派の信奉者たちは運命論と転生論を信じていました。とはいえ、かれらの考えでは、人は何回生まれ変わってもまったく同じ人生を繰り返すのです。

ストア派が魔術に大いに貢献したもののひとつに、宇宙共感論があります。この宇宙のなかにある万物は論理的かつ秩序的に連結しているとする考え方です。(7) さらにストア派の論理と合理精神に対する崇敬は、ヘルメス伝統にあっても大いに役に立ちます。魔術実験の真偽を検証する際の健全な懐疑心や、あらゆる結果を額面通りに受け取らないという心構えを心に刻む必要があるからです。

グノーシス教

グノーシス教はキリスト教信仰とギリシャ密儀宗教が組み合わされたものです。とはいえミトラ教と同様、キリスト教にあまりにも似ているため、当時の権力者によってキリスト教系の異端というレッテルを貼られてしまいます。そしてキリスト教系異端はたいていの異教よりも徹底的に粉砕される運命にありました。それはともかく、グノーシス運動はキリスト誕生から数世紀のあいだ、地中海の東で繁栄していました。

以前述べたように、「グノーシス」は「知識」、とりわけ直感を通して獲得した知識を指します。グノーシス信者が求める知識は直接開示を通じて得られる神の知識でした。この知識は特定の認識の産物としてのみ到来する「秘密」なのです。そしてこの知識は信仰も理性も超えるものです――刻苦精励して自らの世俗的存在を超越しようとする者にのみ直接（すなわち秘密裡に）明かされる宇宙の本質といえます。かくして得られた霊的真理の解釈は個々人が各自行うよう奨励されていました。それもまた霊的啓発の一つのかたちとされたのです。キリストと「チャネリング」して新たな啓示を得ることも宗教的到達のあかしと見なされていました。啓示はまだ続いているのであり、確定した厳格なドグマではないというわけです。

グノーシス教には数種の流派があります。単一の信仰体系でもなければ、統一された思想運動でもありません。キリスト教と同様、グノーシス教も多くの分派に分かれています。初期キリスト教もさまざまな信仰を有する数種の派閥から構成されていたものです。グノーシス教の場合、ほぼ2種類にグループ分けすることが可能です。まずよりユダヤ教寄りのセス派グノーシス（アダムの息子セスにちなむ）、そしてキリスト教寄りのグループがありました。後者は提唱者ヴァレンティヌスにちなんでヴァレンタイン派グノーシスと称されます。

グノーシス教の基本教理は、人間の霊は物質に幽閉された神聖なる本質を表すというものです。人間の霊

（プネウマ）は神の火花であり、それが神とは無関係の邪悪なる物質世界に囚われていると考えます。この世界は実はデミウルゴス（プラトンから借用した観念）が創造したものなのです。デミウルゴスは下位の創造神であり、時には邪悪、時には単なる無知となります。かくしてグノーシス教では人間（囚われた神）と物理世界（神の牢獄）という基本的に二元論を信じることになります。人間は半分が天使、半分が獣であると定義されました。

グノーシス教の世界観は無数の階層構造となっていて、最高層は光に満ちあふれる神の領域、最下層は濃密な物質に囚われた人類の暗黒界とされました。中間にある半透明の物理世界を支配するのは十二宮と惑星の力に象徴される反抗的な中間存在すなわちアルコンたちです。つまるところグノーシスとは、魂が邪悪な物質世界から脱出し、統制がとれていないアルコンたちの領域を通り抜け、もとの光の家に復帰するための知識だったのです。

グノーシス教は邪悪なる創造神ではなく超絶神に全身全霊を捧げます。いわば人類とアルコンとデミウルゴスが乱闘を繰り広げるこの不完全な世界に対して、超絶神はある仲裁案を出しました。世界に救済者を与え、救済者を通してグノーシスを達成する道を示したのです。一部のグノーシス分派では、この救済者はソフィアすなわち神の「知恵」とされました。別の分派ではソフィアの兄弟（あるいは配偶者）であるキリストがそれとされており、さらに一部ではたんに「ロゴス」、つまり「言葉」と称されました。救世主の目的は物質と神聖なる光の混合状態の分離を行うことにあります。また救世主は、光の世界への帰還という冒険をなし、あとに続く者たちのお手本の役割を果たします。

『ピスティス・ソフィア（信仰の叡智）』と題される重要なグノーシス文献にはソフィアの物語が記されています。かつて天上の存在であったソフィアは野心と欺瞞によって物質世界と光の世界の中間にある裂け目に転落してしまいました（このあたりは人間が置かれている現状の反映です）。改悛と信仰、そして救世主イエスの助力を得て、ソフィアは10のアイオンを上昇して光のなかに以前の地位を見出します。これもまたギリシャの密儀宗教にある死と再誕の象徴的物語といえるでしょう。大きな違いといえば、グノーシス教にあっては救世主キリストの超絶性が主要な密儀とされている点くらいです。

いろいろ紹介しましたが、人類は物質に幽閉されているとするグノーシス的見解は、同時代の大多数の宗教の見解とそれほど大きな違いはありません。物質世界は幻影であり、霊的世界が真理の領域であるとする教えはいまもむかしもよくあるものなのです。

グノーシス教の構造は諸神混淆《こんこう》タイプといってよいでしょう。他の伝統からいろいろと借用しています。ゾロアスター教からは光と闇の二元論を、東洋からは転生論を、バビロニアからは占星術を、そして異教密儀からは真名《まな》や力の言葉への尊崇を採用しているのです。しかしグノーシス教が特別なのは、霊的真理がきわめて個人的なものであるとする確固たる信念です。これこそは現代のヘルメス学徒たちからも大いに評価されているグノーシス教義のひとつです。

新プラトン主義

ここまでヘルメス伝統に影響を及ぼしたものをいろいろ紹介してきましたが、インパクトという点で新プラトン主義以上のものはありません。この思想の代表的哲学者はプロティヌス（204－270）です。かれの教えは紀元6世紀までギリシャ哲学の主流となりました。プロティヌスはグノーシス運動をプラトンの教えの堕落版として批判しました（後代のプラトン信奉者たちはプラトンを神の預言者なみに崇拝していたのです）。新プラトン主義者たちが広めた思想の多くはグノーシスのそれに類似していましたが、大きな違いがひとつありました。プロティヌスとその信奉者たちの教えには、邪悪なる創造者デミウルゴスと物質の牢獄はいっさい登場しないのです。

プロティヌスは古典哲学者たちの合理的論理的宇宙観と神秘主義者たちの神秘体験のブレンドに成功したといえるでしょう。プラトンの理論をギリシャ神秘主義の観点から解釈し、たんに知的好奇心を満足させるにとどまらず、霊的経験の仕組みを説明しようとします。プロティヌスは、神は人間の理解の範疇を完全に超えるものと考えていました。

プロティヌスの教えでは、神（プロトス・セオス、「最初の神」）はさまざまな流出（ヒポスタセス）を減衰することなく無限に生み出していて、神聖なる知性（ノウス）もまた神の創造物となります。これらすべての流出は光のエネルギーがさまざまな段階に分かれたもので、時空とは独立した存在です。プロティヌスが考える「知性」とは冷徹な哲学的抽象ではなく、活気と喜びに満ちた完成の状態を指します。そしてこの知性には二つの目標があるのです。最初の目標は神性への復帰であり、次に統一と善を求めることです。後者の目標を達成するために、知性は自らを個々の人生に分割します。創造エネルギーの焦点をいくつも作ると言い換えてもいいでしょう。この焦点は形と概念においてプラトンが提唱するアーケタイプに照応するものです。プロティヌスはまた、神の観照を通じて得られる霊的経験と、神聖知性との究極合一（ワンネス）経験を区別していました。

プロティヌスによれば、魂（プシケ）として知られる下位の神聖階層があり、知性のなかに生まれた観念はここに顕現します。このプロセスを経て自然世界が存在するに至りました。自然世界もまた世界魂（パントス・プシケ）として知られる集中実体から構成されています。人類は知性を通じて世界魂と関係を結びますが、世界魂によって創造されたものではないのです（人類は自然のなかに存在しますが、自然から発生したものではないということです）。人間心理の構造もまたこの大いなる宇宙に照応します。肉体は物理世界に照応し、魂あるいは通常意識は世界魂に照応していて、高次の知覚能力は神聖知性と一致します。とはいえ、プロティヌスの考えでは、大部分の人類にあっては高次知性は眠っていて、それを覚醒させるのが個々人の責務なのです。新プラトン主義者たちの目標のひとつは、個人のなかにある3区画すなわち魂と肉体と知性の統合です。現代心理学の目標を何世紀もまえに先取りしていたといえるでしょう。

知性を覚醒させる方法は、自然世界に何度も生まれてきて活動することにあるとプロティヌスは語っています。達成するには何度も転生する必要があるでしょう。個々人は前世の記憶を保持していません。意識のなかの永遠の部分は「高次の自己」、神聖知性の階層に存在するものだからです。低次の自己あるいは人格は高次の自己の反映にすぎません。しかし魂あるいは個人のプシケは不滅です。かくして死に際して、低次の自己の地上での経験は高次の自己に吸収され、次の転生に反映されることはないのです。

プロティヌスは霊的あるいは魔術的修行を奨励しませんでした。個人は哲学的黙想によって啓発を達成できると信じていたからです。とはいえ、かれは意識の変容状態という概念を確立したのです。また人間存在の究極目的は神性への帰還であるとの思想に至ったのでした。

もう一人新プラトン主義の哲学者をあげるとすれば、高等魔術あるいはテウルギアの実践を信奉していたイアンブリコス（図3）でしょう。かれはエジプトの密儀にも多大な関心を寄せていました。イアンブリコスの著作はヘルメス伝統における後期儀式魔術の発達にとってきわめて重要です。

イアンブリコスが探究した実践領域のひとつが像のなかに神格ないし霊を召喚するというものです。別法としては神格を人間のなかに召喚して完全なる合一を達成し、「高次の自己」の覚醒をはかる術があります。こういった新プラトン主義的魔術技法の目標は、霊的成長あるいは宇宙の性質に関する霊的疑問の回答を得ることにありました。

後代になると、新プラトン主義および新ピタゴラス主義の魔術師たちが紀元2世紀頃の作とされる『ゾロ

図３：イアンブリコス

アスターのカルデア神託』を利用して魔術作業を行うようになります（この神託は部分的にしか現存していませんが、黄金の夜明け団の儀式によく引用されています）。

ヘルメス学

最初期のヘルメス学者たちは、同時代の哲学者や霊的指導者にくらべて、あまり目立たず、組織化もされていませんでした。おそらく古代のヘルメス学者たちは、教師の下に集う学徒の小グループという体裁で静かに研究を続けていたと思われます。このあたりは現代もあまり変わりません。生活時間の大部分を聖域あるいはその周辺で過ごし、異教の祝祭にも参加していたでしょう。多くはエジプト人として生まれていましたが、教育はギリシャ流だったはずです。

かれらが研究していた教義はヘルメス・トリスメギストス（三重に偉大なヘルメス、図4）の作とされる著書の内容とほぼ同じものだったと思われます。ヘルメス学者たちが天上の領域を描写する際に用いるボキャブラリーが、新プラトン主義者たちのそれと酷似しているからです。とはいえ、ヘルメス文書にはギリシャ哲学者たちの著作にはない宗教的熱狂があり、神との完全合一感覚があります。この強烈な霊的熱狂はエジプトの血のなせるわざかもしれません。「過剰なまでに宗教的」とされるエジプト人たちが、ギリシャ哲学の思想を採用してヘルメス学を創造した結果なのでしょう。

ヘルメス学者たちが抱く原理と価値観はヘルメス・トリスメギストスの作とされる文献のなかに見られます。この人は密儀宗教と聖地エジプトの聖域を称賛してやみません。ヘルメスの道は敬虔と純潔と道徳を大いに強調します。三重に偉大なヘルメスの信奉者たるもの、決して他人の宗教や道徳を批判してはならないとされていました。グノーシスを得れば得るほど、黙っていても周囲の人々の信仰に深い霊的影響を与える

図４：ヘルメス・トリスメギストス

ような存在にならねばならないのです。[8]

ヘルメス学は石に刻まれた体系ではなく、多数の達成レベルがある霊的進化法であったという点を忘れてはなりません。ヘルメス学には単一の神学や教理は存在せず、トリスメギストスのさまざまな著作にも教義上の大きな差異があるのです。とはいえ、ヘルメス学の教義には一般的な類似性があり、それは共通の環境で体系的な指導が行われたため論理的に生じたものと推測されます。ヘルメス学者にとって、グノーシスの達成はゴールではなく、たんなる開幕にすぎませんでした。

見たか、息子よ。われらはいくつの肉体を経なければならないのか、ダイモンの合唱隊がいくつあるのか、星の道の体系がいかに広大であるのか（そのなかにわれらの道はある）。されば、われらは唯一の神のもとにはせ参じよう。善の海に寄るべき岸はない。神は無限であり、終わりはない。神はそれ自体がはじまりを持たない。とはいえ、われらには神にはじまりがあるように思われる――それがグノーシスなのだ。ゆえに神にとってグノーシスははじまりではない。むしろグノーシスのおかげでわれらははじまりというものを知ることができる。さればわれらははじまりを手にし、過ぐべきものを素早く過ぎるべきであろう。われらのまわりにある慣れ親しんだものを捨てるのはとてもつらいが、自ら背を向けて古い道へと戻ろう。[9]

異文化との多重交配が加速化するギリシャ世界にあっては、グノーシス教と新プラトン主義とヘルメス学の区別をつけるのはいよいよ困難です。しかしヘルメス学（及び後世におけるヘルメス学の形）を理解するうえで、類似点のみならず相違点を指摘するのも重要なことでしょう。

要約：初期ヘルメス学に対して重要な影響を及ぼした諸派

ヘルメス学に対して古代エジプトが及ぼした影響ははかり知れません。ケムの宗教は魔術術式や儀式テクニック、力の名前を用いた召喚、神々への献身、司祭魔術師の理想像といったスタンダードを設定しています。さらにエジプト人は人間の魂の構造に関して理論構築を行った最初期の人々でもあるのです。

ギリシャの古典哲学者たちはまったく新しい宇宙観と宇宙における人間の位置という視点を展開しました。かれらの合理的かつ抽象的な自然現象解説は、伝統的な神々の神話に帰することなく、宇宙の万物が単一の源泉ないし本質から創造されたとするものです。四大元素、数の神秘的意義、人間の魂の進化、形而上のイデア界やアーケタイプなどが深く追求されてもいました。かれら偉大な哲学者たちの影響はヘルメス学の原理のみならず西洋文明全体の価値観や思想にまで及んでいます。

ギリシャの密儀宗教が提供したものは、古典哲学者が捨て去ったもの――すなわち人間である崇拝者とかれらの愛する神々のあいだにある深い個人的関係でした。当時の一般公開用の無味乾燥な宗教にあきたらず、霊的再生感覚をもたらす秘密儀式にひきつけられる人々は多かったのです。この種の宗教はまた信者に連帯感をもたらし、同志が集う集団への帰属感を提供するものでもありました。

ストア派の哲学は、宇宙の起源と性質といった大きな命題に科学的にアプローチする一方、美徳と道徳的行動を重視します。かれらは宇宙的共感の存在を信じており、神々に関する神話は哲学的真理の寓意であるという考えを称揚します。こういった思想はすべてヘルメス学探究とりわけ錬金術にとって重要な観念となりました。しかしストア派はすべての霊的なものを否定しますから、ときに致命的なまでの極端な物質主義に向かうこともあります。この点でヘルメス学とは袂《たもと》を分かつのです。

新プラトン主義者たちが用いた哲学用語と基本的概念は多くの点でヘルメス学者たちのそれとほぼ同一です。ヘルメス学でいう超絶神という概念は新プラトン主義が抱くそれに類似しています。とはいえ、ヘルメス学の教えは哲学よりも宗教に傾いています。イアンブリコスとその信奉者たちを例外として、新プラトン主義は霊的ないし魔術的実践をとりたてて推進することはしないのです。ゆえにヘルメス学の神は新プラトン主義のプロトス・セオスよりも抽象的でなく、より個人にとって身近な存在です。

グノーシス教とヘルメス学を混同するのはときに簡単です。両者ともプラトン用語を用いており、超絶神の存在を信じるだけでなく、天上地上に群小神格の存在を認めるからです。グノーシス信者とヘルメス学者が最大重視するものは神的啓示（グノーシス）を通して得られる霊的知識であり、また人間の魂とその源泉（神）との合一による魂の最終上昇です。ただしヘルメス学者にとってグノーシスは救済の一手段であって、最終目標でもなければ最終段階でもありません。たんなるはじまりにすぎません。どちらの体系も魂を物質世界の束縛から解放することが救済につながると教えます。しかしヘルメス学は「ヘルメスの術」で系統的な訓練を受けることとの重要性を強調していて、それからヘルメス密儀への参入という神秘体験が続くという体裁をとっているようです。比較してみると、グノーシス教はグノーシスに至る道としての知的訓練にあまり関心を持っておらず、救済と啓発の直接的結果としてグノーシスを賜ることを重視しているようです(10)。またヘルメス学者の考えでは、神はその本質において知ることのできない存在ですが、人間の精神は観照と哲学的推論を通して把握することができるとされました。グノーシス教徒はノウスや人間精神をそれほど信頼してはいないのです(11)。

最後にグノーシス教とヘルメス学の相違点をあげるなら、前者は宇宙を邪悪な創造物と見なしていて、邪悪なる創造神デミウルゴスの存在を信じています。ヘルメス学では宇宙は神の素晴らしい（そして基本的に善の）創造物であると考えます。ヘルメス学には邪悪なるデミウルゴスといった概念は存在しません。人体は魂のための肉の牢獄ではなく、偉大なる創造神の似姿なのです。

グノーシス教とヘルメス学はその霊的目標において類似していますが、達成法に関してはまったく違う道を歩むといってよいでしょう。

ヘルメスの道には宇宙と人間の本質に関する教導が含まれている。その教導過程において、あらゆる人知、空間と運動の理論、天文学と占星術、医学、ときに魔術までが用いられる。しかしこれらすべての目的は神に向かって世界を透明にすることにある。ヘルメスの道は最終的に神聖なる密儀への参入につながる。そして神を知り、存在の源泉としての神そのものへとつながるのである。(12)

ヘルメス文献

ヘルメス文書、別名『ヘルメティカ』は伝説の司祭にして魔術師ヘルメス・メルクリウス・トリスメギストスによって記されたと言われています。この名前はギリシャ系エジプト神ヘルメス・トートにちなむものです。ヘルメス文書は同時代の魔術文献とそれほど違うものではないのですが、ルネッサンス期の思想家や魔術師にとっては極めて重要なテキストとなりました。また約１５００年間にわたってキリスト教教会によって容認されてきた書物でもあります。異教の神にちなむ名前を持つエジプト人参入者が書いた本としては極めて異例の扱いです。この異常な受け入れられ方ゆえに、ヘルメス文書は西洋文化において重要な役割を果たして現在に至っています。

実のところヘルメス文書群は二つのクラスに分類されます。同一人の筆によるものではなく、複数の人間によって記されたものと推測されるからです。より実践的で人気のあるクラスは紀元前3世紀から同1世紀にさかのぼるもので、占星術、錬金術、植物や宝石の秘密の効能（のちにオカルト照応論に発展）、魔術、医学、護符の製作法などを扱っています。もう一方のクラスはいわゆる「学識」系です。紀元2世紀から3世紀に書かれたもので、宗教哲学を扱う数冊から構成されています。これらの書物群のなかで最重要視されているのが『ヘルメス選集』（*Corpus Hermeticum*）と『アスクレピウス』です。これらの書物と『エメラルド・タブレット』と『神聖ピマンデル』が語る内容は、世界の創造、宇宙の原理、人間や霊的存在の魂と性質、神を知りたいという人間の渇望、霊的再生を達成する方法などです。とはいえ、一般向け（＝魔術的）ヘルメス学でも学識向け（＝哲学的）のそれでも、哲学的根源は同じものです。両者をクラス分けするのは現代の学者たちの繊細な感受性の産物ともいえます。古代にあってはこの種の分類は無意味でありますし、現代の魔術師にとっても同じことです。

ほかにヘルメス文書とされる文献としては、１９４５年にナグ・ハマディで発見されたグノーシス文庫があります。また紀元2世紀から5世紀にかけて記された多数のギリシャ系エジプトの魔術パピルスなどもあります。

ヘルメス文書にあった占星術、魔術、錬金術の断片的記述が後世に西洋儀式魔術として知られるものの基礎を形成しました。オカルト照応の一覧表、神々の召喚、霊を呼び出すための儀式などはすべてヘルメス文書に見られます。より哲学的すなわち「学識」向けの書物にも、儀式魔術実験を行う際の正当性を論じる部分があるのです。とはいえ、ヘルメス文書に記された最大の実践魔術は人類の完成を扱っています。それは人間のなかにある神の火花の存在を認め、その火花が神のもとに帰還する方法でした。

ヘルメス文書はエジプトにて単一の貴重なる源泉（ヘルメス・トリスメギストス）から発した知識体系と

いう外観を有していますが、実は二種類の系統があったのです。これら二つの流れは、その母胎であるエジプトとギリシャの文化と同様、結局は合流することになりました。

キリスト教とヘルメス学

紀元4世紀になると、キリスト教のとある一派が権力の完全掌握を完了しました。教会は異教の書物はかたはしから廃棄処分にしていましたが、ヘルメス文書にはまったく手をつけませんでした。その理由はというと、ヘルメス文書に記された霊的思想の多くがキリスト教原理と酷似していたからです。中世では、ビザンチンの学者たちがヘルメス文書の一部を保管していました。ヘルメス文書を実際よりもはるか古代からあったものと考えていたため、来《きた》るべきキリスト教の「真理」を先取りしていた異教徒たちの文献であると想定していたのです。グノーシス教や新プラトン主義に影響を受けたギリシャの異教思想家たちが比較的最近書いたものとわかっていたなら、間違いなく異端の烙印を押されて燃やされていたでしょう。

当時、多くの異教徒たちが、自発的かどうかはともかくキリスト教徒になりました。ヘルメス学者がキリスト教に改宗する場合は簡単ではありません。忠誠の対象を異教神学からキリスト教神学へ変更すればよいという一方通行のものではなかったのです。深く根差した思考法、感覚、神々の体験といったものがそのまま残ったに決まっています。キリスト教共同体のなかではヘルメス学者たちはまったくの少数派だったでしょうが、同僚たちへ一定の影響力は有していたと思われます。そしてかれらの興味はヘルメス学原理とほぼ合致するキリスト教の部分に集中しがちだったでしょう。ヘルメス学の教師たちは霊的案件には熱意を持ってあたりますから、キリスト教に改宗しても同じ熱意を持っていたとしても当然です。こういった人々が4世紀エジプトの修道院で指導的立場に立ち、アレクサンドリアの神学論争で主役を演じていたと思われるのです。

『ヘルメティカ』に寄せたウォルター・スコットの序文によれば、

キリスト教教会がヘルメス学者や他の異教徒から手当たり次第に神学教理を乗っ取ったと想定されるべきではない。とはいえ、キリスト教教会は大量に乗っ取っている。人間そのものを頂戴したからである（中略）なんとか持ちこたえて異教を維持した者たちもいたであろう（中略）しかし大多数はキリスト教徒になってしまったにちがいない。それが意味するところはなんであろうか？　ある点では変化はそれほど大きくはなかった。ヘルメス学者はキリスト教徒になったからといって、捨てる学問などたいしてありはしない。ヘルメス学の教義を一言で言い表すとすれば、〝心の純粋なるものは幸いなり、かれらは神を見るであろうから〟ほど適切なものもないであろう。少なくともこの段階までは、ヘルメス学者がキリスト教の教理問答から新たに学ぶものなどないのである。かれは神との合一を熱望することに慣れ親しんでいたのだから。(13)

ルネッサンス期のヘルメス・トリスメギストス

キリスト教が政治勢力として優勢になると、競合関係にあった哲学は、ヘルメス学も含めて結局のところ粉砕されました。あちこちでグノーシス系分派がひょこひょこ芽を出すことはありましたし、ヘルメス文献もある程度はキリスト教体制のなかで受容されました。初期キリスト教の神父たちのなかには、ヘルメス系の書物を啓示の書として承認する向きさえあったのです。ゆえに暗黒時代の社会的雰囲気がルネッサンスによって一掃され、宗教学者や人文学者が古代世界の叡智への復帰を熱望するようになったとき、すでに高い評価を受けていたヘルメス作品群は容易に入手できる位置にあったといえるでしょう。古代への関心が高まるにつれ、ヘルメス・トリスメギストスという名前に新たな尊敬の念が集まるようになりました。魔術に興味を有するルネッサンス期の哲学者にとっては、ヘルメス・トリスメギストスは実在の人物であり、「キリストの教えに先駆ける者」という認識でした。ゾロアスターやモーゼと並び称される偉大な教師とされたのです。

1460年、ある修道僧が北部イタリアの大貴族コジモ・デ・メディチのもとに『ヘルメス選集』手稿を持ち込みました。コジモといえば当時最大の権力と影響力を有する人ですが、それだけでなく熱心な哲学者でもあったのです。3年後、デ・メディチは哲学者にして魔術師であったマルシリオ・フィチーノに手稿の翻訳を依頼しました。フィチーノは当時取り組んでいたプラトンの全訳を一時中断してヘルメス・トリスメギストスの訳出を開始しました。トリスメギストスはそれほど重要な作品と見なされていたのです。

ある意味、幸運な偶然だったのかもしれません。ヘルメス文書をキリスト以前の書物とした勘違いがあり、これにフィチーノの新鮮かつ好意的な自然魔術解釈が結びついたわけです。おかげでかつて教会によって地下の闇に追いやられていた魔術という主題が、新たな時代の脚光を浴びて学術的かつ哲学的な議論の対象となったのでした。

ヘルメス伝統に最後にして最重要の要素を付加したのがピコ・デラ・ミランドラ（1463－1494）だったといえるでしょう。この若き人文学者はフィレンツェにあったフィチーノのプラトン・アカデミーに学んでおり、ユダヤ教カバラをヘルメス伝統の前面に配置してヘルメス伝統自体を変えてしまった人物です。ミランドラと後継者たちの作品によって、古代ヘルメス学は近代ヘルメス学に変貌しました。その変貌プロセスは古代ヘルメス学を生み出した諸神混交のそれとほぼ同じものともいえます。15世紀後半以降、ヘルメス伝統は古代ヘルメス教義、錬金術、占星術、キリスト教、新古典主義哲学、ルネッサンス系自然魔術、オカルト哲学やカバラを内包するようになりました。この伝統の中核には、さまざまな西洋伝統を統合し、すべてをつなぐ単一のマトリックスを明らかにしようという試みがあります。ルネッサンスのヘルメス学者たちが採用した世界観はその本質において魔術的であり、時の経過とともにいよいよ秘教伝統（秘められた少数者向け）と見なされるようになりました。その他大勢向けの顕教信仰とは異なるものとして一線を画されたのです。

その後にヘルメス学に添加されたもの

２００年ものあいだ、ヘルメス・トリスメギストスの「キリストの教えに先駆ける者」としての評判に疑問を抱く人はいませんでした。しかし１６１４年、アイザック・カソウボンという名前の学者が登場し、ヘルメティカの作者は古代エジプトの人間ではなくキリスト誕生以降に生まれたことを確認したのです。しかしカソウボンの見解はおおむね無視されました。ロバート・フラッドやアタナシウス・キルヒャーといった17世紀の神秘思想家たちが三重に偉大なヘルメスを尊崇し続けたからです。17世紀は実質、ヘルメスの黄金時代といってよいでしょう。

この黄金時代はヘルメス伝統に新たな要素を付加していきます。それは錬金術を強調する薔薇十字思想であり、カバラであり、キリスト教神秘主義（聖典の多重階層的解釈）であり、キリスト意識による霊的変容でした。18世紀にはフリーメイソンリーの儀式構造がヘルメス伝統のなかにしっかりと埋め込まれました。

エリファス・レヴィなどが先頭に立った19世紀のオカルト復興によって、ヘルメス伝統はいよいよ注目を浴びるようになります。１８８８年に黄金の夜明け団、正式名称 Hermetic Order of the Golden Dawn が創設されたとき、西洋オカルト体系を表す言葉としてふたたびヘルメスが用いられました。西洋オカルティズムはさまざまなヘルメス伝統を統合して一個の教義体系とし、それを実践することで人類の霊的健康を向上させようという試みです。結果としてヘルメス学はルネッサンスから数世紀を経て第二のルネッサンスを享受するようになります。西洋秘教伝統すなわち西洋世界の魔術と神秘主義はその成熟期に達したのです。

黄金の夜明けのヘルメス原理

霊的信仰、哲学、文化、実践など、さまざまな要素の混合物からヘルメス学は生まれました。ゆえにヘルメス学を特定の教義内に押し込めて定義するのはきわめて困難であり、そういった試みはことごとく失敗してきたといえます。ヘルメス学は特定の霊的システムでもなければ、思想学派でもありません。哲学原理と魔術実践を有する生きた伝統としての西洋秘教伝統は、古代叡智の大河のようなものといえましょうか。流域にある広大な土地に滋養を与えつつ、細い支流へと分岐していくのです。そして黄金の夜明け団もそういった支流のひとつでした。

黄金の夜明けが採用するヘルメス学のエッセンスは以下の原理に支配されています。

・西洋文明の霊的伝統を主眼とする。これには古代エジプト、ギリシャ系エジプト、およびローマの密儀宗教、新ペイガン主義、新プラトン主義、イアンブリコス系テウルギア、錬金術、カバラ、グノーシス教、薔薇十字思想、そしてキリスト教神秘主義などが含まれる。

・大宇宙と小宇宙の存在を肯定し、信奉する。それは創造者と創造物の存在を信じることであり、両者を把握理解することを目標とする。

・究極的には一神論であるが、神的統一あるいは究極神格は多様な形態、局面、特徴、顕現を通じて自ら流出するとする。換言すれば、超絶神は形容できない万物の根源であり、人類の理解と発達のためにさまざまな神や女神の姿で出現する。ゆえにこの体系は外見的には多神教に見えるが、すべての神々は究極的一神が有するさまざまな顔であり、表現なのである。宇宙は多様なれどその基本において一なり。

・究極神は遍在にして超絶であり、世界は神聖である。あらゆる霊的な道を許容する。

・人類は「堕ちた」状態であるとする。すなわちわれらは混乱ゆえに神聖なるものから分離してしまった存在であり、進化を通じて神聖なるものとの再合一を目指す「復帰の道」を模索する。この「復帰の道」を歩むには熱望と修行が必要となる。刻苦精励なくして達成なし。古代の聖典には「復帰の道」へ通ずる貴重かつ深遠な鍵が保持されているが、無謬《むびゅう》なる聖典は存在しない。霊的指導者は行く道を指し示すことはできても、実際に「復帰の道」を歩むのは個々の志望者のみである。

・神への復帰に必要とされる修行の一環として、顕現宇宙の背後に秘められた不可視の領域を理解すべし。その目的のために霊性に関する秘教知識、神秘主義、魔術などがある。ヘルメス学徒たるもの、実践を通して得られた知識で武装して、神的なるものとの合一を果たすべし。これぞ至高の熱望にして「大いなる作業」と称されるものなり。

西洋宗教史の三大革命期、すなわちキリスト誕生前後、ルネッサンスから宗教改革まで、そして19世紀末(から現在まで)にあって、ヘルメスの姿がかなり目立っているといってもよいでしょう。とはいえ、ヘルメス・トリスメギストスはもはや特定の古代宗教の宣伝役とは見なされていません。今日のヘルメス伝統では、霊的成長には個人が直接啓示を経験するのが一番とするグノーシス的発想が激賞されています。三重に偉大なるヘルメスは、人類の霊的本質と神聖宇宙における立ち位置を教示しています。これがもっとも重要な貢献であったといえるでしょう。わたしたちの真の使命は、自分が肉の体を持つ神の霊の欠片《かけら》であると自覚することです。わたしたちは神が物理世界を経験するための乗り物なのです。わたしたちは人間以上のものになり、内なる神の霊が、できるかぎりよい方法で世界を見られるように、世界を経験できるようにしましょう。それには自分の内なる神聖性に素直に従うことです。罪悪感も、倒錯した考えも妄想もいりません。そして自分の内的神聖に従ったために他人を害するようなことがあってはいけません。とにかくわたしたちは積極的に神への帰還を試みるべきなのです。これが「大いなる作業」の目標です。「精髄すなわち哲学者の石の探究」であり、「真の叡智、完全なる幸福、真善美の探究」なのです。(14)

第１章　注

（１）Herodotus, *Histories, Book II* (Great Britain: Wordsworth Editions Ltd, 1996), 37.　ギリシャの旅行家ヘロドトス（紀元前４８４－同４３０？）は古代世界を渡り歩いている。その著書『歴史』は古代世界最初の歴史的記述である。
（２）Clark, R.T. Rundle. *Myth and Symbol in Ancient Egypt*. (London: Thames and Hudson, Ltd., 1995), 29-30.
（３）同上書、12。
（４）Silverman, David P., *Ancient Egypt*. (New York; Oxford University Press, 1997), 118.
（５）この言葉はカバラのアイン・ソフ「限りなきもの」を想起させる。
（６）これもまたカバラに反映されている。カバラでは数をセフィロトという形をとった神聖なる流出と見なすからである。第６章参照。
（７）これがレヴィの万物照応論の先駆であった。第３章を参照。
（８）"Gnostic and Hermetic Ethics' by Jean-Pierre Mahe. *Gnosis and Hermeticism: From Antiquity to Modern Times*, Van Den Broek and Hanegraaf, 21-36.

（9）G.R.S. Mead, *Thrice Greatest Hermes* (London; Stuart & J.M. Watkins, 1964 reprint) 中にある１９０６年訳出 *Corpus Hermeticum* より抜粋。

（10）"Gnosticism and Hermetism in Antiquity: Two Roads to Salvation" by Roelof Van Den Broek. *Gnosis and hermeticism: From Antiquity to Modern Times,* Van Den Broek and Hanegraaf, 1-20.

（11）同上書。

（12）同上書、12。

（13）Scott, Walter. *Hermetica; The Ancient Greek and Latin Writings Which Contain Religious or Philosophic Teachings Ascribed to Hermes Trismegistus* (Melksham, Wiltshire, Great Britain; Solos Press, 1993), 44.

（14）Regardie, *The Golden Dawn* (6th. ed., St Paul, Minn.: Llewellyn Publications, 1994), 133.

第2章　黄金の夜明けの簡略なる歴史

黄金の夜明けシステムの知識を深めようと思えば、黄金の夜明け団の波瀾万丈の歴史を正確に理解する必要があります。黄金の夜明けに関する誤情報は山ほどあります。この体系の研究が魔術の学位取得に相当すると考えるのであれば、団の関係者と団関係の事件の概略をざっと知っておくことは極めて重要なのです。

黄金の夜明けの歴史は山あり谷ありです。やるに値する活動を一生懸命やった結果ですから、成功と失敗がたくさんあるのは当然でしょう。団の豊かな歴史に貢献した個々人の人間的欠点を糊塗する必要もありません。事実は事実として受け入れるしかないでしょう。もちろん団の人々を神棚にまつって、無謬のグルとして拝む必要もありません。そういう人たちではないからです。黄金の夜明けの創立者たちを過剰なまでに評価するのはかえって失礼ですし、わたしたちにもなんら益のないことです。かれらの失敗のみならず成功からも学ばねばなりません。団の儀式にいわく「善のみが全能にして、真理のみが勝利を収めん」[1]。魔術師として、また霊的探究者としてのわたしたちは、ありのままの真理を恐れる必要はないのです。

黄金の夜明けの創立者たちと初期団員たちの人生と時代を研究すれば、かれらの人間性や志、霊的探究、魔術的革新、そして創造性がわかります。黄金の夜明け研究の価値はそこにあるのです。黄金の夜明けシステムを構築した人々は神の如き存在ではありませんでした。才能と知性と創造性にあふれた人々が力を合わせてユニークな魔術教義と参入儀式を打ち立てたのです。その価値は時間の経過とともに認められ、その影響力は西洋秘教伝統を学んだ人ならばだれでも気づかざるをえないものです。

創立メンバーの一部に多少の人格的瑕疵《かし》が認められるものの、黄金の夜明けが達成した事物による受益者は多数にのぼります。それはこの体系を借用する他流派の数の多さからも証明されています。黄金の夜明けが創造した教義と儀式はいまや多数の秘教組織のスタンダードとなっているのです。それというのも教義そのものが正当にして有効だったからです。そして黄金の夜明け伝統が初恋の相手だった人々にとっては、その価値は疑いようのないものです。黄金の夜明け流の魔術師たるもの、団の闇鍋のような歴史を受け入れることができれば、自己中心思想や英雄崇拝といった罠に陥ることもないでしょうし、血統をめぐるしょうもない喧嘩もしなくなるでしょう。秘教団体や宗教団体が抱え込む天罰ともいうべきカルト的人格管理や操作も回避できるはずです。歴史を学べば団にとって一番大事なもの、すなわち霊的成長、光の探究、そして大いなる作業に専念できるようになるでしょう。

黄金の夜明けはその受胎時から多人数の組織になることを意図していませんでした。秘密結社でもある黄金の夜明け団は、その教義や儀式はもとより団員の素性に至るまで、あらゆる面を非参入者には秘密にしておく算段だったのです。簡単にいうと、団の目的は少数の選ばれた志願者に西洋秘教伝統の知識を授け、テウルギア系の魔術訓練課程を提供し、霊的成長と啓発に必要な道具を与えることにありました。この点では黄金の夜明け団は唯一無比の存在ではありません――いまもむかしも同様の目標を掲げる他の団体はありました。後期の集団たとえばポール・フォスター・ケースの「聖堂の建設者」（BOTA）[2]と比較すれば、元祖黄金の夜明け団の団員数は少数です。少数ながら、西洋オカルティズムと魔術のほぼあらゆる面にこれほど影響を及ぼした集団もいないでしょう。とはいえイスラエル・リガルディーの『黄金の夜明け魔術全書』[3]（*The Golden Dawn*）の公刊によって多数の読者が同団の儀式とカリキュラムを知るという状況が生じなかったならば、ここまでのインパクトはなかったはずです。

さらに黄金の夜明け団の運営系文書、布告、内規、著名団員が書いた団関連の書簡といったものも刊行されています。また傑出した黄金の夜明け関連の歴史家たち、たとえばエリック・ハウ（『黄金の夜明けの魔術師たち』（*The Magicians of the Golden Dawn*））やR・A・ギルバート（『黄金の夜明け、魔術師たちの黄昏』（*The Golden Dawn: Twilight of the Magicians*）、『黄金の夜明け必携』（*The Golden Dawn Companion*）、『黄金の夜明けスクラップブック』（*The Golden Dawn Scrapbook*））といった面々が、団の創立者たちの人となりや思想、動機や葛藤や志に光を当てています。ハウやギルバートは余人にはなかなかアクセスできない黄金の夜明け系「個人コレクション」を利用する点で比類なき存在です。かれらのおかげでわたしたちは西洋魔術結社の筆頭である黄金の夜明け団を創った人々をよりよく理解できるようになりました。

夜明け前

カトリック教会の政治構造と知的防波堤は、中世にあっては無敵を誇りましたが、ルネッサンスと宗教改革がもたらす打撃をはねのけることは不可能でした。啓蒙の時代すなわち17世紀後半から18世紀にかけての知的運動は、前世紀の宗教的狂気に対する反応といえました。そのルーツはルネッサンスの人文主義であり、ギリシャやローマ時代の文献と価値観に対する学問的興味を推進した結果です。簡単にいうと啓蒙思想とは理性の祝祭です。人間が宇宙を把握して自らの存在を前進させるための能力、それが理性であるとしたのです。知識、自由、幸福は、合理的あるいは思考的人間が目指すべきゴールとされました。

英国やフランスでは、ついに宗教そのものが理性的に点検される対象となりました。結果として生まれたのが理神論です。たいした教義もない合理的かつ組織だっていない宗教のようなものといいましょうか、神はあらゆる合理的なものを通じて顕現するという考えに基づいていました。その主たるものは、「宇宙の建築者」として知覚される唯一の神の存在です。この神は世界に関心がなく、人の生を支配することもなく、自然現象になんら影響力を及ぼさないのです。

啓蒙思想は予期せぬかたちで宗教に影響を与えました。たとえばキリスト教原理主義の主流である聖書至上主義は、俗にいう「理性の時代」の産物です。「歴史的事実としての聖書」という発想が「超自然的密儀の書としての聖書」という観点に打ち勝ったため、聖書の象徴的寓意的叡智が無視されるようになったのです。(4)

皮肉なことに、18世紀の極端な合理主義はフリーメイソンリーや神秘主義、秘密結社に対する新たな関心という反撃を食らいました。古代密儀宗教を実行可能な形で再現しようという試みも数多く出現しています。この種のものとしては、１７５４年に設立されたマルティネス・ド・パスカリの「選ばれしコーエン」やルイ・クロード・サンマルタン（１７４３－１８０３）の「マルタン団」といったカバラ系団体があります。またアレッサンドロ・カリオストロ伯爵（１７４３－１７９５）が創ったエジプト・フリーメイソンリーのような疑似メイソンリー団体もその例でしょう。

最終的に啓蒙思想は自らの冷淡な行き過ぎによって自縄自縛状態に陥ります。ただし人類全体の進歩という楽観主義は生き残りました。「盲目的理性」に対する反動は18世紀後半にロマン主義というかたちで到来しました。この文化運動の特徴は個人の感情と想像力の強調であり、自然に対する新たな関心にありました。主観的なもの、個人的なもの、自発的なもの、幻視的なもの、超絶的なものをよしとしたのです。そして魔術、古代宗教、そして形而上の事物もふたたび興味の対象となったのでした。

エマニュエル・スウェーデンボルグ（１６８８－１７７２）のような幻視家にとっては、まさに機が熟したといえる時代でした。このスウェーデンの科学者は哲学者にしてキリスト教神秘主義者であり、高次元にアクセスして霊や天使と意思疎通できると主張していました。また死者の霊とも接触可能であり、その対象は聖人や王侯、教皇や聖書の登場人物に及びます。スウェーデンボルグは大変な時間と労力を費やして聖書を解釈し、また霊的領域で見聞きしたことを書き残しています。

新たな治療法といった分野も試験されていました。ドイツの医師アントン・メスメル（１７３４－１８１５）は生体磁気論を展開しています。精妙な遍在的「流体」があらゆる肉体に存在すると仮定する説です。この不可視の流体は磁気法則によって活動するため、磁性体を用いて操作することで治療にも使えるとされました。メスメルの治療体系はメスメリズムと称されており、現代の催眠術の先駆者といえます。

　１８００年代中頃になると、ヨーロッパではオカルティズム全般とりわけヘルメス伝統に対する関心が大いに高まっていました。この関心は英国でも広まりましたが、特にフランスにおいて顕著です。１８５５年前後になると、フランスのオカルト復興は順調に進展中だったといえるでしょう。この運動の先頭に立ったのが元カトリック神父にして精力的な作家アルフォンス・ルイ・コンスタン、筆名エリファス・レヴィ（１８１０－１８７５）といった人々でした。レヴィは隠秘学に造詣の深い熱心なカバラ研究者でした。１８５４年にかれが発表した『高等魔術の教理と祭儀』は西洋魔術伝統の礎石となります。レヴィはタロットの22枚の大アルカナとヘブル語アルファベットの22文字の関連性を最初に指摘した人物でもあります[5]。このタロット＝カバラ説はのちに黄金の夜明け教義の重要な部分となります[6]。レヴィが記したカバラ論、護符の製造法、アストラル・ライトという概念は、黄金の夜明け団の創立者たちによって支持されています。

　19世紀のオカルト復興に重要な役割を果たした人物としては、フレデリック・ホックリー（１８０８－１８８５）の名前もあがります。この人は心霊術者にしてフリーメイソン、薔薇十字団員とさまざまな側面を有していて、水晶球と魔法鏡を用いて霊界交信や霊視を行い、その模様を60余年にわたって記録しています。この「薔薇十字系霊視者」はカバラや錬金術、魔術に関する未発表の文書を大量に残していきました。几帳面につづられた霊視記録だけでも日記30冊以上に及びます。ホックリーの英国薔薇十字協会[7]の友人たちのうち、とりわけオカルト趣味を有する人々がこの作業記録に接していたのは疑いのないところです。

　19世紀は英国が世界の最果てまで探検していた時期ですから、なにかしら発見される時代といってよいでしょう。ケルトの古代伝統や極東の神秘主義に対する好奇心が大いに高まったのもこの時期です。また古代エジプトへの関心も広がっており、この方面の火付け役はかなりの割合で大英博物館古代エジプトおよびアッシリア部門管理者サー・Ｅ・Ａ・ウォリス・バッジでした。１８８３年、バッジは大英博物館に勤務するようになり、博物館のために無数の貴重な文書や粘土板やパピルスを収集しました。そのなかに驚くほど保存状態のよい『死者の書』[8]があったのです。

当時のオカルト研究はがちがちの理論派ばかりでした。しかし霊的信仰という点では明らかに気分的変化がありました。多数の人々が伝統宗教の現状に不満を抱いており、なにか新しいもの、刺激的なものを渇望していました。この渇きを満たすべく心霊術運動が進展したといえます。

心霊術が代替信仰として確立したのは、１８４０年代後半のアメリカが舞台でした。１８４８年、メソジスト信者の農家のフォックス三姉妹（マーガレッタ、リー、ケイト）が創始したものとされています。この一家は夜な夜な発生する不可解なコツコツ音やバンバン音に悩まされていました。最終的に姉妹の一人が単純な信号を用いて騒がしい幽霊と交信を開始し、幽霊が不慮の死を遂げていたことを知りました。その後、フォックス三姉妹は死者との交信能力を一般公開するようになります。

心霊術そのものは、やはり死者との交信を主張していたエマニュエル・スウェーデンボルグの影響を受けていたでしょう。またアントン・メスメルやその追従者の作品群も影響を与えていたと推測されます。メスメルは催眠トランス状態を発見しており、それは心霊術の霊媒のトランス状態とほぼ同種のものといってよいからです。

心霊術の焦点は死者との交信にあります。交信相手の故人はまず生前の正確な個人情報を提示して本人確認を行うよう求められます。そして生者に情報を与えるべく霊媒を通じて発話します。このときにある種の物理現象たとえばテーブルを叩く音が発生したりします。霊媒の空中浮遊、サイコメトリー[9]、霊媒の周囲にある物の移動、霊による筆記、さらには死者の物質化なども発生することがあります。

世に出るや心霊術は大変なセンセーションを巻き起こし、多数の信奉者を獲得しました。霊との直接的かつ個人的な接触体験を提供したからです。1860年頃になると、心霊術は英国にもしっかり根付いていました。1875年には心霊術運動に参加した人々は数百万人にのぼっています。[10] 伝統的な教会のおとなしい課業にくらべると、心霊術はダイナミックであり、高揚感をもたらす存在だったからです。とはいえ、心霊術にも数多くの限界がありました。死者の霊と抜け殻しかいない霊界の最下層としか接触できないと思われていたのです（魔術師たちが心霊術を評していわく「死んだからといって賢くなるわけではない」）。心霊術は知的面で洗練されておらず、背景となる伝統も存在しません。また霊媒があまりに暗示にかかりやすいという危険性があり、トランス状態における意思不在も不安材料と見なされました。そしていかさま霊媒の数の多さは目に余る代物だったのです。

1860年代から70年代にかけて、フリーメイソンリーに対する関心も高まっていました。いうまでもないでしょうが、あのソロモン王の神殿建築の際に創立されたとされる男性会員のみの世界的友愛組織です。[11] フリーメイソンリーが教えるものは基本的な道徳であり、象徴を通して原理的発達を遂げることです。その入会には宇宙の神聖建築者としての神への信仰が求められます。さまざまな位階への参入には複雑な象徴儀式体系が用いられます。メイソンリーの秘密の合言葉、ノック、握手法などは黄金の夜明け団の位階儀式構造に直接の影響を有しているといってよいでしょう。[12] メイソンになりたいという男性が大量に流入したため、1800年代後半に多数の新ロッジが結成されました。

1875年、心霊術関係者、カバラ研究者、フリーメイソン、薔薇十字団員といった面々がニューヨークにて神智学協会なる組織を創立しました。トップに君臨するのはヘレナ・ペトロヴァ・ブラヴァツキー夫人とヘンリー・オルコット大佐です。ロシア生まれのブラヴァツキー（略してＨＰＢ）は派手でやりたい放題の魅力的人物だったといわれています。この人が19世紀オカルト復興にあってもっとも影響力を持つ人物の一人でした。

神智学 Theosophy は「神の智恵」の意味です。神智学協会の目的は人類の世界的同胞組織の確立にあります。そのコンセプトは「原子から恒星、人から天使に至るまで、万物は一つの神聖なる源泉を有するという自然的事実」に根差しています。[13] 神智学協会では秘密教義の存在を強調していました。それは高次元を住処とする高位達人たちによってはるか昔から保管されてきたものだったといいます。ブラヴァッキーはその教えを肉の体を持たない霊的教師たちから直接授かったと主張していました。

アメリカでも英国でも、多数の教養人が神智学を歓迎しました。ヴィクトリア朝の大衆向け宗教にある風通しの悪さとは対照的な、生命力に満ちた刺激的な代用物が登場したと思われたからです。またそれは霊的かつ神秘的な宇宙観の破壊に忙しい物質科学にとってかわる存在と目されました。神智学は新たな霊性を求める人々を知的に満足させるものだったのです。神智学協会員は死んだ親戚に助言を求めることはしません。啓発された高次元の霊的存在すなわち「マスター」たちが相談相手なのです。また神智学は古代秘密伝統を表現するという魅力的な主張も行っていました。その目標は古代人の秘教知識を現代人にもたらし、比較宗教と自然法則と人類の霊的能力の研究を促進することにあるといいます。さらに会員間の友愛をサポートしつつ、神智学協会は「あらゆる時代の人類に共通する秘密の智恵の教え」という発想を世間に広めていったのでした。

神智学協会創立者のなかに、東洋神秘伝統を代表する個人がいないという点は注目に値します。協会の開幕当初、ブラヴァッキーが内的に接触していた相手いわゆる「秘密の首領」は、ソロモンとゾロアスターの作業を引き継ぐエジプト系組織に属する肉体を持たないマスターたちとされていました。言い換えるなら、神智学協会は西洋系の秘教結社として設立されたということです。ブラヴァッキーの西洋系マスターたちはセラピス、ベイ、ポリドラス、イシュレヌス、ジョン・キングといった名前で呼ばれていました。

しかし一年とたたずしてブラヴァッキーとオルコットは仏教に改宗しています。それから神智学協会は東洋指向にかじを切るのです。ブラヴァッキーは西洋系マスターたちをお払い箱にし、3人の東洋系マスターたちを採用しました。それがクート・フーミ、モリヤ、そしてディワル・クールのお三方です。HPBとオルコットが仏教徒にならず、また神智学協会の焦点も変更しなかったとすれば、黄金の夜明けがこの世に生まれなかった可能性は大であったといえるでしょう。ともあれこれ以降、神智学が霊的叡智を東洋に求めたため、西洋秘教伝統を強調する組織の必要性は残ったままとなりました(14)。

黄金の夜明けの誕生に影響力を及ぼした人物としては、アンナ・キングスフォードがあげられます。霊的パートナーであるエドワード・メイトランドとともに、キングスフォード夫人は秘教キリスト教という観念を復活させました。キングスフォードもメイトランドも神秘家であり、頻繁に霊的ヴィジョンを得ていたといわれています。二人が行った作業はキリスト教汎神論と称されています。聖書を解釈するにあたり、秘教的象徴やカバラ、エジプトやギリシャやローマの神話を用いるのです。その教理はある種の新プラトン主義やグノーシス教、そして錬金術的発想に類似していました。

1880年代初頭、キングスフォードとメイトランドは神智学協会の会員となり、1884年にはロンドン支部の代表を務めていました。しかし二人は代表の座を辞任して協会を去ることになります。協会の東洋指向と自分たちの西洋信仰が決して折り合うことがないと悟ったからでした。エリファス・レヴィのカバラ思想のほうがずっと二人の好みに合っていたのです。

1885年、キングスフォードとメイトランドは西洋秘教哲学を推進する目的で「ヘルメス協会」を結成しました。この協会にはサミュエル・リデル・マサースやウィリアム・ウィン・ウェストコット博士といった人材が集まり、会員のための講義を行っていました。キングスフォードは霊的探究にあっては男女が共同してことにあたるべしという信念の持ち主でした（この点は神智学協会も同様です）。キングスフォードの男女共同作業論がマサースとウェストコットの心に深く刻まれたのは疑いのないところでしょう。Ｒ・Ａ・ギルバートによれば、これら著名なヘルメス協会会員２名は――

……西洋の道を歩みつつも、母胎組織である神智学協会の長所も保持していた。フリーメイソンとしてのかれらは、一部の教義に関して秘密の誓いを立てさせ、「協会員が相互確認に用いる合図や合言葉を決して他に漏らさぬこと」を約束させることの利点を認識していた。薔薇十字団員としてのかれらは、超自然的な隠れたマスターたちの利用価値もわかっていた。マハトマであろうが秘密の首領であろうが、そういった存在は――実在架空を問わず――団の指導者にとってはまことに使い勝手がよいのである。一般人としてのかれらは、神智学よりもずっと壮麗ななにかを開始する機が熟したと悟ったのである。黄金の夜明けはまさに生まれようとしていた。[15]

黄金の夜明けの創立者たち

１８８８年、３人のカバラ研究者にしてフリーメイソンにして薔薇十字団員が「黄金の夜明け秘教団」を創立し、神智学協会が放棄した作業の継続を試みました。黄金の夜明けの創立者たちの意図は、団をして西洋秘教伝統の守護者となし、その知識を保全する一方、密儀参入へ召命された人々の予備教育を行うというものでした。

黄金の夜明けの創立者筆頭はウィリアム・ウィン・ウェストコット博士でした。ロンドンの検視官にしてオカルト趣味を有する医師、さらにマスター・メイソンにして英国薔薇十字協会（ＳＲＩＡ）書記という人物です。またウェストコットは正統メイソンリーの枠外で栄える雑多なメイソン系組織にも興味を抱いていました。結果として、当時の英国で流行していた秘教団体のほぼすべてに積極的に参加していたといってよいでしょう。とはいえこういった団体組織の大多数は理論面を追求していて、実践作業には無関係でした。ウェストコットはもっと別のもの――西洋秘教知識を研究調査するだけでなく、その知識を実践的な魔術として用いるグループを欲していたのです。

いろいろな話を総合すると、ウェストコットは温和で友好的な人物だったようです。影響力の及ぶ領域内では、十分に敬愛されていたと思われます。秘教関連サークルにあってはカバラと錬金術とヘルメス哲学の専門家として広く認められていました。ヘルメス学方面でも医学分野でも印象に残る著作を発表しています。この疲れを知らないオカルティストは有名な秘教作品を次々に翻訳していきました。代表的なところではカバラ文献『形成の書』（*Sepher Yetzirah*, 1887）やレヴィのタロット論『至聖所の魔術儀式』（*The Magical Ritual of the Sanctum Regnum*, 1896）があります。またウェストコットは一連のヘルメス学文献やグノーシス文献を編集し、『ヘルメス文書集成』(16)（*Collectanea Hermetica*）として1冊ずつ刊行していきました。英国薔薇十字協会で発表したエッセイも別個に印刷していきました。「数、その秘められた力と神秘の効能」、「カバラ研究序説」、「薔薇十字団、その過去と現在、国内と海外事情」などが代表的なところです。

１８８８年、ウェストコットはサミュエル・リデル・マサースとウィリアム・ロバート・ウッドマン博士の助力を得て黄金の夜明け秘教団を創立しました。しかし黄金の夜明けは完全にウェストコットの子供といってよいでしょう。エリック・ハウによれば「ウェストコットは創立者3名は同等であると企図していたが、初期の黄金の夜明け団を運営していたのはかれ一人だった。それはかれの趣味であり、子供であり、大部分

図5：上段左からエリファス・レヴィ、ブラヴァッキー。下段左からアンナ・キングスフォード、ウィリアム・ウィン・ウェストコット博士。

かれが作り出したものだったのである」[17]。

そもそも暗号文書を発見したのはウェストコットであってマサースではない。暗号文書を利用してなにが作れるのか、それを見抜いたのもウェストコットであり、その夢想を黄金の夜明け団というかたちで実現したのもウェストコットである。さらに適切な「使徒継承」を設定して団にそれなりの権威を持たせたのもウェストコットであった。ウェストコットが残したノートから判断しても、その秘教的知識はマサースのそれに勝るとも劣らないのである。当時はこういった疑問を抱く人はいなかったであろうが、昨今、マサースを持ちあげる勢力がウェストコットを貶《おとし》めようと微妙なかたちで後者の能力に関してなにやらほのめかしているようである。見るべきところを見れば、マサース自身がオカルト分野においてウェストコットを同等と見なしていた点は疑いようがないのである[18]。

黄金の夜明け創立におけるウェストコットの協力者の一人はウィリアム・ロバート・ウッドマン博士でした。当時はもう引退していた医師にして園芸家です。ウッドマンは著名なフリーメイソンで、英国薔薇十字協会の指導的会員にして協会の機関誌『ザ・ロジクルッシャン』の共同編集者でもありました。英国薔薇十字協会の創立者ロバート・ウェントワース・リトルが1878年4月に死去したとき、ウッドマンが協会の代表（至高術士）となり、『ザ・ロジクルッシャン』も引き継いだのです。ウッドマンの運営の下で英国薔薇十字協会はロンドンから英国各地へと広がります。オーストラリアやアメリカへも勢力範囲を拡大し、やがて世界を代表する薔薇十字組織として急速に受け入れられるようになりました。ウッドマンはまた協会の研究活動にカバラ重視を持ち込んだ人とされています。

１８８７年、ウッドマンはマサースとともに黄金の夜明け団の指導者の一人に就任するようウェストコットから打診されました。ウッドマンは優れたカバラ研究者でしたから、団のカバラ研究の発展において指導的役割を果たしたと思われます。しかしかれは団が十分に発展する以前の１８９１年に死去してしまいました。

黄金の夜明け団創立者3名中、真の魔術師といえるのはサミュエル・リデル・「マグレガー」[19]・マサースでした。この人も高位のフリーメイソンであり、英国薔薇十字協会の高等委員会のメンバーでもあります。協会の機関誌に「ヘブル文字のなかの神格」、「薔薇十字の象徴」、「薔薇十字の長老たちとその十二宮エンブレム」といった記事も掲載しています。ウェストコット、ウッドマン、マサースの創立者3名はこれまでもいろいろ言われてきましたが、ことマサースに関してはとんでもない悪役とされるか、あるいは神のように崇拝されるかのいずれかでした。どちらの見解も的外れといえるでしょう。マサースは悪党でもなければ超人でもなかったからです。とはいうものの、かれが黄金の夜明けの歴史を彩る稀有の人物の一人である点は間違いありません。魔術的天才と大いなる創造性をあわせ持つ人物にありがちな多くの特徴と傾向を如実に示した人だったといっておきましょう。

元プロボクサーでもあるマサースは、なかなか魅力的な人物だったといわれています。スレンダーな長身で、フェンシングで受けた傷が目立っていたそうです。直接会った人はみな魅了されていて、ほめるにせよけなすにせよ、マサースの人物に関してあれこれ書き残しています。

マサースの知識の広さに関しては、それを評価するかは別にして、友人も敵陣営も認めるにやぶさかではなかった。A・E・ウェイトの言によればマサースは「ブラックストーンお笑い六法全書のオカルト版」であり、大英博物館で朝から晩まで毎日オカルト研究を続けていたという。なにせ「批判的精神をまったく持ち合わせてい

ない」ため、知識を丸呑みするばかりで選別することをまったくしなかったとのこと。W・B・イエイツも似たような判断を下している。いわくマサースは「知識は素晴らしいが学識に欠ける。想像力は豊かだが趣味という点で首尾一貫していなかった」という。これに反論するようにJ・W・ブロディー・イネスはマサースの「さまざまな分野の脇道小道に関する素晴らしい知識」に言及し、次のように語っている。「かれの学識に関してはわたしごときの出番はない。わたしなどはるかに及ばないからだ」。そしてブロディー・イネス自身、一目置かれる学者なのである。(20)

マサースの公刊作品としてはマルセイユ版タロットを扱う『タロット、そのオカルト的意味と占法、遊び方』(1888)があります。また奥義書の翻訳として『術士アブラメリンの神聖魔術の書』、『ソロモン王の鍵』、『アルマデル奥義書』なども有名です。さらにマサースはクノール・フォン・ローゼンロスのラテン語本『カバラ・デヌダータ』を英訳し、『ヴェイルを脱いだカバラ』として発表しています。

マサースは才能ある儀式作家でもありました。貧困のうちに暮らしていたという事実にもかかわらず、かれは西洋秘教伝統における最高教義をいくつか生み出したのです。そしてマサースはときにオカルト的暴君としてふるまうことができる人でもありました。実践的魔術師としてかれに比肩しうる人はほとんどいません。黄金の夜明け団の創立三首領のなかで、マサースこそが内陣の首領として黄金の夜明け団を真の魔術参入結社に変貌させた人物でした。結果としてこの団体は当時のオカルト研究組織から図抜けた存在となったのです。

図6：上段左からS・L・マグレガー・マサース、W・R・ウッドマン博士。下段左からモイナ・マサース、フロレンス・ファー。

暗号文書

黄金の夜明け団の歴史を語るとなれば、暗号文書に触れないわけにはいきません。これは黄金の夜明け団の儀式と知識講義の基盤となった謎多い文書なのです。ウェストコットによれば、１８８７年にＡ・Ｆ・Ａ・ウッドフォードという牧師から暗号で記された60枚余りの文書をもらったといいます。ウッドフォードは年長のフリーメイソンであり、当の文書は「骨董商」から譲ってもらったとのこと。その文書は見た目は古色蒼然としていて、不可解な文字で記されていましたが、すぐにウェストコットはそれがヨハン・トリテミウスの著書『ポリグラフィア』にあった代用アルファベットであると気づきました。ざっと解読してみると、それはあるオカルト団体の一連の儀式の骨子が記されたものでした。ウェストコットはその骨に肉付けをし、儀式として実行可能な状態にまで持っていったのです[21]。ほどなくニオファイトからフィロソファスまでの位階儀式が完成し、マサースとウッドマンが首領として呼ばれて新たな団体の誕生にこぎつけたという次第です。

暗号文書の出処に関しては多くの疑問が残り続けます。ウェストコット自身の創造物であると考える人もいます。オカルト小説『ザノーニ』の著者エドワード・ブルワー・リットン卿の作だとする説もあります。あるいは薔薇十字系「霊視者」にして多数のオカルト文献の筆写で有名なフレデリック・ホックリーも候補の一人です。他の説としては、フランクフルトにあったユダヤ系メイソンロッジいわゆる「モルゲンロス」、フルネームをLoge zur aufgehenden Morgenrothe訳して「暁の光のロッジ」ないし「近づく朝の光のロッジ」（およびこのロッジがロンドンに設けた支部）とか、ヨハン・フリードリッヒ・フォルクという名前の有力カバラ研究者が主宰していたロンドンの「カバリスティック・コレッジ」などがあげられます。これら二つの組織は、黄金の夜明け団の伝説的支部であるヘルマニュビスとなんらかのつながりがあったのではないかと疑われているのです。以上、いろいろと紹介しましたが、どの説にも物証はまったくありません。現代のオカルト研究者の多くが、フランクフルトのモルゲンロス・ロッジは１８５０年に閉鎖されたと信じているのですが、実はこの団体はいまでも存続しているのです[22]。

おそらく暗号文書の真相は次のようなものでしょう。現在では、暗号文書を記したのはケネス・マッケンジーという人で間違いないとされています。フリーメイソン百科事典の著者にして英国薔薇十字協会会員でもあったマッケンジーは、エリファス・レヴィと面識もあれば、フレデリック・ホランドという高位のメイソン会員の友人でもあります。黄金の夜明け史研究の第一人者Ｒ・Ａ・ギルバートは、１８８３年にホランドが創立した組織が黄金の夜明けの原型ともいうべき真のヘルマニュビスではなかったかと推測しています[23]。ホランドの組織は「八人の会」として知られています。マッケンジーはホランドの組織のために暗号で儀式の概略を記したのですが、当の組織は結局本格的な活動を行わないまま立ち消えになったと考えられるのです。あるいは暗号文書の儀式はやはりホランドが関係していたサト・バハイという運動のためのものだったのかもしれません。こちらの運動は男女両性の参入を認めています。ともあれウェストコットはマッケンジーの死後に当の文書を入手したのです。

ウェストコットはフリーメイソン色の強い人ですから、位階構成を持つ組織という考え方には慣れていました。フリーメイソンのロッジ（支部）はグランドロッジ（本部）が出す正統な設立許可証なしでは存在しえないものです。ゆえにフリーメイソンと似たような組織「黄金の夜明け団」を創るとなると、空中からぽっと生まれた泡沫組織とは思われたくないわけです。しかるべき文書によるバックアップが必要だ、とウェストコットは考えました。必要となるのはなんらかの「血統書」です。はるかかなたの権威筋から連綿と続く血統認証が欲しかったのです。もちろん黄金の夜明け団にはそんなものはありませんから、ウェストコットはそれを巧妙に創り上げました。なぜそんなことを？　フリーメイソンや薔薇十字団員、あるいは真剣なオカルト研究者を新設の団体に勧誘するにはそれしか方法がなかったからと思われます。

　マッケンジーが作成したと思われる暗号文書には、やはり暗号で記された別人――というより、おそらくウェストコット自身――の文書もまじっていました。それは書簡であり、フロイライン・シュプレンゲル（のちにアンナ・シュプレンゲル）という名前のドイツ在住の女性が記した信任状と住所が記されていました。このシュプレンゲルは魔法名を姉妹《ソロール》「サピエンス・ドミナビツル・アストリス」（略してＳＤＡ、「賢者は星に支配される」の意）といいます。ウェストコットはとりあえず文書にあった住所を用いてシュプレンゲルに手紙を出してみました。結果として、彼女がとあるオカルト結社――Die Goldene Dammerung「黄金の夜明け」――の達人であることを通知されました。一連の文通が続き、シュプレンゲルから英国に支部を設けてよいとの認可をもらいます。さらに必要な書類にウェストコットがシュプレンゲルの代理署名を行う許可ももらいました。そして１８８８年春、ウェストコットはロンドンに黄金の夜明け団イシス・ウラニア・テンプル№３を設けるための認可状を作成しました。[24]以上がウェストコットによる説明の骨子です。

　暗号文書は本物ですが、フロイライン・シュプレンゲルと書簡の物語はまずもってウェストコットの創作です。Ｒ・Ａ・ギルバートも指摘していますが、「サピエンス・ドミナビツル・アストリス」はヘルメス協会の創立者アンナ・キングスフォードの魔法名だったのです。おそらくシュプレンゲルのモデルも彼女だったのでしょう。キングスフォード本人は１８８８年に亡くなっていますから知らぬが仏です。フロイライン・シュプレンゲルを得体の知れないドイツ結社の高位階団員とすることで、権威と信用が生まれ、さらに連絡がつきにくいという利点もあります。そして謎の姉妹ＳＤＡは用済みとなってしまい、なんともいいタイミングで死んだことにされてしまいました。

１８８８年の年末、ロンドンのイシス・ウラニア・テンプルには32名の団員がいました。内訳は女性９名と男性23名です。この年、さらに二つのテンプルが設立されました。ウェストン・スパー・メアにオシリスNo.４、ブラドフォードにホルス・テンプルNo.５です。スコットランドはエジンバラにアメン・ラー・テンプルNo.６が設立されるのは１８９３年のことです。オシリス・テンプルは１８９５年までは積極的に活動していました。ホルス・テンプルは１９００年から１９０２年まで栄えましたが、その後は黄金の夜明けの教義を離れ、フリーメイソンリーや英国薔薇十字協会の路線を採用しています。

初期有名団員たち

魔術結社を構成する魔術師たちとはどんな人たちでしょうか？　黄金の夜明け団の団員たちはほとんど全員がきちんとした中産階級の男女で、オカルトに興味があった人々でした。上流階級出身者もいましたし、医師や作家はかなりの数にのぼります。団員の多数は他のオカルト組織たとえば神智学協会などにも所属していました。多くの人がフリーメイソンでもありました。一部の団員はさまざまな分野で著書を発表しています。オカルトあり、詩作あり、小説、伝記、医学、昆虫学といった分野で本を書いた人もいるのです。かれらは知的であり、想像力に富んでいますが、それ以外は普通の人々でした。ただし霊的知識を渇望していました。魔術の研究を通して宇宙の隠された仕組みを理解したかったのです。簡単にいうと、かれらは現代の黄金の夜明け魔術の実践者たちと似てなくもないといえます。有名団員としては以下の人々が代表的でしょう。

モイナ・マサース

サミュエル・マサースの伴侶はスイスのジュネーヴにてミナ・ベルグソンとして出生しています。両親は正統派のユダヤ教徒です。画家を志してロンドンのスレード美術学校に学んでいます。兄のアンリ・ベルグソンはノーベル賞を受賞した有名な哲学者でした。ミナがマサースに出会ったのは１８８７年のことで、結婚したのが１８９０年、このときに名前をよりケルト的な「モイナ」に変更しています。彼女は１８８８年に三首領の手によって創立したばかりの黄金の夜明け団に参入しています。モイナは練達の画家であり、才能ある霊視者であり、コラージュ形式の芸術の先駆者でもあります。彼女が描くエジプトの神々や壁面装飾などはイシス・ウラニア・テンプルの美化に大いに寄与するものであり、また団の文書を美しく彩りました。モイナは生涯を通して夫マサースに献身しています。

ウィリアム・バトラー・イエイツ

イエイツはアイルランド文芸復興の立役者であり、また20世紀最高の詩人の一人です。１９２３年にはノーベル文学賞を受賞しています。イエイツのオカルトや神秘への情熱は本物です。ダブリンにいた頃にすでにヘルメス協会創立に手を貸していますし、神智学協会秘教部のメンバーにもなっています。[25] １８９０年にニオファイト位階に参入して以来、イエイツの黄金の夜明けおよび他の分派との関係は20年以上続いていきます。かれは魔術実践の熱心な支持者として、自分にとって黄金の夜明けの魔術は詩作の次に重要なテーマだと公言していました。「魔術研究を日課にしていなかったなら、わたしはブレイク本をただの一語も書けなかったでしょうし、『カスリーン伯爵夫人』はこの世に生まれてこなかったでしょう。神秘生活はわたしの

図7：上段左からウィリアム・バトラー・イエイツ、A・E・ウェイト。下段左からアレイスター・クロウリー、ダイアン・フォーチュン（左は夫のトマス・ペンリー・エヴァンス）。

行動、思考、執筆、すべての中心です[26]」。

フロレンス・ファー

フロレンス・エマリー夫人（1894年に離婚するまでは団内にてこう呼ばれていました）は1890年にイシス・ウラニア・テンプルに参入しています。ファーは英国の有名な舞台女優でした。驚くほどの美貌だったといわれていて、ジョージ・バーナード・ショウやウィリアム・バトラー・イエイツの劇作品で何度も主役をつとめています。ショウとイエイツはファーをめぐって張り合っていたという話です。彼女の演劇と舞台の経験、さらに歌うような話し声のおかげで生まれながらの儀式執行者と評されていました。ファーは団内で毎週タロットとエノク魔術の講義を行っていました。またオカルト関連の書物を数冊残しています。

短い紙面で黄金の夜明け団の初期団員の伝記情報をこまごまと記すのは本書の目的ではありませんが、言及しておくべき人々はまだまだいます。

・**アニー・ホーニマン：**アイルランドの有名な劇場「アビー座」を構築し、資金を提供。アイルランド文芸復興のかげの推進力と見なされている。

・**ウィリアム・アレクサンダー・アイトン師：**オクスフォードシャー、シャコンの教区牧師にして実践錬金術師。

・**ウィリアム・トマス・ホートン：**アールヌーボーにおける著名なグラフィック・アーティスト。

・**アーサー・エドワード・ウェイト**：キリスト教神秘主義者にして学究、オカルティスト、作家。フリーメイソンリー、薔薇十字、カバラおよび他の神秘思想に関する著書多数。
・**エドワード・ベリッジ博士**：有名なホメオパシー医。トマス・レイク・ハリスの性的哲学とユートピア観の支持者。
・**ウィリアム・ペック**：スコットランド、エジンバラの市営天文台長。
・**モード・ゴン**：アイルランドの活動家にしてシン・フェイン党創立者の一人。アイルランド演劇の有名女優。(27)
・**アーサー・マッケン**：オカルト小説と短編の作家。20世紀ゴシックＳＦの先駆者。
・**アルジャーノン・ブラックウッド**：怪奇と超自然ものの作家。
・**コンスタンス・ワイルド**：劇作家オスカー・ワイルドの妻。
・**アレイスター・クロウリー**：自称「新時代の預言者」にして「光を注がれし者、人類の唯一の教師」。黄金の夜明け団を２年間で退団し、自分の新思想テレマに基づく新たなオカルト団体を創始。
・**ダイアン・フォーチュン**：オカルト小説と重要なオカルト文献の著者。後年、自分のオカルト組織「内光協会」を創立。
・**ポール・フォスター・ケース**：タロット、カバラ、薔薇十字に関する著作を持つ作家。自分の組織「聖堂

図８：上、ポール・フォスター・ケース。下、イスラエル・リガルディー。

の建設者」（ＢＯＴＡ）を結成。

ルビーの薔薇と金の十字架

１８８８年から１８９１年まで、黄金の夜明け団はまだ初期の状態であり、外陣の位階儀式を行う一方、カバラの基礎や占星術、錬金術象徴、地占術《ジオマンシー》やタロットを教える理論重視の学校だったといってよいでしょう。伝授される実践魔術は「小五芒星儀式」だけです。１８９１年後半、イシス・ウラニア・テンプルには80名を超える参入者がいましたが、他のテンプルはどれも数十名程度でした。

ウッドマン博士が１８９１年12月に死去すると、空席となった首領の座を占める人は選ばれませんでした。この時期、マサースが壮麗な⑤＝６（アデプタス・マイナー位階）用の儀式を書き上げています。この位階は第二団、あるいは内陣と称される「ルビーの薔薇と金の十字架」（R.R.et A.C.）団の最初の位階です。ちゃんと機能する第二団を創設することにより、マサースは団の再構成を達成してその首領となりました。

⑤＝６儀式のベースはクリスチャン・ローゼンクロイツ（略してＣＲＣ）の伝説、およびその死後１２０年を経て墓所が偶然発見されたくだりにあります。『ファーマ・フラテルニタティス』[28]にある記述は以下のようなものです。偉大なる霊的教師にして薔薇十字団の始祖クリスチャン・ローゼンクロイツは死後に秘密埋葬されました。年月が経過し、団員たちが偶然墓所を発見しました。それはなんらかの石工の工夫によって隠されていたのです。団員が発見した墓所は七つの側壁に複雑な象徴群が描かれた部屋でした。壁面は縦８フィート、幅５フィートという寸法でした。部屋の中央には円形祭壇を載せた棺があり、そのなかにＣＲＣの遺体が完全なかたちで保存されていました。

⑤＝6儀式のためにマグレガー・マサースとモイナは実物大のＣＲＣ墓所の模型を作り上げました。これが「達人たちの地下納骨所」として知られるもので、黄金の夜明け団内陣に編み込まれた薔薇十字要素を見事に表現しています。モイナは練達の画家であり、また夫の専属霊視者もつとめていました。彼女のヴィジョン経験が第二団の儀式と位階作業を執筆する夫を大いに助けた可能性は大きいと思われます。モイナが担当したのは大部分の壁面装飾、神の姿絵、さらにロンドン本部イシス・ウラニアの儀式場内装などです。『ファーマ』には地下納骨所の詳細な象徴体系など記されていませんから、マサース夫妻はおそるべき想像力と創造力を用いて素晴らしい部屋を生み出したのです。

秘密の第二団に参入するには、試験に合格し、さらに招待されなければなりません。そして第二団での作業もまた広範囲に及びます。黄金の夜明けの第一団は基本的に理論重視でしたが、ルビーの薔薇と金の十字架の第二団は魔術理論を実行に移す場だったのです。第二団の参入者はまず数種類の魔術道具を自作して聖別しなければなりません。マグレガー・マサースはさらにセオリカス・アデプタス・マイナー位階に昇進するためのカリキュラムと8種の試験を考案しています。位階作業と8種試験すべてを完遂するほどの時間とスタミナがある団員はほとんどいませんでした。それらをやり遂げた人は西洋ヘルメス魔術のほぼすべての科目を修了したといっても過言ではなかったのです。魔術の博士号にたとえられるゆえんです。

１８９２年春、マサース夫妻はパリに移り住み、アハトゥール・テンプル№7を開設しました。イングランドの首領の座はウェストコット博士がつとめることになりました。ウェストコットはマサースと手紙をやりとりして、拡張を続ける第二団用の教材を受け取ることになったのです。第二団は１８９２年から１８９６年まで繁栄しました。その後まもなく、アメリカに少数のテンプルがアルファ・オメガ派経由で設立認可を受けました。１８９７年、シカゴのテーメ・テンプル№8。１８９７年、ニューヨークのトート・ヘルメス・テンプル№9。１９１９年、フィラデルフィアのプタ―・テンプル№10。そしてロサンゼルスのアトゥム・テンプルNo.20などです(29)。

問題発生

黄金の夜明け団にトラブルが発生したのは１８９５年のことです。当時マグレガー・マサースはアニー・ホーニマンから財政援助を受けていましたが、両者の関係が悪化したのです。団の古株であるホーニマンは、実生活では裕福な紅茶輸入商の娘でした。モイナ・マサースとはともに美術学校に通った親友でもあります。マサース夫妻がパリに移住したあと、ホーニマンは潤沢に送金して夫妻の生活を支えてやりました。そうすればマサースが団の仕事に専念できるだろうと考えていたのです。しかしマサースは次第にスコットランド独立闘争といった政治方面に興味を抱くようになりました。

マグレガー・マサースは才能ある魔術師ですが、わがままで奇矯で専制的な首領でもあります。１８９６年春、ついにホーニマンとマサースのあいだで不和が表面化しました。前者はマサースが政治活動に時間をとられすぎて、団関連の責任をおろそかにしていると指摘しました。同時期、エジンバラのアメン・ラー・テンプルの責任者ウィリアム・ペックに宛てた書簡でホーニマンが書いています。「かれは政治に費やすひまはあるが、62［番地、オークリースクエア。第二団の本部の住所］関連作業の遅延など知らんと言っています(30)」。自分が金を出しても団の作業が進みもせず、気に入らない政治運動に費やされるだけという事態に激怒したホーニマンは、当時つとめていたイシス・ウラニアの指導担当補佐という役職を降りてしまいました。マサースはホーニマンの行動を自分の権威の弱体化を狙う策動として非難し、ホーニマンはお返しに財政援助を打ち切っています。

ロンドン第二団の団員たちに不穏な動きが見られるため、マサースは素早く手を打ちました。このままでは自分の権威が地に落ちると実感したのでしょう。1896年秋、マサースは第二団の団員全員に宣言書を送付し、第一団と第二団に関するすべての事柄において自分への完全服従を要求しました。団員たちはみなこの要求に従いました。マサースはそれでも満足せず、ホーニマンに無礼な手紙を出して追加服従を要求しています。皮肉なのは、この時点でもマサースは借金たらたらの状態であって、主要な金づるはホーニマンだけなのです。1週間後、モイナがホーニマンに金を無心する手紙を出しています。ホーニマンが資金を送ってこなくなったとき、マサースはすぐさま彼女を団から除名しました。この所業は多くの団員にショックを与え、マサースへの不満と不信を募らせるだけとなりました。

1897年3月には別の問題が発生しました。ウェストコットの黄金の夜明け団との関係が当局の知るところとなった、というのです[31]。ウェストコットは第一団第二団の全役職を辞任してしまいました。その後、有名な舞台女優フロレンス・ファーが団のロンドン代表となります。しかし黄金の夜明け団の繁栄は、ウェストコットが持って生まれた書類仕事好きの性格があってはじめて可能だったのです。それがなくなった以上、第一団の広範囲にわたる位階作業や第二団の試験システムが機能不全に陥るのは時間の問題でした。

黄金の夜明け団に一大危機が到来したのは1900年の2月です。マサースは遠距離から団を運営していたため、英国の各支部の掌握がだんだんと難しくなっていきました。フロレンス・ファーもマサースの気まぐれと横暴に嫌気がさしており、ついにマサースに団の解散を示唆する書簡を出してしまいました。マサースの目には、これがウェストコットをふたたび担ぎ出すための陰謀の一端と映ったのです。結果として、マサースはファーに宛てた返信において、シュプレンゲル書簡はウェストコットが捏造したものだと暴露しました。

この爆弾発言はロンドン団員の信頼を根底から揺り動かしました。さらにウェストコットがこの件の釈明を拒否し、マサースの告発にすら自己弁護しなかったという事実は救いようがありませんでした。このややこしい状況をさらに悪化させる要因として、１８９９年12月、アレイスター・クロウリーという団在籍１年の若者が第二団参入の候補者となったのです。フロレンス・ファーおよびロンドン団員数名はクロウリーの人柄に疑問を抱いており、かれの参入を拒否しました。

１８９９年、クロウリーが第二団参入寸前の位階にまで昇進すると、フロレンス・ファーがクロウリーの奇矯と〝道徳的非行〟を問題として第二団参入を拒否した［ファーは慎み深い女性とは見なされていないが、その彼女をして〝非行〟という曖昧な言葉を選ばせるほどの行為があったものと推測される。(32)

クロウリーはパリに直行し、マサースの手によって第二団参入を果たしました。こうなってはロンドンの団員たちも黙ってはいられません。かれらはマサースに激怒し、クロウリーの参入など認めないと公言しました。すなわち全面的反乱まであと一歩という状態です。ロンドンの第二団の団員たちはシュプレンゲル書簡の真偽を検討するための委員会を組織しました。１９００年４月、マサースは委員会の無効を宣言し、クロウリーを代理人としてロンドンに送り込んで第二団専用室と各種道具類の差し押さえをはかります。クロウリーの任務遂行の際の様子は、ある団員の表現を借りれば「どたばた喜劇」(33)だったとのこと。ともあれクロウリーの計画はウィリアム・バトラー・イエイツらロンドン団員の尽力によって頓挫します。すぐさまかれらはマサースとクロウリーを団から追放する決定を下しました。(34)

イエイツはレディー・グレゴリーに宛てた書簡にてこう記しています。「このところ自分はひどい日々を送っています。先週、マサースが狂人を送りつけてきました――わたしたちが参入を拒否した人物で、そいつが団の専用室と書類を差し押さえようとしたのです」。イエイツはクロウリーの動機を「参入を拒否した自分たちに対する復讐」としました。また参入拒否の理由は「神秘団体は少年院として創立されたのではないと考えるから」とのこと[35]。

その後も続く混乱のさなか、イエイツはイシス・ウラニア・テンプルを掌握してそのインペレーター（統率官）に就任します。委員会は団をより民主的な路線で再建しようと試みましたが、その結果はさらなる混乱でした。一方、アニー・ホーニマンは団に復帰していました。しかし彼女の不在中に行われていた乱脈運営ぶりに驚愕することになったのです。位階儀式はあちこちがいじられ、試験制度は事実上廃止されていました。さらに悪いことに、フロレンス・ファーを含む一部団員たちがイエイツらの同意を得ずに秘密の分派を結成していました。このグループは「スフィア」と呼ばれており、霊視と星幽界《アストラル》旅行を専門とします。こういった不規則活動の是非を正そうとして、ホーニマンはほとんどすべての団員を相手に喧嘩をはじめてしまいました。イエイツはなんとかして事態の収拾をはかりましたが、１９０１年2月、ついに団の役職を辞任しています。

黄金の夜明け団に対するさらなる打撃が水平線上に出現していました。このトラブルの名前はマダム・ホロスといいます。１９０１年、彼女は不本意なかたちで「黄金の夜明け」という名前を世間にさらすことになりました。マダム・ホロスとその夫は山師にして詐欺師の夫婦なのですが、マグレガー・マサースに接近し、どういう手段を用いたのか自分こそフロイライン・シュプレンゲルであると思い込ませたのです。マサースはしばらく騙された状態でしたが、やがておかしいと気がつきます。するとホロス夫妻は数種の黄金の夜明け団儀式書を盗んでロンドンへ逃亡していきました。

ロンドン入りするやホロス夫妻は自分たち用の団体、「神権統一団」The Order of Theocratic Unity をでっちあげます。この団体の専門は詐欺と強請《ゆすり》とセックスなのですが、もちろん新入団員たちはそんなことは知りません。夫のホロスは最終的に婦女暴行で逮捕されています。当局から告発されたとき、ホロス夫妻は黄金の夜明け団の指導者を自称しました。結果として団の古色蒼然たる奥義の多くが世間の知るところとなりました。黄金の夜明け団の参入儀式がロンドンの新聞紙上をにぎわせ、一連の騒動によって黄金の夜明け団そのものがスキャンダルと化したのでした。

黄金の夜明け団は分裂しはじめました。フロレンス・ファーは黄金の夜明け団を退団しますし、団は名称を「モルゲンロス・ヘルメス協会」に変更してしまいます。マサースに忠誠を誓う少数の参入者たちはアルファ・オメガ団、略してＡＯ団を結成しました。１９０３年、団内に亀裂が生じ、昔の黄金の夜明け秘教団はもはや存在しなくなったのです。

旧来のイシス・ウラニア・テンプルの残存物はＡ・Ｅ・ウェイトが掌握しています。残存メンバーの多くがそのままウェイトについていきました。しかしウェイト自身は魔術が好きでなかったのです。神秘主義のほうがかれの好みに合っていました。「独立改定儀礼」と称されるウェイトの団体では、儀式魔術方面は縮小され、ウェイトが好む神秘路線が強調されました。

魔術志向が強い旧黄金の夜明け団団員たち、たとえばロバート・ウィリアム・フェルキン博士やジョン・ウィリアム・ブロディー・イネスといった面々はステラ・マテューティナ、「暁の星」団を結成しました。この組織にはフロレンス・ファーやウィリアム・バトラー・イエイツも合流しています。[36] フェルキンが率いるロンドン本部はアマウン・テンプルと称されました。

―――１９１５年以降、元祖黄金の夜明け団の流れを汲む分派はおよそ６種類存在したが、真に重要な組織は２種類のみである。その筆頭は団の旧来路線から完全に分離したウェイトの薔薇十字友愛会。旧団の精神はむしろ暁の星団に根強く残っていた。[37]

分派

マグレガー・マサースの支持者たちはパリのテンプルに加えてロンドン（1900年）とエジンバラ（1912年）にもアルファ・オメガ（AO）系テンプルを創設しました。ロンドンにはさらに二つのテンプルが増えます（1913年と1919年）。またエジンバラではAOテンプルと英国国教会聖職者が合流してクロムレク・テンプル（1913年）というハイブリッド型のグループも組織されました。

パリのAO団アハトゥール・テンプルは大所帯になることはありませんでした。集会に顔を出すのはせいぜい6名程度です。現存する議事録から判断すると、マサースが主宰者とはなっているものの、まとまりという点で下り坂になっていて、とりわけテンプルの集合作業はひどい有様でした。アハトゥールでは団参入や位階昇進ですら儀式抜きで行われる場合があり、さらには「欠席」している新参者にすら位階を授与する例まであったほどです。[38]

1918年のマサース没後、モイナ・マサースとブロディー・イネスがアルファ・オメガの責任者となりました。モイナの団運営にはいろいろと改善の余地があったようです。すぐさまアメリカのテンプルでいろいろな喧嘩が勃発しています。落胆した在米団員がそのあたりをモイナに書簡で報告していわく「アメリカのAO事情は長く悲しい物語です……この国の首領たちは第二団文書に貼ってあるラベルすらろくに読んでいないのです。[39] アメリカのAO団はばらばらになっています[40]」。

AOに参入した人々のなかには、後年新たな魔術組織を設立する者もいました。心理学研究者ダイアン・

フォーチュンは1922年にAOを退団して英国で「秘められた光の協会」を結成しました。ポール・フォスター・ケースはのちに自分の組織「神殿の建築者」、BOTAを創立します。在米AO団員の多数が退団してケースの組織に参加しました。

一方、フェルキン博士は1912年にニュージーランドに暁の星団スマラグダム・タラセス[41]・テンプルを開設しています。このニュージーランドのテンプルはマオリ語で「ワーレ・ラ」太陽の家として知られるようになります。フェルキン博士は英国に帰還すると1916年にさらに3つの暁の星テンプルを開設しました。ブリストルのヘルメス・ロッジ、ロンドンのマーリン・ロッジとシークレット・コレッジです。フェルキンのグループの主眼目は星幽界旅行にありました。

フェルキンの魔術団体のリーダーとしての手腕はマサースのそれと比較するとやや物足りません。フェルキンは肉体を持つ「秘密の首領」をさがして欧州全域を走り回りました。結果として団の教義が放置されたままとなりました。

1930年、イスラエル・リガルディーが舞台に登場します。リガルディーは1928年から1930年までアレイスター・クロウリーの秘書をつとめていました。1932年には『生命の樹』という本を書き、ほどなく『柘榴の園』も発表しました。これらの書物は暁の星団、アルファ・オメガ団の両者に大変な騒動をもたらしたのです。

暁の星団にもアルファ・オメガ団にも、クロウリーといえば往年の反乱分子として記憶する団員が数多く残っていました。ゆえにリガルディーはクロウリーの関係者ということで無条件に叩かれまくる対象となったのです。アルファ・オメガの指導者の一人E・J・ラングフォード・ガースティンはわざわざリガルディーに強硬な非難口調の手紙まで出し、二度とふたたび黄金の夜明けの名前を公刊物に記すなと警告しています。

他の関係者とりわけダイアン・フォーチュンなどは、『オカルト・レヴュー』の記事から判断するかぎり、リガルディーの『生命の樹』を称賛しています。このときの記事のほうが黄金の夜明けの神髄をより明らかにするもので、しかもかつてなかったほど大人数が読んだという点で皮肉なものです。暁の星の首領はどっちつかずのままでした。ある暁の星の代表者はダイアン・フォーチュン宛てにあなたは正しいという手紙を書き、ガースティン宛てにはフォーチュンの行動は無責任だとする手紙を書きました。秘教グループ史上最高の大失敗といいましょうか、2通の手紙はそれぞれ間違った封筒に入れられ、投函されてしまったのです。[42]

いろいろなやりとりの結果、リガルディーのまえに秘儀参入の扉が大きく開かれました。ダイアン・フォーチュンの支援もあり、かれは暁の星に参加するよう招待されたのです。本人の言葉によれば「『生命の樹』を土台としてわたしは団に招待された」とのこと。リガルディーは1933年に暁の星団ヘルメス・テンプルに参加し、1934年にアデプト位階に昇進しています。

不幸なことに暁の星団は緩慢な死を迎えていました。指導者たちは高位階を誇示しつつも魔術の基本材料すらろくに理解していなかったのです。多数の知識講義文書が改変されたり、欠番とされていました。とりわけリガルディーをいらいらさせたのは、暁の星の首領たちが大仰な称号を得ることに夢中になって魔術実践をおろそかにしている点でした。このままでは貴重なシステムが徐々にだめになっていくとの危惧の念を覚えたのです。

分裂と喧嘩が起きるたびに公式文書が紛失したり、あるいはわざと廃棄するといった犯罪的行為が蔓延していた。信じられないかもしれないが、〝自分が使えないならだれにも使わせない。火にくべよう〟という姿勢だったようだ。光の道を求める者たちがこの知識を得られないとなれば、なんとおぞましい悲劇であろうか。[43]

団と教義はこのままでは長く持たない、とリガルディーは結論しました。なんらかの手を打ってその真価がわかる人間の手に委ねる必要がある、しかも大人数に。かれの選択はこうでした。秘密の誓いを守って団を劣悪な状態のまま放置するか。あるいは出版して批判の嵐にさらされるが、体系そのものは生き延びるとするか。リガルディーは団を去ったのち、１９３７年、団の講義と儀式の大部分を『黄金の夜明け魔術全書』として出版してしまいました。

> 体系全体を世間一般に公表し、人類がこれを失うという事態を回避することが重要だった。これはすべての男女が受け継ぐべき霊的財産といえる。暁の星団はもはや魔術を伝えるための理想的媒体とは程遠くなっており、またすでに団の教義は部分的かつ無責任な状態で公開されてきたという経緯もある。ゆえにこの体系をより満足のいくかたちで発表することこそ急務である。こうすることではじめて魔術に関して広まっている誤解も除去できるのである。(44)

リガルディーが予言したとおり、その後の数年ですでに死に体だったアルファ・オメガと暁の星の既存テンプルは（ニュージーランドの分家を残して）作業を中止しています。１９３０年代後半になると、わずか二つのテンプル以外はみな活動停止となりました。最後まで残った英国のテンプルはブリストルのヘルメスでしたが、これも１９６０年代初頭に休眠し、１９７２年に正式に閉鎖されました。ニュージーランドの最後のテンプルも１９７８年に公式に閉幕となりました。

ニュージーランドのテンプルが終息してからわずか4年後の１９８２年、老齢のリガルディーがジョージア州コロンバスにて黄金の夜明け団の活発な支部を復活させています。

リガルディーは暁の星の旧首領たちには長らく幻滅していましたが、黄金の夜明けの魔術システム自体は高く評価するしかなかったのです。

> 黄金の夜明け団は、19世紀後半のオカルト復興から現在に至るまで、オカルティズムの展開に多大な影響を及ぼしている。黄金の夜明け団が現在、いやつい最近まで、西洋世界唯一の価値ある隠秘学結社であり、魔術知識の唯一の貯蔵庫であった点は疑問の余地がないのである。[45]

第2章　注

（1）予備門儀式から。Regardie, *The Golden Dawn* (St. Paul, Minn.: Llewellyn Publications, 1994), 218.

（2）B.O.T.A., 5105 North Figueroa Street, Los Angeles, CA 90042.　ウェブサイト　www.bota.org もある。

（3）この書の刊行により、多数の霊的探究者たちがニオファイトからジェレーター・アデプタス・マイナーまでの教育課程の大部分に接することが可能となった。

（4）参照　David Dungan, *A History of the Synoptict Problem: The Canon, the Text, the Composition, and the Interpretation of the Gospels* (New York: Doubleday, 1999). 284-286.

（5）レヴィのタロット体系はその後ポール・クリスチャン、ジェラール・アンコース（パピュス）、オズワルド・ウィルトに引き継がれる。

（6）１８６１年、レヴィは英国薔薇十字協会（ＳＲＩＡ）の会員ケネス・マッケンジーと面会している。マッケンジーは黄金の夜明け団創立のきっかけとなった「暗号文書」作成において中心的役割を果たした人物であり、この文書はタロットその他の秘教知識を土台に記されている。

（7）Societas Rosicruciana in Anglia.

(8) エジプト人の頭痛の種というべきか、古代エジプトに関する重要な発見の多くは盗掘され海外に流出していた。バッジの抜け目ない行動については以下が参考になる。Leo Deuel, *Testament of Time: The Search for Lost Manuscripts and Records* (New York: Alfred A. Knopf, 1965), 113-131.

(9) 人間あるいはイベントに関係する物品に触れることで関連情報を読み取る能力のこと。

(10) Blavatsky, H.P., compiled by Lina Psaltis, *Dynamics of the Psychic World* (Wheaton, Ill.: Theosophical Publishing House, 1967), 32.

(11) メイソンリー伝統ではこの友愛組織が古代から存続しているとされているが、１７１７年以前の物証はほとんどない。参照　John Hamill, *The History of English Freemasonry* (England; Lewis Masonic Books, 1994), 44-45.

(12) 「かくあれかし」So mote it be といったフリーメイソンリー特有のフレーズすら黄金の夜明け用語に入り込んでいる。

(13) Blavatsky, 33.

(14) １８８９年、黄金の夜明けの存在に気づいたブラヴァツキーは、新団体「神智学協会秘教部」を創設し、実践派オカルティストたちが神智学協会から黄金の夜明けへ流出するのを防ごうとした。また秘教部の創設は霊性における東洋と西洋の完全分離を防ぐ目的もあったと思われる。

(15) R. A. Gilbert, *The Golden Dawn: Twilight of the Magicians* (Great Britain, The Aquarian Press, 1983), 23.

(16) 『ヘルメス文書集成』は黄金の夜明け教義の補助文書として用いられた。

(17) Ellic Howe, *The Magicians of the Golden Dawn* (New York, Samuel Weiser, Inc., 1972), 34.

(18) "From Cipher to Enigma; The Role of William Wynn Westcott in the Creation of the Hermetic Order of the Golden Dawn". Published in Carroll "Poke" Runnyon's *Secrets of the Golden Dawn Cypher Manuscript* (Siverado, CA: C.H.S. Publications, 1997), 209-211.

(19) マサースが主張したスコットランド血統はフィクションであった。Gilbert, R.A. *The Golden Dawn Scrapbook* (York Beach, Maine: Samuel Weiser, Inc., 1997), 112.

(20) Gilbert, 29-30.

(21) 黄金の夜明け団の参入儀式を書いたのはマサースであると広く信じられているが、R・A・ギルバートによれば暗号文書から儀式を書き起こしたのはウェストコットであるという。詳しくは以下を参照のこと。R.A. Gilbert, "From

Cipher to Enigma; The Role of William Wynn Westcott in the Creation of the Hermetic Order of the Golden Dawn" from Runyon's *Secrets of the Golden Dawn Manuscript.*

(22) R・A・ギルバートによれば、モルゲンロス・ロッジは現存している。ロッジの歴史はドイツ語にて記録されていて、現在でも入手可能であるから、１８０７年の創立から現在までなにが行われたきたかを知ることができる。そしてこのロッジの活動記録には英国の黄金の夜明け団創立に関係しそうな事柄はまったく含まれていない。

(23) 参照　R.A. Gilbert "From Cipher to Enigma; The Role of William Wynn Westcott in the Creation of the Hermetic Order of the Golden Dawn" from Runyon's *Secrets of the Golden Dawn Manuscript.*　ギルバートによれば、ケネス・マッケンジー、ジョン・ヤーカー、そしてフランシス・アーウィンはみな「八人の会」のメンバーであった。

(24) 姉妹ＳＤＡが所属したとされるドイツの架空本部はリヒト・リーベ・レーベンと称する（ウェストコットの設定ではこのテンプルが一番最初に創設されたため、最後に№1をつける）。第二のテンプルはロンドンにあったといわれるヘルマニュビス。ウェストコットの架空史によると、このテンプルの設立許可証は二人の紳士に与えられたが、結局飛びたてぬまま終わったのだという。

(25) 注（14）を参照せよ。

(26) Yeats, *Letters,* quoted in Graf, *W.B. Yeats – Twentieth Century Magus* (York Beach, Maine: Samuel Weiser, Inc., 2000), 13.

(27) ゴンはダブリンのアビー座においてイエイツの最初の劇作品『カスリーン・ニ・フーリハン』（１８９２）の主役をつとめている。この役はもともとゴンを念頭に作られたといわれている。イエイツはゴンと恋に落ちたが、ゴンはイエイツの求婚を何回も拒否している。結局ゴンは１９０３年に同じアイルランドの活動家ジョン・マクブライド少佐と結婚。彼女の息子ショーン・マクブライドはアイルランドの外務大臣となり、１９７４年にはノーベル平和賞を受賞している。

(28) 薔薇十字伝統の基盤をなす三大重要テキストの一つ。１６１４年、欧州にて匿名で出版されている（著者はおそらくルター派の学者ヨハン・ヴァレンティン・アンドレーエ）。

(29) 参照　Kunze, *The Golden Dawn Source Book* (Edmonds, Wash.: Holmes Publishing Group, 1966), 174-175.　R・A・ギルバートによれば、シカゴのテンプルは別の名前を名乗った可能性があるという。アメリカのテンプルに関する情報は一番よいものでも断片的である。

(30) Howe, 126.
(31) ウェストコットの名前と連絡先が記された団関係の書類がロンドンの辻馬車に置き忘れられた形で発見され、それが警察に届けられたという出来事。それがマサースが仕組んだものという話が伝わっているが、どうもあやしいのである。ウェストコットが団の役職を辞任したのはかれの団との関係が当局（内務省、検視官であるウェストコットの雇用主）の知るところとなったから、と多くの現代魔術師たちは想定している。しかしフリーメイソンリーやその分派、さらに疑似メイソンリー活動などは体面を重んじるヴィクトリア朝にあっても十分容認されていたのであるから、いまさら黄金の夜明け団程度であわてる必要はなく、この当局関知説はかなり無理がある。むしろマサースが暗号文書やシュプレンゲルその他の本来の起源を知り、それをたねにウェストコットを辞任に追い込んだとするほうがうなずける。ウェストコット夫人が夫の黄金の夜明け活動を嫌っていて、これが辞任の背景にあるとの説もある。ウェストコットとマサースの不和の原因は黄金の夜明け団ではなく英国薔薇十字協会にあるとの説も提唱されている。
(32) Greer, Mary K. "Women of the Golden Dawn", published in *Gnosis* No.21, Fall 1991. この記事は以下のＵＲＬにても参照可能。www.hermeticgoldendwn.org.
(33) Ａ・Ｅ・ハンターのコメント（Howe, 225）。「11時30分頃アレイスター・クロウリー到着。ハイランドキルト、顔に黒い仮面、肩と頭にタータンの肩掛け毛布をかぶり、胸には巨大な黄金の十字架、腰には短剣をさげていた」。Ｗ・Ｂ・イエイツはマサースの全権大使を「辛辣な口調の乱暴な愚か者」と描写している――George Mills Harper, *Yeats' Golden Dawn* (Great Britain; The Aquarian Press, 1987), 29.
(34) クロウリーは団を去って自分のグループを結成したが、その際に黄金の夜明け団の第三団の名称 Argenteum Astrum 銀の星を借用している。さらにクロウリーはテオドール・ロイスの Ordo Templi Orientis（東方聖堂騎士団）にも参加し、後年、騎士団の英国支部長に就任している。
(35) Harper, 29.
(36) イエイツは20年間にわたって暁の星団の指導的団員であった。
(37) R.A. Gilbert, *The Golden Dawn Scrapbook* (York Beach, Maine: Samuel Weiser, Inc., 1997), 184.
(38) アハトゥール議事録によると、志願者がたんに「説明を受ける」だけでニオファイト、ジェレーター、セオリカス、プラクティカス、フィロソファスの各位階に参入した例がいくつもある。おそらく儀式の要所をきちんと遂行せず、口頭のみで済ませたということであろう。

（39）１９２１年、モイナ・マサースに宛てたリリー・ガイスの書簡。Darcy Küntz, *The Golden Dawn American Source Book* (Edmonds, Wash.: Holmes Publishing Group, 2000), 20-21を参照。

（40）モイナ・マサースに宛てたエルマ・ディムの書簡。１９２２年。同上書、35。

（41）「エメラルドの海」の意。

（42）King, Francis. *Modern Ritual Magic: The Rise of Western Occultism* (Great Britain; Prism Press, 1989), 154.

（43）Regardie, *My Rosicrucian Adventure* (1936). Reprinted as *What You Should Know About the Golden Dawn* (Phoenix, Ariz.: Falcon Press, 1987), 49.

（44）同上書、41、44。

（45）イスラエル・リガルディーの１９３７年版『黄金の夜明け魔術全書』序文から。現行版（第6版）では *The Golden Dawn* (St. Paul, Minn.: Llewellyn Publications, 1994), 16.

第3章　魔術：その正体と仕組み

黄金の夜明け団では、西洋魔術体系を説明する際にヘルメスという名前にご登場を願ったといってよいでしょう。それはちりぢりになった伝統の糸を拾い集め、それらを組み合わせて知識の統一体としたものなのです。その意図は参入者たちの霊的進化をさらに前進させ、大局的には人類全体の向上をはかることにありました。

前章で説明した西洋秘教伝統は多数の枝葉や横枝、さらには分け株から構成されています。ヘルメス思想の下にある団体すべてが魔術結社というわけでもありません。一部の薔薇十字組織、たとえば英国薔薇十字協会などは西洋の霊的伝統の調査に専念していますが、魔術の実践は専門外です。フリーメイソンリーは西洋伝統に深く根ざした参入友愛会ですが、実践にあたっては魔術はなんの役割も果たしていないのです。

魔術系ではなくて神秘主義系とされるグループもあります。この場合の神秘主義とは、観照あるいは瞑想あるいは祈禱詠唱などによって直観や信仰、法悦や洞察を獲得し、それによって霊的啓示ないし神との合一を得ることとされています。神秘主義は魔術と比較すると、神聖なるものへのアプローチという点でより受動的と見なされることが多いのです。魔術のほうがより積極的です。魔術師は儀式や護符製作と聖別、占術、神の姿を装う術、天使その他との会話などによって積極的に神聖なるものとの一体化を追求します。実のところ、練達の魔術師たるもの神秘主義者にして魔術師の両者であらねばなりません。能動、受動の両手段を通じて神聖合一を追求する必要があるからです。

黄金の夜明け団はその当初から魔術結社として設計されていました。カリキュラムは魔術哲学研究に基づいており、上級者は高等魔術を実践して熟達するよう期待されていました。とはいえ読者の方々にとっては、黄金の夜明けの魔術実践の詳細に入るまえに、魔術とはいかなるものかを明確に理解しておくことが重要でしょう。

魔術の定義

「魔術：超自然的諸力の助けにより、あるいは自然の秘密に関する自分自身の知識によって物事をなせると主張する人々の技術」――『ニュー・メリアム・ウェブスター辞典』

魔術とはなんでしょう？　この質問を12人にすれば12種の異なった回答が得られるでしょう。しかも回答者が魔術を好意的にとらえているか否かで、回答の幅はさらに広がっていくはずです。

魔術という話題は謎のボタンみたいなもので、それを押すと人々のなかにさまざまな感情的反応が生じます。魔術を題材にしたハリウッドのB級映画が何百と作られていますが、スリリングなエンタメとしてはともかく、情報源としてはなんの役にもたちません。むしろ魔術の正体、その仕組み、魔術師の動機といった事柄に関して誤解と誤情報をまき散らしてきただけでしょう。

20世紀の工業国家に住む大多数の人々は、このご時世に魔術を実践する人間など原始人か迷信家か狂人か、あるいは三者の合体物に相違ないと決めつけているでしょう。さらに極端な人々は、宇宙に超自然的要素などまったく存在しない、神も霊も来世もないと確信しています。そういう人々にとっては、目に見える、さわれる、論理を用いて理解できる物理世界以外は存在しないのです。この種の懐疑主義者たちは往々にして自分が「科学指向」の人間であると思い込んでいますが、実際は想像力も創造的能力もほとんど持ち合わせていないだけなのです。別方向の極端には、なにを読んでもどんな話を聞いても、それがどんなにとんでもない代物でも平気で信じてしまう人々が存在します。この種の「本物のビリーバー」たちの問題点は、識別力と判断力の欠如にあります。

懐疑主義者たちとビリーバーの中間あたりに、現代社会で生活しながら魔術と超自然と心霊能力の存在を信じている人々がいます。かれらのさらに一部が魔術師を自称する人々なのです。さらにそのなかの数パーセントが「黄金の夜明けの魔術師」を自称します。

魔術は科学的に説明される場合もあれば、宗教的に解説されることもあります。そのため科学者と聖職者がいよいよ仰天します。魔術はこのところ「科学の手法、宗教の目的」すなわち科学的手法で宗教が目標とするものを達成する術と定義されてきました。こうなると魔術は科学と宗教の両者の領土を侵犯することになるため、自己中心的な科学者や義憤に燃える聖職者から石を投げられ矢を放たれてきたのです。

19世紀のオカルティストにして元聖職者であるエリファス・レヴィは魔術を高く評価していました。

魔術とは、哲学におけるもっとも確実なるものと宗教における永遠にして無謬なものを結合し、単一の学問としたものである。それは一見すると対立するもの、たとえば信仰と理性、科学と信仰、権威と自由などを完全かつ疑問の余地なく和解させる。魔術によって人間精神は哲学的宗教的確実をもたらす器具を与えられる。その確実は数学がもたらす確実と同じ、数学ゆえの無謬と同じとさえいえる。[1]

現代魔術の実践者にして一時期黄金の夜明け伝統の学徒であったアレイスター・クロウリーは魔術を簡潔に定義しています。「魔術とは意志に従って変化を起こす学にして術である」[2]。この場合「意志」とは、個人的なつまらない欲求や欲望ではなく、個人の「高次の自己」の本質と調和する意図として理解すべきです。そういった意志は自然法則や宇宙法則とも完全に調和した存在なのです。しかしこの定義はあまりに狭いのです。魔術師が意志すればすべての意図的行為が魔術活動になってしまいます。魔術実践者の宇宙観によれば、わたしたちが住むこの世界はあらゆる面において神聖かつ魔術的なのですから、意志=魔術というのも広い意味では正しいのでしょう。しかし今回、わたしたちが求めているのは魔術師が行う儀式という特定の行為の意味なのです。椅子に腰かけるのも魔術師の意志かもしれませんが、その行為はわたしたちが求める定義上では魔術ではないのです。

やはり黄金の夜明けの元団員であったダイアン・フォーチュンは、後年自分の魔術流派を創始することになるのですが、クロウリーの魔術定義に別の次元を与えています。いわく「魔術とは意志に従って意識のなかに変化を起こす学にして術である」。この定義は人間の精神の力を計算に入れているといえます。人間精神が内的霊的変化を起こし、それが外的物理世界に影響を与えるのです。たしかに意識の変化は魔術における重要なファクターですが、この定義もまた全体を語るものではありません。

次の説明がわたしたちが感じる魔術定義に一番近いものとなるでしょう。「魔術とは、意志に従って伝統的西洋科学では現状理解されていない手段を用い、（意識のなかに）変化を起こす学にして術である[3]」。

科学では説明がつかないからといって魔術を「超自然」と結論づけるのは間違いです。とはいえ、魔術を説明しようとしても、言語自体の限界のために超自然といった表現をしてしまうのはしょうがないのかもしれません。魔術はまったく自然なものです――わたしたちにはそう思えなくても、魔術は自然の法則にそって機能しています。

魔術の定義をより完璧に行うとなると、段落まる一つ分が必要です。

魔術は意志に従って変化を起こす学にして術です。この変化は、１）外的顕現世界にて起きます。２）魔術師の意識のなかで起きます。３）たいていの場合、両者にて起きます。一方が変化すれば他方も変化するからです。魔術による変化は現代科学では現時点で理解されていない方法で発生します。魔術は未顕現を通じて作用します――不可視の霊的領域の微妙な操作を通じて作用するといってもよいでしょう。とはいえ魔術作業も自然法則の下にあります。魔術の効果は物理世界ではっきりと見える場合もあれば、個人的霊的レベルでのみ明らかになる場合も多いのです。魔術の作用は時間と空間に拘束されません。

魔術と宗教

古代にあっては、魔術と宗教は一心同体と見なされていた場合もあったはずです。多くの古代文明では、宗教と魔術は同じ起源を分かち合い、ほぼ同じものという扱いを受けています。しかし現代魔術はいわゆる「中世魔術」の洗練版と見なされますから、宗教とはまったく別個の存在となっています。魔術には独自の配属物一覧と心の用い方と自然ないし科学法則がありますが、宗教は信仰と信条と公式教理に依存しています。簡単にいうと、宗教は特定の信仰あるいは信仰と価値観と実践がワンセットになったものです。宗教の実践はたいていい霊的指導者の教義に基づいています。魔術は宇宙法則に従って変化を起こす方法ないしメカニズムなのです。

いよいよ割り切ったたとえを出すなら、魔術は思考と活動に傾斜し、宗教は感覚と存在を重視するのです。両者は非常に密接していますが、決して同一ではありません。超自然なるものへのあこがれが両者に推進力を与えています。しかし方向が異なるのです。

組織化された宗教は往々にして超自然界へのアクセスを制限し、公式神学という防波堤のなかにとどまろうとします。そして信者に対して神学の枠組みのなかにいるよう強く奨励します。一方魔術にあっては、個々人が自分で超自然的領域を経験するよう奨励するのです。

個々人が信じる宗教にとって、魔術の技法と儀式はサプリメントとして使えるかもしれません。なぜかといえば、儀式魔術の作業対象が神格や大天使、天使、霊その他、さまざまな宗教が認める存在である場合が多いからです。時代を通じて魔術はまるで針に導かれる糸のようにほとんどすべての宗教のなかに縫い込まれたきたのですが、それが魔術だとは認識されていないのが実情です。「献身的祈り」と「召喚」にはほとんど差異などありませんし、「魔法のわざ」と「奇跡」も同様です。差異があるとすれば、意味論上のそれと、こういったものが個人の宗教信条とは無関係な普遍的なものであると実行者が理解しているかどうかでしょう。魔術はその実行者がいかなる宗教や宗派に所属していようとも、いかなる神格とともに作業していようとも、同様の法則あるいは宇宙論的機構によって同様に作用するプロセスです。魔術の実践は一定の信仰あるいは教理に拘束されません。そして魔術は一定の自然原理にそって作用します。

すべての世界的大宗教、そして多数の小宗派は、信者全員が入手可能かつ理解可能な顕教的（一般公開的）実践活動を保有しています。しかし公開宗教と同時進行するかたちで、選ばれた少数者のみが入手可能かつ理解可能な秘教的（内的、個人的）実践活動が存在するものです。宗教集団内の内的サークルすなわち司祭団は最高教義に接触する権利を持ち、魔術技法を用いて霊的作業を強化します。東洋の宗教ではこれが普通ということは多くの人がわかっていますが、実は西洋の宗教においても同じなのです。キリスト教も例外ではありません。最高の司祭と女性司祭が最高の魔術師になるという話はまったくもって真実だといえましょう。

西洋魔術の古代起源

魔術 magic という言葉は、ゾロアスター教司祭の学問にして宗教を表すギリシャ語マゲイア（μαγεια）に由来します。一部の説では、やはりギリシャ語のメガス「偉大な」から派生したもので、「偉大な学問」を示すとされています。[4]

ゾロアスター教司祭たちの「偉大な学問」は最終的に西洋世界の霊的実践活動に入り込むのですが、その起源はチグリス・ユーフラテス河流域の古代メソポタミア文明にまでたどることができます。紀元前4000年から同538年までという長い期間、シュメールやアッカドやバビロン（別名カルデア）の文化は西洋魔術に多大な影響を及ぼしました。とりわけ「タウマツルギア」と称されるタイプの魔術への影響は甚大なものがありました。この術はギリシャ語で「奇跡を行うこと」を意味し、物質界にて変化を生み出す術とされていました。いわゆる「肥沃なる三角地帯」の生活は過酷で不安定でした。人類は神々の要求を満たすために創造されたと考えられていました。かくしてメソポタミアの人々にとっては、人生とは非友好的な諸力や振り向いてくれない神々、そして敵対的な霊たちとの日々の闘争となったのです。こういった勢力と戦うために、バビロンの人々は環境を良い方向に変化させる攻撃的魔術体系を発展させたのです。個々人の家庭には戸主が私的に拝む神ないし女神の神棚があり、神々の好意を引き寄せるべく毎日お祈りやお供えが行われていました。お祈りは悪魔と悪霊に打ち勝つ力を与えたまえと神々に懇願する形式のものが多かったようです。友好的な霊のご機嫌をとり、悪意ある霊を遠ざけるための魔術の技と詠唱も開発されました。平均的なバビロン人はしばしば占星術師や魔術師（世襲の魔術司祭たち）にお金を出して占ってもらったり、ヒーリングしてもらったりしていました。護符の聖別、浄化、呪詛、魔除けなども行われていました。バビロンの霊的領域は人間的ニーズに対して冷淡な場合が多いので、魔術師は不可視の世界に対する自らの権威と支配を宣言する必要がありました――ときには霊を縛ったり脅したりして命令に服従させていました。

バビロンの魔術の影響は中世からルネッサンスの魔術文献にも見てとることができます。たとえば『ソロモンの小さい鍵』では魔術師が下位の霊たちを呼び出し、命令を聞かなければ拘束して脅迫し、むりやり従わせるのです。

しかしメソポタミアの世界観だけが西洋魔術の進展に影響を与えた唯一の視座というわけではありません。古代エジプト人たちもまた西洋魔術の血統に独特かつ楽観的な宇宙観を付け加えています。

ナイル川流域に住む人々は人生をより好意的にとらえていました。この点が肥沃なる三角地帯の住民とは違うのです。ナイル川のほうが人にやさしい環境であり、洪水も飢饉も少なく、侵略してくる部族も少なかったからでしょう。メソポタミアの人々は来世は現世よりも恐ろしい場所だと考える風潮がありましたが、エジプト人にとっての死後世界は人間が永遠の魂を持っていることの証明と見なされていました。結果として、エジプトの霊界文献の大部分が、来世で神々のそばで暮らすにふさわしい肉体と魂の浄化と準備に関するものとなりました。エジプトの葬儀関連文献には史上最高ともいうべき崇高な祈りと神々への呼びかけが記されていて、その多くはいまでも儀式魔術師が用いています。魂の浄化を焦点とするエジプトの文献と儀式は、のちに高等魔術あるいはテウルギアと称されるものに深遠な影響を与えました。

古代にあっては、魔術は外側の力ないし神の一種と見なされていました。エジプトでは、魔術はヘカとして擬人化されました。この名前は「マジカル・パワー」の意味です。神々が混沌から世界を創り出す際もヘカが動員されたと考えられています。神々はヘカを使って人類を生み出しました。そしてヘカは運命の攻撃をかわす手段として人類に贈られました。そしてエジプト人は推測したのです。ヘカは神々が創造を行う際に用いるエネルギーですから、人類が同様の活動を行う際にも使用可能であろう、と。

エジプトとメソポタミアの魔術は二大源流であり、二つが合流して西洋魔術という大動脈になります。しかし他にも影響源はあったのです。ギリシャ人たちは魔術という混合物に独自の風味を与えています。ピタゴラス、ソクラテス、プラトン、アリストテレスといった古典哲学者たちの叡智はもとより、アレクサンドロス大王のエジプト、シリア、ペルシャ征服の結果として生じた諸々の異文化融合も魔術の影響源だったのです。ギリシャの支配下で出現した壮大な多文化文明は、雰囲気は明らかにギリシャ風ですが、支配下にある土着文化伝統と広大な新領土によって変貌しています。この環境があればこそ、多種多様な哲学、信仰、古代世界の魔術技法がひしめきあっていたといえるでしょう。そして現代のわたしたちが知る西洋魔術の基礎が構築された場所もここだったのです。

合流と融合の結果として生まれた当時の霊的文献には、グノーシス教や初期キリスト教から多大な借用を行っている「ギリシャ系エジプトの魔術パピルス」の呪文と召喚なども含まれています。他の要素としては、ユダヤ教の天使階級論、バビロン魔術の占星術重視と呪文と呪詛、エジプト魔術の典礼と召喚などがあげられます。魔術パピルスには失われた典礼や祈禱、召喚、儀式が記されている一方、部分的ながら神話や民間伝承もちらほら入っています。こういった文献以外にも『カルデアの神託』や『ヘルメス文書』に記述がある新プラトン主義系の儀式などが、中世とルネッサンス期の魔術実践に大きなインパクトを与えた点はまちがいないといえます。

中世の魔術

ヨーロッパ史で中世といえば古代からルネッサンスまで、具体的には476年から1453年までの期間とされることもあります。中世に魔術を行っていた魔術師にとっては、おそらく魔術はきわめて簡単なものと考えられていたでしょう。現代の科学や心理学に見られる不可解な業界用語とは無縁だったはずです。中世の魔術師が考える魔術には古代錬金術や占星術も含まれていますが、やはり専門は霊との作業でしょう。グリモワール（「文法」の意）と称される当時の魔術書の主な内容は、魔術師と霊の世界の交渉にあります。目に見えない霊の世界には、大天使、天使、惑星の知霊、元素霊、悪霊など、無数の霊的存在が棲んでいるのです。グリモワールには先輩格のギリシャ系エジプト魔術パピルスと同様、あらゆる呪文やおまじないが記されています。恋人引き寄せ、財宝発見、治癒、商売繁盛、霊的助っ人召喚など、なんでもありです。

筆記媒体としての紙の登場とともに、書物は一般人にもずいぶんと手が届きやすい存在となりました。ただし識字人口はまだ聖職者や貴族階級が大部分という時代でもあります。中世社会では聖職者も余剰となり、失職ないし無職という境遇に陥る元神父も発生しました。そういった人々がグリモワールを書いて糊口をしのいだと考えられるのです。皮肉なことに、こういった呪術本は教会によって禁書とされますが、その理由はグリモワールを書くのも使うのも神父崩れの悪党たちだったからです[5]。異端審問の時代では、教会が本気で異端者と魔女を根絶しようと火あぶりにしていましたから、グリモワールなど一冊所持していても生命にかかわりました。

ルネッサンスの魔術

14世紀から16世紀にかけての期間、魔術をどうとらえるかに関して新たな議論が巻き起こりました。もちろん学者、人文学者、哲学者、魔術師といった面々の間での機論であって、世間一般は知らぬところです。議論のテーマは、「自然現象としての魔術」でした。

マルシリオ・フィチーノの『ヘルメス選集』翻訳の件は前章にてふれました。教会はこの文書を誤解しており、キリスト誕生以前の古代異教徒が記した先駆的文献として評価していたのです。ところでヘルメス文書には哲学的要素に加えてかなりの魔術的要素も含まれています。当然ながらフィチーノはそういった要素にも興味を覚え、実験を開始しました。もちろん教会に目をつけられたら危険だということはわかっていますから、フィチーノは慎重に言葉を選んでいます。自分がかかわっているのは自然魔術であって、天使も神霊も無関係であると強調していました。

当時流行していたアリストテレスの宇宙観では、地球は三重宇宙の中心にあるとされていました。地球の外側には神と天使たちの天界があります。天と地上の間には星たちの領域――恒星、惑星、太陽と月――があります（図9）。天界の諸力が惑星領域の運動をコントロールし、惑星領域から地上へと影響力が及ぶと考えられていました。

天界の諸力は教会の専権事項と見なされていましたが、星の領域とそれが地上に及ぼす影響は自然界の一部です。フィチーノは占星術用語を用いて讃美歌を作ったり、多様な星のエネルギーと調和する照応物を集めたり、惑星護符を制作したりしていましたが、これは純粋に自然の力を操作しているのであって、霊を呼ぶとか天使とともに作業するといった話ではないと主張していました。こう説明することで教会の怒りを招くような事態を回避したのです。

フィチーノにくらべると、弟子にあたるピコ・デラ・ミランドラは大胆でした。ユダヤ教カバラを西洋魔術の基盤にすることで世間の注目を集め、警戒もされるようになったのです。天使や大天使の召喚、あるいは神の連続的流出などがカバラ系魔術の表看板でしたから、ピコは代替わりするローマ教皇の判断一つで非難されたり称揚されたりしていました。

しかしピコが思潮の扉を大きく開いたため、他のルネッサンス期の学者たちも天界と星界が自然界の一部にして内包物であるとの見解を共有するようになりました。惑星エネルギーと作業するのも天使と作業するのも、ともによしとされました。どちらも自然にして神聖なる単一の宇宙的実在に属するため、宗教的にも許容範囲内なのです。このあたりの見解を一番よく説明しているのがヘンリー・コーネリウス・アグリッパ（１４８６－１５３５）です。この人こそは当時にあって最重要かつもっとも影響力を有する魔術師の一人であり、神と創造を理解するための一つの方法として魔術を擁護していました。

図９：三重の世界を示す世界魂

魔術は素晴らしい効能を有する機能であり、至高の神秘に満ちている。魔術に含まれるものはもっとも秘密なる事物のもっとも深遠なる観照である。その性質、力、特質、本質、効能を学び、また自然全体の知識を得るならば、魔術はわれわれに事物同士の間にある不和と調和を教える。その知識をもって事物と事物を組み合わせ、あるいは優勢なる事物の力と効能を劣勢なる事物に応用することにより、素晴らしい効果を生み出す法を教える。これここそはもっとも完璧なる主たる科学、より神聖にして精妙なる哲学、あらゆる優れた哲学の完全完成形である。(6)

今日の実践魔術師の多くがこの言葉にまちがいなく同意するでしょう。

魔術はどのように働くのか

魔術のテクニックはいろいろありますが、どれも程度の差はあれ、魔術師の精神のなかにある心霊能力あるいは知覚力の覚醒に関係しています。他の科学と同様、魔術にも一組の理論と法則があります。魔術は一定の原理に従っており、その効果は記録可能です。しかしこういった効果は往々にして個人的な霊的レベルで発生するため、現代科学の標準的物理的機器では記録できません。早い話、現代科学は霊的事物に対処する装備を持っていないのです。現時点では科学は物理宇宙のみの探索に限定されています。

現代科学と同様、魔術もまた因果法則によって機能しますが、科学とは異なる点もあります。魔術は非物質的霊的宇宙を探索するのです。

19世紀フランスの隠秘学者エリファス・レヴィといえば黄金の夜明け団の創立者たちにも多大な影響を与

えた重要人物ですが、かれの代表作『高等魔術の教理と儀式』と『魔術の歴史』に魔術が作動する仕組みを解説した部分があります。それをざっと整理してみると、基本的な三法則が浮かび上がります。

（1）人間の意志力の重要性の法則。人間の意志力は抽象的な観念ではなく、訓練可能な現実的力である。訓練された意志は、変化を引き起こして物理的影響を発生させることが可能となる。レヴィによれば——

人が真実を知り、善を意志するとき、人の意志に抵抗できるものは存在しない[7]……意志する方法を学べ。どうすれば人は意志する方法を学べようか？　これこそ魔術参入の第一のアルカヌムである。[8]

（2）アストラル・ライトの法則（レヴィはアストラル・ライトを大いなる宇宙的媒体、魔術の媒体、世界魂などと呼ぶこともあります。第1章のプラトンの世界魂を参照）。アストラル・ライトは目に見えない霊的物質であり、宇宙の万物に浸透している。アストラル・ライトを用いることで魔術師は宇宙の離れた場所に変化を引き起こすことができる。

蒸気よりもはるかに強力な力が自然界に存在する。それを支配して指示する方法を覚えるなら、一個人が世界を混乱に陥れ、様相を一変させることも可能となろう。その力は無限に広がっている。それは天の物質にも地の物質にもなりうる。その両極化の度合いによって固定されたり運動したりするからである。それはヘルメス・トリスメギストスによって大いなるテレズマと称されたものである。それが輝きを発すれば光と呼ばれる。それは神が光あれと言われる以前、万物に先立ち創られた物質である。それは物質にして運動である。流体にして恒久的振動である。それを活発化させる本来的固有的力は磁力と呼ばれる。無限の宇宙にあってはエーテルあるいはエーテル光である。それは星のなかにあってはアストラル・ライトとなって星を磁気化する。有機体のなかでは磁気光ないし磁気流体となる。人間にあってはアストラル・ボディーあるいは可塑的仲介体と称される。(9)

レヴィは人間の意志力がアストラル・ライトに方向性を持たせる、あるいは形成する方法を解説しています。そうすることで善あるいは悪の変化を引き起こせるのです。

知的存在の意志はアストラル・ライトに直接作用する。そうすることであらゆる自然に作用を及ぼすことができる。自然は知性によって修正されるよう創られているからである。この力は古代人には知られていた。それは均衡を至高の法とする遍在的媒介から構成されているが、その方向性は高等魔術の大いなるアルカヌムによって直接左右される。この媒介を動かすことで季節の順番すら変更し、昼の現象を夜に起こし、世界の両端から連絡を取り合うこともできる。距離を置いて癒すことも害することもできるし、人の弁舌を世界中に響かせて成功を収めることもできる。(10)

アストラル・ライトはあらゆる領域に通じる鍵であり、すべての力の秘密、宇宙を映しだす鏡、共感の絆、愛の源泉、預言と栄光、奇跡術と占術の道具である。この媒介を支配して流れを管理し、それにより受益することこそマグヌム・オプス、大いなる業の達成である。(11)

（3）万物照応の法則。この法則のもとになったものは中世の魔術効能論です。大宇宙の万物は小宇宙である人間のなかに照応物を持つとします。人間すなわちミクロコスモスは大宇宙すなわちマクロコスモスの小さな反映にして延長なのです。一方に変化を及ぼすと、他方にも変化が及ぶわけです。レヴィによれば、

「宇宙を映す魔法の鏡」とは人間の体よりもむしろ魂のほうであるとのこと。わたしたちが棲む宇宙は偶然的要素と出来事の混合物ではなく、秩序ある照応体系なのです。大いなる外的宇宙と小さな人間宇宙の間に明確な連結と関連があるとする考え方こそ魔術の基本原理の一つです。レヴィいわく

魔術には教理と呼べるものは一つしかない。それは以下のようなものである。目に見えるものは見えないものが顕現した姿である。換言すれば、顕現物は目に見えて把握もできるものというかたちで完成された言葉であり、その背後にある人間の目に見えず把握もできないものに対して正確な比率を有している。術士は一方の手で天を指し、もう一方の手で地を指して、こう語る。上は茫漠、下もまた茫漠。茫漠は茫漠に等しい。これは可視の事物にも不可視の事物にも真理である。(12)

ヘルメス・メルクリウス・トリスメギストスの作とされる古代文献の一つ『エメラルド・タブレット』ではこのヘルメス的叡智を実に簡潔に表現しています。「上下一如」、と。

万物照応の法則には、ある種の物体、象徴、物質はそれぞれ異なるエネルギーとつながっているとする発想があります。つながるための回路としては振動、色彩、特質などがあげられます。こういった関連性は通常は惑星、十二宮、元素といったレベルで考察されるのですが、植物、鉱石、金属や神々の特徴なども含まれることもあります。新プラトン主義者でテウルギアの術者イアンブリコスならば、この法則を高等魔術作業にとって不可欠なものと認定したでしょう。

地上の自然が神聖伝達から孤絶することなどありえないのであるから、地上もまたある程度は神聖なる一部を受け取っていると想定される。なればこそ神々の地上参加も可能となるのである。ゆえにテウルギアの術はそれ

を感知し、神々の特質に適合する神聖伝達の受容器を発見してきた。それはしばしば石や薬草、動物、香料、その他の神聖なる完全物質をつなぐものであった。しかるのち、それらすべてから完全純粋なる受容器が生まれるのである。(13)

金属、宝石、色彩、薬草、香といった物質を用いることで、魔術師は意志力集中の補助となる事物を選択します。事物と魂の照応のパターンすなわち「宇宙を映す魔術の鏡」を理解すれば、魔術師はそれを用いて善なり悪なりに変化を引き起こすこともできるでしょう。それが可能なのは、魔術師が使おうとしている力がかれの外部のみならず内部にも存在しているからです。それは宇宙に拡大投影される魔術師自身の本質的衝動となります。魔術師の内的衝動と大宇宙の諸力の間を結ぶ導管は想像力です。想像力、それは魔術の最強の道具と考えてもよいでしょう。

黄金の夜明け団の達人たちはこれら魔術の三原則に第四の法則といってよいものを付け加えました。

（4）人間の意志力は想像力と組み合わせる必要がある。想像力が意志力を方向づけ、誘導する。黄金の夜明け団の魔術師の一人エドワード・ベリッジ博士（真誉兄リスルガム）はこう述べています。

魔術を実践するにあたり、想像力と意志の両者を発動させる必要がある。魔術作業にあって、両者は対等である。いやむしろ、最大の効果を得ようとするのであれば、想像力を意志よりも先行させなければならない。意志は補助を受けずとも力流を放つことができる。そういった力流がまったくの無力というわけでもない。しかし効果は曖昧模糊としている。なぜならば、補助を受けない意志は力流以外の何物も放っていないからである。

> 想像力は補助を受けずとも像を創造することができる。そしてこの像はそれなりの期間存在するにちがいない。しかしこの像は、意志によって活性化され方向づけされないかぎり、たいしたことはできないのである。
> しかし両者が結合したとすれば――想像力が像を生み出し、意志がその像を方向づけて利用するならば、驚異の魔術的結果が得られるであろう。[14]

おそらくこれにはレヴィも同意することでしょう。かれは著作において想像力を「透明」あるいは「半透明のもの」――「魔術の領域にのみ存在する全能のもの」として言及します。それは「意志を高めて普遍的媒介に対する支配力を与える能力[15]」なのです。レヴィは書いていています――

> 想像力は実のところ魂の眼である。形状は魂のなかに描かれ、保存される。そうすることによってわれわれは不可視の世界の反映を目にするのである。それはヴィジョンを映す鏡であり、魔法の生命を育む器具である……わたしたちが人の想像力と称するものは、生命の光あるいは大いなる魔術的媒介のなかに含まれるイメージと反映を吸収する能力であり、人間の魂に本来的に備わっている機能である……これらのイメージや反映は関連があるが、ここに科学が介入してそれらのロゴスあるいは光をわれわれに示してくれる。天才と夢想家と狂人はこの点によってのみ異なるといえよう。天才の創造物は真理の似姿であるが、狂人や夢想家のそれは行き場のない反映にしてさ迷うイメージでしかないのである。かくして賢者とっては想像はすなわち見ることにほかならず、魔術師にとっては言葉を発することはすなわち創造となる。[16]

ルネッサンスを代表する錬金術師の一人アウレオルス・パラケルスス（１４９３－１５４１）も数世紀前にほぼ同じ内容のことを述べています。さらにあらゆる道具や照応物や儀式は、想像力の力に比べればはるかに劣るか、不必要とまで言い切っています。

魔術は大いなる秘められた叡智であり、理性は大きく開かれた愚行である。いかなる甲冑も魔術を防ぐことはできない。なぜならば魔術は内側にある生命の霊を打撃するからである。十分に強力な想像力を通してのみ人の霊を像のなかに入れることができる。この点はわれわれも納得してよいでだろう。あやしげな祈禱も儀式も必要ではない。魔法円を描いたり、香煙をふりまくのはただのまやかし、目くらましである。人の霊は言葉にできないくらい偉大なものである。神ご自身と同じほどに永遠にして不変たるは人の精神なり。人の精神を正しく理解できれば、われわれはこの地上にて不可能なことはないであろう。想像力は信念を通じて活性化し、完成する。あらゆる疑念が想像力の完成を阻害するからである。人は完全に信じ、想像することができない存在であったから、結果として確実であるべきあらゆる技芸が不確実なものとなっている。[17]

これらの法を指針として、魔術の仕組みを要約すると次のようなものになるでしょう。魔術はアストラル・ライトという不可視にしてすべてに浸透する物質を操作することで機能します。この物質は目に見えない霊的マトリックスあるいは顕現宇宙のすべてを映すエネルギーの青写真にたとえてもよいでしょう。アストラル・プレーンとは物理領域よりも高次元かつ精妙な存在レベルであり、そこには万物のエーテル的「イメージ」があります。生物、無生物、有機物、無機物、すべての「イメージ」があるのです。魔術はアストラル・ライトの操作を通して機能します。アストラル・ライトは流体であり、可塑的にして順応性に富むものなのです。

現代文明社会で想像力だイマジネーションだといえば、子供のファンタジーか娯楽として片付けられてしまいがちですが、想像力は人類が持っている究極の創造能力であり、魔術の主たる道具なのです。発明家が新発明のものを作るとき、まずは心の眼でそれを見るでしょう。次に必要な機能と形状と寸法を心的映像として思い描き、発明品が登場するという具合です。このようにして発明はまずアストラル・プレーンにおいて実体となり、その後に物理次元で実体化します。魔術師も同じように想像力を用いて自分が達成したいものの像を構築し、アストラル・プレーンにてそれに形状を与えるのです。したがって視覚化の術を学ぶことが魔術には不可欠なのです。黄金の夜明け団のような魔術団体では、視覚化が個々人の魔術訓練の基本中の基本です。また集中力を鍛えることも魔術的手続きにとっては大変重要になります。

アストラル・イメージを手にした発明家は、エンジニアやビルダーを雇用して心の中の創造物を物理世界に顕現させます。しかし魔術においては結果はそうたやすくは得られないのです。魔術師も物理的レベルのみならず、個人的、心霊的あるいは霊的レベルでなにかを達成しようと試みるでしょう。そのときの手段は現時点の物理科学では理解されないものかもしれません。

特定の魔術作業のゴールはいろいろあるでしょう。アストラル神殿の構築、病気の友人の治癒、天使的存在との意思疎通、新プロジェクトのための資金調達、あるいは霊的発達など、多種多様です。魔術師がアストラル・ライトのなかに創造するイメージは目標を反映するものとなります――壮麗な神殿、病気の兆候がみじんもない友人の姿、語りかけてくる天使、あたためてきた計画が完成する図、あるいは魔術師に降り注ぐ神聖な光、そういったイメージが必要なのです。

想像力はアストラル・ライトのなかに形状を作り出すための道具です。しかしこの形状は意志の力流によって活性化されないかぎり動きません。ごくごく単純な比喩を用いるなら、このプロセスは的当ての練習と思ってもよいでしょう。アストラル・プレーンに作ったイメージは、魔術師から一定の距離にあるターゲットの中心のようなものです。魔術師のゴールはターゲットに当てることです。どの武器を使うかは魔術師の選択次第です。ライフル銃、弓矢、投げナイフ、槍、投石器、なんならペイント弾発射銃でもいいでしょう。

さまざまな武器は、ゴール達成の補助として用いるさまざまな照応物（魔術道具、香、宝石、元素、惑星、十二宮、色彩等）の比喩と思ってください。武器あるいは照応物の選択は、ターゲットにどのような影響を与えたいのか、あるいは目的をどのようにして達成したいのか、そのあたりを考慮に入れて決定します。ヒーリングならば太陽的な照応物がいいでしょうし、変化や交替を引き起こしたいなら月的なものがおすすめです。もっとも、魔術師が自ら狙いをつけて発射しないかぎり、ターゲットに命中するなど望むべくもないことです。それが意志力の活動となります。意志こそ魔術プロセスを発動させる動力にして触媒なのです。そして実際の狙撃と同様、意志も正確でなければなりません。焦点を合わせ、心を乱されることなく発射してこそ、ターゲットに命中し、望む結果を得られるのです。

別のたとえを用いましょう。想像力は一つのスキルです。コンピュータを組み立てる際に必要な技術的ノウハウみたいなものです。アストラル・イメージの創造はコンピュータそのものの創造と同じです。さまざまな照応物は、コンピュータにインストールするソフトウェアのようなものです。各プログラムに特定の目的と機能があるわけです。そして最後に、人間の意志力はイメージに力を与える目に見えない力の流れのようなものです。コンピュータを動かす電気に似てなくはないといっておきましょう。

魔術プロセスの各段階は次のように並べると理解しやすいと思います。

1）意図。魔術師は心のなかに明確なゴールを持たなければならない。

2）照応物。魔術師は自分の目的に最適な象徴、道具、照応物を選択しなければならない。

3）イメージ。想像力を用いて作業目的のイメージをアストラル・ライトのなかに創造し、視覚化し、構築する。

４）意志力。魔術師は意志の力流をレーザーのように目標に向けて焦点を合わせる。このことによってアストラル・イメージがエネルギーを帯び、個人的、心霊的、あるいは物理的レベルでその影響が感知できるようになる。

以上があらゆる魔術作業で用いられるメソッドです。古典ともいうべき黄金の夜明け団の小五芒星追儺《ついな》儀式（Lesser Banishing Ritual of the Pentagram, LBRP、第5章参照）を例にとりましょう。たいていの場合、この儀式を行う魔術師の念頭にあるのは、儀式場を防護ないし浄化するための円を設定することです。この儀式のための照応物はきわめて伝統的なものです。防護シンボルとしての五芒星、それに四元素に対応するヘブライの大天使たちです。しかし魔術師は儀式執行にあたって道具を選ぶ裁量があります。単純な追儺用短剣、あるいはロータス・ワンドと称される杖、あるいは儀式用の長剣という場合もあります。人差し指を用いて人間の手が持つ力をストレートに表現するほうを好む魔術師もいます。特に強力な追儺が必要とされるのであれば、ゲブラーの裁きの剣というシンボリズムを付け加えることも選択肢のうちです。魔術師は眼前の空間に防護の五芒星を描きつつ、想像力のなかに五芒星の姿を構築します。それがアストラル・プレーンにおける実体となるのです。それから魔術師の意志がこのイメージにエネルギーを与えます。魔術師は聖なる名前を唱えつつ五芒星の中心にとある身振りをなし、エネルギーをチャージするのです。物理的動作と聖なる名前の発声を組み合わせることが、意志力の流れの焦点を合わせる際に役立ちます。アストラル・ライトのなかに創造した五芒星のイメージに対して、意志力は収束するスポットライトのように絞り込まれ、五芒星を活性化し、力を与えるのです。

魔術：なぞの技術

魔術作業のプロセスを説明する際、自然の「法則」などと口にする魔術師は多いのですが、魔術作用の仕組みを特定することはまず不可能なのです。目的を絞り込んで儀式を行っても、魔術がいつ、どこで、どのように発動するかは予測がつきません。また魔術プロセスは運やチャンスによく似る傾向があります。カール・ユングが唱える「シンクロニシティ」すなわち関連のある出来事の偶然的発生は往々にして魔術が作用している兆候です。知覚力の向上も魔術訓練の成果の一つですから、シンクロニシティ的なイベントが発生すればそれを見逃すことも少なくなるでしょう。

最後に大切なことを書いておきましょう。発動した魔術はもっとも抵抗の少ない経路を求めます。魔術師の意図が確立され、それを開始するための魔術作業が行われたなら、魔術はもっとも簡単なルートを通ってゴールに到達しようとします。なんとも世俗的な経路をたどることも少なくありません。たとえば魔術師がコンピュータを手に入れるための儀式を行ったとします。だからといって魔術師のデスク上に最新のコンピュータがぽわんと煙のなかから登場することはないでしょう。かわりに魔術師は儀式を行い、結果のみに集中し（この場合はコンピュータの入手）、いつどのような形で成就するかは魔術プロセスにまかせっぱなしにするのが普通です。儀式を行ってしばらくたつと、友人がコンピュータをアップグレードしたので古いのをくれたりするわけです。

以上、きわめて簡単な例ですが、魔術が目標を達成するために往々にしてもっとも簡単な経路を通じて作用する点は明らかにできたものと思います。

高等魔術：テウルギア

魔術それ自体には「善」も「悪」もありません。「黒」も「白」もないのです。魔術はよいことにも悪いことにも使える中立のプロセスです。魔術が「邪悪」になるか「神聖」となるかは魔術師の意図や目的にかかっています。意図が堕落したものか崇高なものか、それ次第なのです。

魔術という主題は意図との関連で数種のカテゴリーに分類されることもあります。たとえば白魔術（善意ある、倫理的、あるいは霊的な魔術）、黒魔術（有害あるいは悪意ある魔術[18]）、さらに灰色魔術（有害でもなければとりたてて霊的でもない魔術）といった具合です。他には高等魔術（典礼魔術、儀式魔術）と低次魔術（民間伝承）といった分類もよく見られます。黄金の夜明け団の魔術は高等魔術あるいは儀式魔術に分類されるもので、テウルギア（聖なる活動、あるいは神の作業の意）と称されることもあります。儀式魔術師をテウルギストと呼称することも少なくありません。

高等魔術についての思慮深い定義がポール・クリスチャン（本名ジャン・バプティスト・ピトワ）の記念碑的大作『魔術の歴史と実践』（１８７０）に見られます。

魔術 magic という言葉はカルデア語の maghdim に由来するもので、その意味は叡智である。さらに現在われわれが哲学という言葉に与えている意味を付けたすとよい。マギはマジックの達人であり、古代叡智の司祭と称してもかまわない。かれらは宇宙の研究に専念する哲学者である。かれらいわく、宇宙の中心はあらゆる場所にあり、その周縁は無限である。宇宙の中心では物理世界と精神世界と神聖世界が分離もせず、互いを見失うこと

もなく、混乱もせずに一つにつながるという。すべての知識は3つの顔を持ち、すべての分析には3つの基盤があり、すべての総合には3つの枝があるとされる。[19]

テウルギアという言葉が最初に用いられたのは2世紀のことでした。プラトン主義者が『カルデアの神託』等に記された神聖儀式の変成力を説明するために使ったのです。しかしテウルギア儀式を行う際の理論的正当性を初めて提唱したのは四世紀の新プラトン主義哲学者イアンブリコスです。イアンブリコスの教義はヘルメス魔術の発達にとって非常に重要でした。かれが提唱する宇宙はきわめて秩序だった階層構造をなしていて、神聖儀式によって接触可能なのです。この宇宙観は時代を超えて支持され、中世の学究たちとルネッサンスの魔術師たちの主流的世界観の一部となったのでした。

イアンブリコスのテウルギアは活動的です——たんに「聖なる事物」を論じたり観じたりするのではなく、テウルギストに全面的関与を要求してきます。神羅万象の原理を召喚して現身たらしめるのです。イアンブリコスの教えでは、個々人の魂は物質の体のなかに浸透していて、神聖なる助力を得れば自らを解放して「万物の唯一の根源」に帰還することが可能になるといいます。この神聖助力がテウルギア儀式であり、それは神々によって効力を発するのです。超絶神との合一はこれらの聖なる儀式の遂行によってのみ可能であるとイアンブリコスは主張していました。[20]

以下はイスラエル・リガルディーが名作『生命の樹』に記した魔術の定義です。イアンブリコスの聖なる儀式教義を確証するのみならず、黄金の夜明けのテウルギア魔術をも定義しています。すなわち魔術とは、

心理の記憶システムである。終わることのない儀式的詳細、周行、祈禱、燻香などが想像力と魂の高揚を目的として慎重に配されており、通常の思考次元を完全に超越することを意図している。[21]

霊的存在との作業

魔術とは「科学の手法、宗教の目的」であると前述しました。ここまでわたしたちは魔術科学のメカニズムを詳細に論じました。またテウルギアの霊的ゴールである神聖合一も学びました。しかし魔術作業の本質的局面にはかるくふれるだけにとどめてきました。すなわち魔術は神々や天使、大天使、その他の霊的存在を積極的に召喚するのです。黄金の夜明けの魔術師たちの作業はあらゆる面で二つの観念と本質的に関連しています。（1）超絶的、最高神格という観念（2）人間界と絶対統一神界のあいだに無数の霊的実体が存在するという観念。魔術師が作業を行う際の相手は、たいていの場合は天使として知られる存在となります。天使 angel という言葉はギリシャ語の angelos に由来します。angelos 自体もヘブル語でメッセンジャーを意味するメラク melakh の翻訳です。天使は「魂の使い」と称されてきました。より正確な定義では、天使とは「存在の大いなる連鎖における人間と一者とのあいだの仲介的知霊[22]」となります。マルシリオ・フィチーノいわく

> すべての知霊は、それが魂に勝る最高位のものであろうが、下位にして魂の一部であろうが、きわめて密接に連結しあっている。ゆえにかれらはその頭領である神とともにはじまったときから、長くとぎれることのない連環として進んでいる。そしてより高い者たちから低いものたちへと光を投げかける。[23]

テウルギストたちもまた、この「長くとぎれることのない連環」すなわち「その名前を口にしてはいけないもの」を頭領とする聖なる階級の一部なのです。この階級にはさまざまな神の局面あるいは「神のエッセ

ンス」が含まれています。それはカバラ伝統における多数の「神聖名」に相当するものであり、またさまざまな宗教の万神殿にあっては星々の神となる存在です。神の最高局面のあとに、大天使、天使、知霊という階級が続きます。カバラでは、大天使と天使は神の特定面と見なされていて、それぞれ特定の目的と管轄を持っています。ヘブライの天使はほとんどが語尾にelやyahがつきます。それが「神のもの」を意味するのです。人類は聖なる階級制のなかでは中位にランクされています。人間には魂があり、また高次の自己別名を聖守護天使があるためにランクインできるといってもよいでしょう。聖守護天使は人間が高次元領域にコンタクトするための個人的天使的接点なのです。人間の下のランクには下級霊や元素霊たちが入ります。

黄金の夜明けの魔術師たちは魔術儀式を行うにあたって常にこの命令系統を固守します。魔術師がどれほど上手に魔術機能を操ろうとも、テウルギア作業は魔術師の意志が宇宙の神聖なる意志とともにあるときにしか発動しないのです。これは浄化と意図の純粋さ、そして霊的訓練によってのみ達成されます。そして神聖なる宇宙にあって、「あるべき力」を請願を通じて適切なチャンネルに導き、最高領域から最低の霊的領域まで引き下ろすのです。ゆえにいかなる儀式においても、テウルギストはまず至高の神の名前を唱え、しかるのちに下位の神的あるいは星的な局面を召喚します。それから大天使、天使、知霊という順番に召喚していくのです。魔術師の主な作業相手となる天使は「神聖なる仲介者」であり、上の階級にも下の階級にも働きかけてもらいます。依頼を受けた天使が下位の霊、支配霊、元素霊等に命令を発し、魔術作業の目標を遂行するという段取りとなります。アデプタス・マイナー位階の儀式にいわく

なぜなれば、真の薔薇十字団は深みに下り、高みの上るものなり——神ご自身の御座にまで上り、大天使、天使、霊たちをも含むものなり。[24]

天使的存在たちは「大いなる存在の連環」のなかでテウルギストとともに道を歩む同行者と見なされています。

黄金の夜明けの魔術

黄金の夜明けの魔術応用法にはいくつもの種類があります。カバラ的儀式、占術、護符の聖別、スクライングや幻視作業などが代表的でしょう。部外者にはおよそ霊的には見えない魔術作業もありますが（たとえば俗な内容の占いとか、木星の力を寄せるための護符聖別とか）、魔術師がテウルギアを理解するうえでは大変に重要なのです。この種の作業の目的は修行者に実践的知識をはばひろく与えることにあります。またこれによってなにをなすべきか、なにをしてはいけないかという安全対策と指針が身につきます。魔術をきちんと学ぶ唯一の方法は実践です――それに経験豊富な著者や教師や同志のサポートが加わるのが理想です。黄金の夜明けの魔術師たちはなぜあのような複雑な魔術的手順を踏むのでしょうか。そうすることで神聖なるものとよりよくつながり、大いなる作業を完遂するための秘められた知識を得られるからです。

黄金の夜明けのテウルギアは霊的品質という点で最高の魔術です。ただのお遊びとか、自己肥大とか、個人的権力志向といった動機で行うべきものではありません。神聖なる自己を真に知るため、人類全体の向上を目指すために行うべきものです。この種の魔術はあらゆる宗教的ドグマを超越する神秘主義に酷似してきます――換言すればあらゆる宗教の最良の部分です。神秘主義者は自らの内的存在のなかで五感を超え、宇宙の秘められた性質を把握し、神ないし普遍的リアリティーを直接体験します。これを達成する手段として神秘主義者は瞑想、観照、祈禱などを用います。黄金の夜明けの魔術師も瞑想や観照を行いますが、それに加わるのが4世紀にイアンブリコスが提唱したテウルギアの技術すなわち儀式と召喚なのです。

神聖なるテウルギアは自己創造にして自己統一活動です。それは人間の魂を覚醒させて最高の可能性を導き出そうという試みです。テウルギアは燃え上がる願望ともいえます。一生をかけて神聖知識を探究したいという願望なのです。魔術師は宇宙の神聖なる自己との深い個人的関係を求めます。そしてそれは魔術を通じて達成されます。

魔術の道具は人間の精神、意志力、熱望、そして想像力が有するさまざまな機能です。人間の意志が浄化され、宇宙の神聖なる根源のそれと同調するとき、魔術は「意志に従って」物理領域で変化を引き起こせるでしょう。

ヘルメス魔術は霊的科学です——ヘルメス原理の一つによれば、世界は神聖なる永遠の力によって創造されたのであり、ゆえに宇宙の本質は神聖です。ヘルメス魔術は霊的目標を達成することに特化した訓練体系です。真の人間というものをその世俗的外面にとらわれずに把握するための、個人が行う個人のための学問ともいえましょう。

黄金の夜明けの儀式魔術の最終目標は、学徒の下位ないし外側の人格を徐々に浄化し、意識の昂揚状態を実現することにあります。そうすることにより、魔術師の自我は徐々に高次の自己との合一状態に入り、最終的には神聖なるものと一つになるでしょう。儀式におけるすべての行動、想念、発言はこの最終目標をもたらすよう設計されています。黄金の夜明けの儀式はその詳細な部分までもが術者に最終目標を自覚させるようにできています。ヘルメス的ないしカバラ的連想システムによって、あらゆる印象がさらなる関連印象を呼び、儀式の最終目標へと昇華するようになっているのです。最終昇華が達成され、霊的至福の瞬間が訪れるとき、知的精神と魂のあいだにクリアなオープンチャンネルが作り出されます。それにより魔術的潜在力と覚醒がさらに集中し、魔術師の真の神聖性が高みにて発揮されることでしょう。

第3章　注

（1）Eliphas Levi, *The History of Magic* (York Beach, Maine: Samuel Weiser, Inc.. 1976), 29.
（2）Aleister Crowley, *Magick in Theory and Practice* (New York: Dover Publications, Inc.. 1976), xii.
（3）Donald Michael Kraig, *Modern Magick* (St. Paul, Minn.: Llewellyn Publications, 1988), 9.
（4）Lewis Spence, *An Encyclopedia of Occultism* (New York: Citadel Press,1996), 258.
（5）Richard Kieckhefer, *Forbidden Rites; A Necromancer's Manual of the Fifteen Century* (University Park, Penn.: Pennsylvania State University Press, 1977), 12-13.
（6）Cornelius Agrippa, *Three Books of Occult Philosophy*, edited and annoted by Donald Tyson (St. Paul, Minn.: Llewellyn Publications, 1993), Book I, chapter 2.
（7）Levi, quoted in Arthur Edward Waite's *The Mysteries of Magic: A Digest of the Writings of Eliphas Levi* (Kila, Mont.: Kessinger Publishing Co.), 63.
（8）Eliphas Levi, *Transcendental Magic* (York Beach, Maine: Samuel Weiser, Inc., 1995), 205.
（9）Levi, quoated in Waite, *The Mysteries of Magic*, 68-69.
（10）同上書、69。
（11）同上書、73。
（12）Levi, *Transcendental Magic*, 34-35.
（13）Iamblichus, *On the Mysteries*, translated by Thomas Taylor (San Diego, Calif.: Wizard's Bookshelf, 1984), 267.
（14）Francis King, *Astral Projection, Magic and Alchemy By S. L. MacGregor Mathers and Others* (Rochester, Vt.: Destiny Books, 1987), 33.
（15）Levi, *The Mysteries of Magic*, 66-67.

(16) 同上書、67–68。

(17) Spence, パラケルススより引用、２６１。

(18) 黒魔術はそれを試みるほど愚かな人間にとっても破壊的である。黄金の夜明け団の教義にはそのようなものは存在せず、またなんとしても避けるべきものである。イスラエル・リガルディーの言葉を借りるなら、黒魔術に関わっている人間とは「一切の交流を断つべし。悪しき病を避けるのと同じである」。

(19) Paul Christian, *The History and Practice of Magic* (Secaucus, N.J.: The Citadel Press, 1972), 18-19. 編者のロス・ニコルスの脚注に以下の文章あり。「ウェブスター辞典：ギリシャ語の magos、古代ペルシャ語の magu。ペルシャ語の magh＝拝火教徒。エジプト楔形文字としてベヒスタンにて発見」。

(20) Gregory Shaw, *Theurgy and the Soul; The Neoplatonism of Iamblichus* (University Park, Penn.: Pennsylvania State University Press, 1995), 5.

(21) Israel Regardie, *The Tree of Life, An Illustrated Study of Magic* (St. Paul, Minn.: Llewellyn Publications, 2001), 17.

(22) Forrest, Adam, "This Holy Invisible Companionship", *The Golden Dawn Journal; Book Two: Qabalah: Theory and Magic* (St. Paul, Minn.: Llewellyn Publications, 1994), 188.

(23) 同上書　Forrest quoting Ficino.

(24) Israel Regardie, *The Golden Dawn* (St. Paul, Minn.: Llewellyn Publications, 1994), 231.

第4章　黄金の夜明けシステムの構造

黄金の夜明け伝統を論じるとなると、様々な位階や参入儀式、さらにそれを執行する司官の話は不可欠です。黄金の夜明け団の構造は各位階ごとに情報や知識を授けていく階級制となっています。学徒は秘教的な訓練を経て昇進していく仕組みです。学校の枠組みで考えるのが早いでしょう。黄金の夜明け団は密儀の学校なのです。ヘルメス術は真の科学ですから、進級にそなえて新米魔術師はとりあえず基本知識を丸暗記するしかありません。このあたりは医学や工学の学生とほぼ一緒といってよいでしょう。

さらに魔術訓練となると、学徒の意識あるいはプシケのさまざまな領域やレベルを精査することになります。簡単ではありませんし、ときに不愉快なことになるプロセスといえます。魂の一部は手をつけずに残します。一部の高等知識や訓練もあとにとっておきます。そういうものは、黄金の夜明けの位階制によって一歩一歩着実に上達し、基礎をしっかり固めてバランスのとれた術者になってからの話なのです。黄金の夜明け団のシステムにそって慎重に構築を行うことが、きちんとした安全装置の組み込みにつながります。霊的覚醒や魔術知識、さらに心霊的統合性をゆっくりと安定したかたちで授けることになるからです。

位階と司官

黄金の夜明けシステムでは、儀式による位階参入が行われます。その背後にある基本的原理と哲学を理解しておかないと、参入儀式の本質もわからないでしょう。黄金の夜明け団では、団の位階を一定の霊的観念および宇宙的原理と関連付けるよう構成されています。この位階制の主要哲学はカバラです。このヘブライの神秘体系は宇宙を解説し、分類します。宇宙の本質と構成と進化に関する知識を網羅します。イスラエル・リガルディーによれば「カバラは信頼するにたる案内役であり、宇宙と自分自身の理解へと導いてくれる」のです。[1] カバラは生命力にあふれるダイナミックな哲学であり、そこに繰り広げられるものは神羅万象の起源、神の永遠なる精神、天使の階級制、実践魔術、そして人類の霊的発達です。それは精密な神秘的体系であり、宇宙の法則を解説し、日常生活において霊的原理を有効利用する法を教えてくれます。カバラはヘルメス伝統の核心部ともいえます。それは西洋魔術が拠って立つ基盤だからです。カバラ的視座から眺めると、宇宙は真に神聖であり、宇宙の内部にあるものはすべて無限の光すなわちアイン・ソフ・アウルから進化した宇宙的統一の一部といえます。アイン・ソフ・アウルはわたしたちの限られた理解力でぎりぎり捕捉できるかどうかという存在なので、とりあえず神聖なる光としておきましょう。それはわたしたちが思いつける最高かつ超絶的な神の理想なのです。

カバラの教えによると、宇宙は無限より発し、セフィロト（単数はセフィラ）として知られる10種の段階あるいは流出として顕現します。10種のセフィロトあるいは領域は、それぞれ神の異なる局面、あるいは神的意識の表現です。セフィロトを神聖なる諸力、あるいは乗り物と見なす人もいます。神の道具と考える人もいます（ただし人間の道具とは違って、神の道具は神から離れることはありません）。いろいろ意見はありますが、セフィロトが神の属性あるいは本質を表現している点に異を唱える人はいません。すべては整理されて一つの祖型的パターンに組み込まれ、顕現宇宙に到来する万物のモデルとなるのです。この世に存在するものすべての背後に「生命の樹」が示す関連体系があり、いかなる分野の知識にもセフィロトの配属物が見られるといってもいいでしょう。セフィロトの基本的定義を見れば、それらが神の特徴を述べたものとわかりますが、ご存知ように人間は神の姿に似せて創られているのです。ゆえにセフィロトを人間が経験するものという観点で定義することも可能でしょう。セフィロトは普通、生命の樹として知られる図形で表現されます。具体的にいえば、10の球体を3列のコラム（柱）に配したかたちです（図10参照）。一見するだけでこれが完全数学体系であり、シンメトリーであり、美しいということがわかるはずです。右側のコラムは慈悲の柱と呼ばれます。左側は峻厳の柱です。真ん中のコラムは中庸の柱、もしくは中央の柱と呼ぶのが一般的です。10のセフィロトは以下のように。

数	名前	訳語	属性
1	ケテル	王冠	唯一性、統一
2	コクマー	叡智	勢力、拡張
3	ビナー	理解	形相、収縮
4	ケセド	慈悲	建造、諸次元
5	ゲブラー	力	剛力、峻厳
6	ティファレト	美	均衡、覚醒
7	ネツァク	勝利	感情、欲望
8	ホド	壮麗	知性、理性
9	イエソド	基盤	アストラル的青写真、マトリックス
10	マルクト	王国	物理的顕現

黄金の夜明けの位階群はカバラの生命の樹のセフィロトに照応しています。また各位階は元素や惑星の配属物を持っています。位階群はさらに3部に分割されます。まず第一団あるいは外陣。つぎに第二団あるいは内陣。そして第三団、別名を不可視の団です。第一団が黄金の夜明け団であり、第二団である「ルビーの薔薇と金の十字架」とは分離した固有の存在とされます。最下位から最上位までの位階構成をリスト化すると以下のようになります。

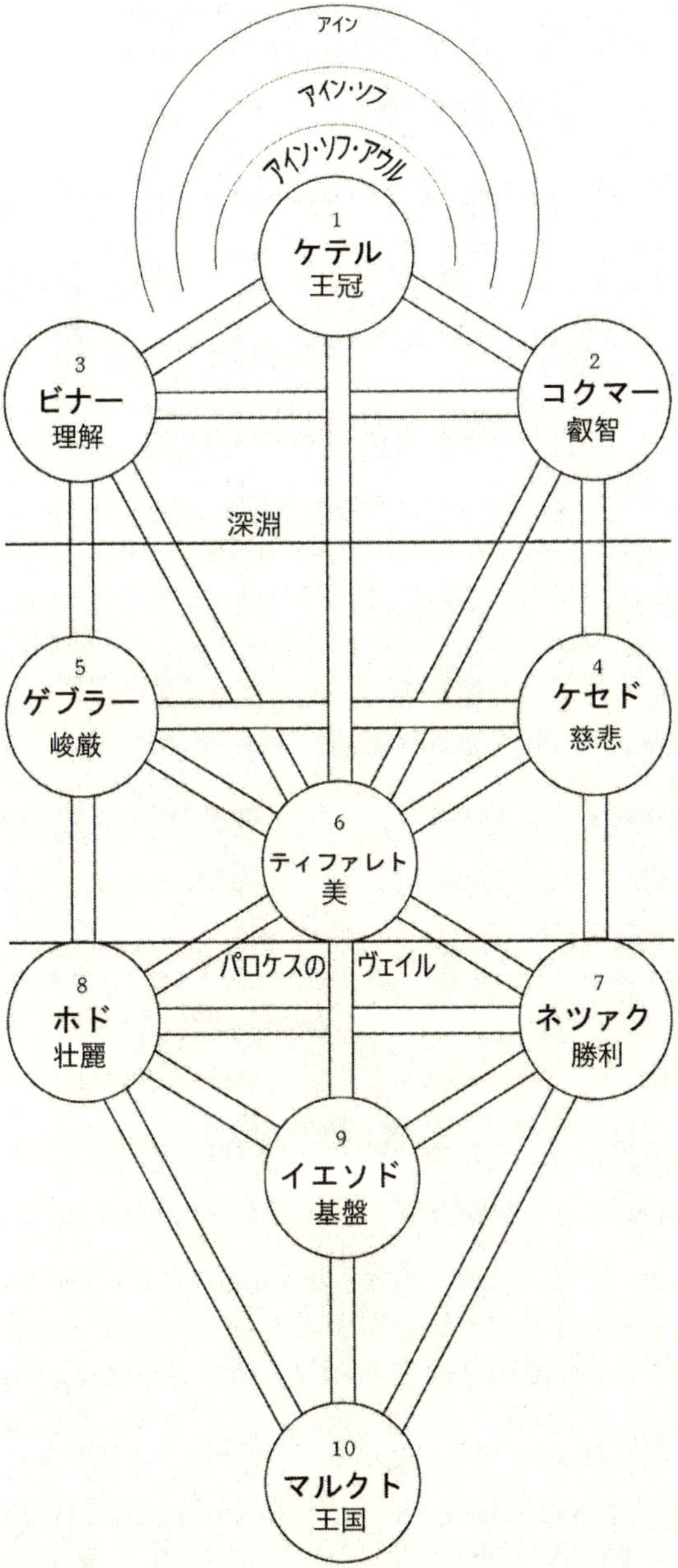
アイン
アイン・ソフ
アイン・ソフ・アウル
1
ケテル
王冠
3
ビナー
理解
2
コクマー
叡智
深淵
5
ゲブラー
峻厳
4
ケセド
慈悲
6
ティファレト
美
パロケスの　ヴェイル
8
ホド
壮麗
7
ネツァク
勝利
9
イエソド
基盤
10
マルクト
王国

図10：生命の樹

第一団位階名	対応セフィラ	元素	惑星
ニオファイト　⓪＝[0]	―	―	―
ジェレーター　①＝[10]	マルクト	地	―
セオリカス　②＝[9]	イエソド	空気	月
プラクティカス　③＝[8]	ホド	水	水星
フィロソファス　④＝[7]	ネツァク	火	金星

第二団位階名	対応セフィラ	元素	惑星
アデプタス・マイナー　⑤＝[6]	ティファレト	―	太陽
アデプタス・メジャー　⑥＝[5]	ゲブラー	―	火星
アデプタス・イグゼンプタス　⑦＝[4]	ケセド	―	木星

第三団位階名	対応セフィラ	元素	惑星
マジスター・テンプリ　⑧＝[3]	ビナー	―	土星
メイガス　⑨＝[2]	コクマー	―	―
イプシシマス　⑩＝[1]	ケテル	―	―

黄金の夜明け団のカバラ的位階構造は英国薔薇十字協会（ＳＲＩＡ）のそれに準拠しています。ＳＲＩＡはオカルト研究に興味があるフリーメイソンたちで構成される考古学研究団体といってもよいでしょう。上

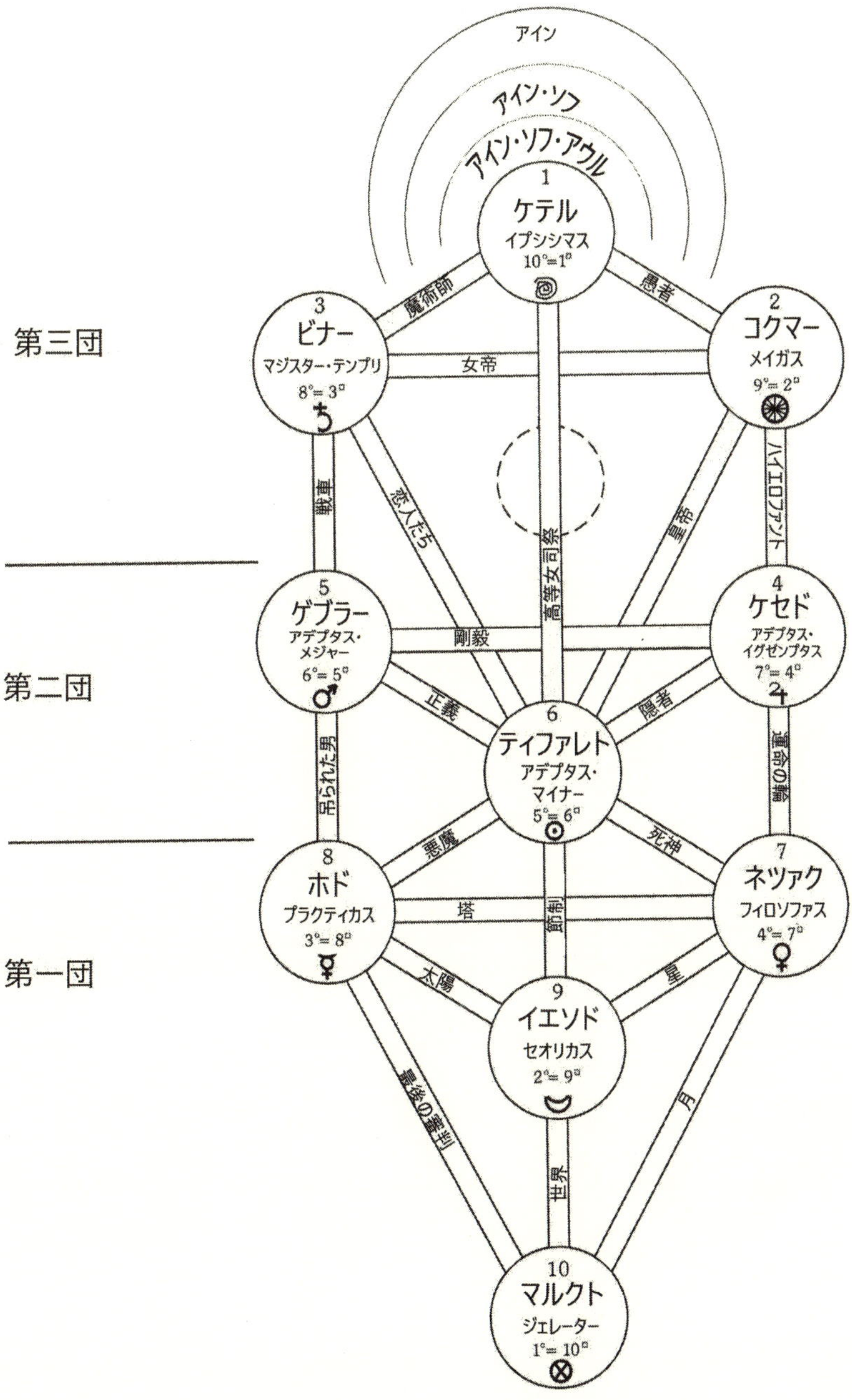
アイン
アイン・ソフ
アイン・ソフ・アウル
1
ケテル
イプシシマス
10°＝1°
3
ビナー
マジスター・テンプリ
8°＝3°
2
コクマー
メイガス
9°＝2°
第三団
魔術師
愚者
女帝
戦車
恋人たち
高等女司祭
皇帝
ハイエロファント
5
ゲブラー
アデプタス・メジャー
6°＝5°
4
ケセド
アデプタス・イグゼンプタス
7°＝4°
第二団
剛毅
正義
隠者
運命の輪
吊られた男
6
ティファレト
アデプタス・マイナー
5°＝6°
悪魔
死神
8
ホド
プラクティカス
3°＝8°
7
ネツァク
フィロソファス
4°＝7°
第一団
塔
節制
太陽
星
9
イエソド
セオリカス
2°＝9°
最後の審判
月
世界
10
マルクト
ジェレーター
1°＝10°

図11：団の位階

記の位階名は1781年までさかのぼる薔薇十字資料から採用されたものです。(2) SRIAでも同様の位階名を用いています。

見てのとおり、各位階には⓪＝0（ゼロ・イコールス・ゼロ）や②＝9（ツー・イコールス・ナイン）といった数字の記号が付属しています。最初の数字（○）は獲得したステップないし参入の数、次の数字（□）はその位階に相当する生命の樹のセフィラを表します。すなわち①＝10ならば第一回の参入でマルクト到達、③＝8ならば第三回でホド到達ということです（図11参照）。

フリーメイソンリーと同じく、黄金の夜明け団への参入準備が整った人は志願者（candidate）と呼ばれます。黄金の夜明けの儀式は通常、会堂と呼ばれる一室にて行います。ニオファイトの会堂などと称するわけですが、テンプルと称することもしばしばです。

大いに誉むべき首領たち

黄金の夜明けは階級制を基盤として創立され、組織されています。外陣を直接主宰するのは3人の人間であり、第二団の大いに誉むべき首領たちとして知られています。かれらが三頭体制で第一団の運営にあたるわけです。大誉首領たちは運営事務に加え、さまざまな儀式にあってはエジプトの神々の姿をまとい、非物理的第三団と第二、第一団のあいだをとりもつ魔術的電池ないしチャンネルの役割を果たします。三首領の名称はプレモンストレーター、インペレーター、そしてカンセラリウスです。

これら三司官たちが着用する位階シンボルとしてはサークルクロスの胸飾りがあります。薔薇十字を簡素化した図形であり、ペンダントのように首からぶら下げます。また三司官が統轄する黄金の夜明け団を象徴

図12：黄金の夜明けの司官が用いる象徴群

する十字三角もあります。（図12参照）。

テンプル・チーフ

第二団の大いに誉むべき首領たちは第一団のすべてのテンプル（支部）を管理監督しますが、個々のテンプルはそれぞれ3人のアデプト（第二団参入者）たちが監督します。かれらはテンプル・チーフと称され、大誉首領と同様の称号と法具を用いますが、大誉首領と混同してはいけません。テンプル・チーフの権限は該当テンプルにしか及ばないからです。

正式の儀式開幕にあたっては、首領たちは会堂の東に位置する台座に座すことになります。それぞれの役職に照応する色彩のマントないし外套を白い長衣の上からまといます。すべての黄金の夜明けの司官と同様、照応色のネミスすなわちエジプト頭巾もかぶっています。

インペレーター

インペレーターという称号はラテン語で「指揮官、指導者」を表します。女性形はインペラトリクスです。この司官は法を授ける者であり、権威を持つ者です。インペレーターは大誉首領が定めた規則や条例、方針等を各テンプルに遵守させます。インペレーターが象徴するものは火の元素であり、ゲブラーのセフィラです。この司官に照応するエジプト神格はイシスの姉妹であるネフシスです。インペレーターがまとう法衣は緑の縁取りがある赤い衣であり、手にする儀式道具は赤い剣です。この司官はまたアデプタス・メジャー、6＝5位階を表します。

プレモンストレーター

プレモンストレーターという称号はラテン語で「案内役」あるいは「予言をする者」を表します。女性形はプレモンストラトリクスです。この司官は教師あるいはインストラクターです。プレモンストレーターは儀式作業とカリキュラム、さらに第二団の大誉首領から特命された教義等を監督します。プレモンストレーターが象徴するものは水の元素であり、ケセドのセフィラです。この司官に照応するエジプト神格は女神の代表にして魔術の守護者であるイシスです。プレモンストレーターがまとう法衣はオレンジの縁取りがある青い衣であり、手にする儀式道具はマルタ十字を戴《いただ》く青いワンドです。この司官はまたアデプタス・イグゼンプタス、⑦＝4位階を表します。

カンセラリウス

カンセラリウスという称号はラテン語で「高官、総長」を表します。教会や大学における高い身分を表す言葉でもあります。もともとは「扉の守護者」を意味していました。それが示唆するものは仲介者です。なにかとなにかの中間に位置する者なのです。女性形はカンセラリアです。この司官は書記にして秘書、そして記録者です。カンセラリウスはすべての文書と通信を記録して保管します。その仕事は、第二団の大誉首領から各テンプルに与えられた知識講義や団の文書、その他の事務連絡など、すべての通信を行うことです。カンセラリウスが象徴するものはティファレトのセフィラです。この司官に照応するエジプト神格は朱鷺の頭を持つ神々の書記トートです。カンセラリウスがまとう法衣は紫の縁取りがある黄色の衣であり、手にする儀式道具はヘクサグラムを戴く黄色のワンドです。この司官はまたアデプタス・マイナー、⑤＝6位階を表します。

黄金の夜明け団外陣の司官たち

黄金の夜明け団で正式の儀式が展開される場合、第二団を代表して出席するかたちとなるテンプルチーフたちは東方に台座に座して儀式作業を監督することになります。かれらは儀式が行われているあいだ、「神の姿をまとう[3]」という視覚化作業を行います。実際の儀式における所作作業に積極的に参加することはありません。そういった作業は七司官の役目です。具体的にはハイエロファント、ハイエルース、ヘゲモン、ケリクス、ストリステス、ダドゥコス、そしてフィラクスといいます。こういったギリシャ語の称号はエレウシスに代表されるギリシャの密儀宗教に由来します。

司官は全員、白黒ストライプのネミスと黒いローブを着用します（ハイエロファントは別で、白いローブを着ます）。

ハイエロファント

ハイエロファントという称号はギリシャ語のヒエロファンテス「聖なるものを見せる者」「秘儀を授ける司祭」に由来します。その意味するところは霊的案件とりわけ拝礼と供犠を教えるということです。女性形はハイエロファンティッサとなります。会堂の東の台座に位置するハイエロファントは、その儀式の主宰であり、密儀を授与する者です。大誉首領の権威の下、外陣のすべての儀式作業を指揮します。ハイエロファントがまとうマントないし外套は白色であり、小さな白い十字架を着用します。かれが手にする儀式道具は白い東旗あるいは光の旗です。この司官はまた予備門位階を表します。ハイエロファントに関連するエジプト神格はオシリス、殺されて蘇った神です（最近ハイエロファント職を辞した人はハイエロファント前任者として台座に座し、ホルスの成熟形であるホール・ワーに関連します）。

ハイエルース

ハイエルースという称号は「司祭」を意味します。神殿で供犠を行う者を指します。女性形はハイエレイアです。ハイエルースは神々の復讐者にして神聖密儀の守護者です。西に位置しており、その義務は会堂を世俗から守り、すべての邪悪や不均衡なものを追い払うことです。またハイエルースは作業において下位司官たちを監督します。ハイエルースがまとう外套は黒色で、小さな白い十字架を着用します。手にする儀式道具は黒い西旗あるいは闇の旗です。胸飾りのシンボルは三角形です。ハイエルースに関連するエジプト神格は鷹の頭を持つ神々の復讐者ホルスです。この司官は④＝⑦フィロソファス位階を表します。

ヘゲモン

ヘゲモンという称号はギリシャ語で「案内役、リーダー」を意味します。道の先頭を進む者を指す言葉です。女性形はヘゲモーネです。ヘゲモンは入り口の守護者であり、入場者の道を整える者です。かれは参入儀式中、ずっと目隠しをされた志願者を誘導する役をつとめます。その位置は会堂中央からやや東寄りにあり、2本の柱の中央（対立する二極が均衡する場）に座します。かれは光と闇を和解させる者であり、ハイエロファントとハイエルースを仲裁する者です。ヘゲモンがまとう外套《がいとう》は赤色で、小さな黒い十字架を着用します。手にする儀式道具は司教冠の頭部を持つワンドです。胸飾りの象徴はカルヴァリ十字です。ヘゲモンに関連するエジプト神格は正義と天秤の女神マアトです。この司官は③＝⑧プラクティカス位階を表します。

ケリクス

ケリクスという称号はギリシャ語で「先触れ」を意味します。声明を伝えたり、集会を呼びかけたり、メッセージを伝えたりする者を指します。女性形はケリキッサです。ケリクスは神殿内の看視者です。神殿を内側から守る者であり、（理想的には南西にある）扉の守護者でもあります。ケリクスはすべての報告や宣言、声明を行い、会堂内の行進を先導します。ケリクスの儀式道具は赤いランプとカドゥケスの杖です。ケリクスに関連するエジプト神格はジャッカルの頭を持つアヌビスです。ときに東のアヌビスと称されます。この司官は②＝⑨セオリカス位階を表します。

ストリステス

ストリステスという称号は「準備をする者」「飾りを施す者」を意味します。儀式に必要な衣類や装飾がちゃんと準備されているかを見届ける者ということです。語源としては、軍船を艤装することを意味するstolosがあり、そこから「水による」の意味も生じます。女性形もストリステスです。この司官は会堂の北側に位置し、使用される法具や徽章を管理します。儀式開幕にあたって法衣や各種徽章が適切に着用されているかを確認します。また水によって会堂と志願者とその場の全団員を儀式的に浄化するのもストリステスの仕事です。手にする儀式道具は水が入った杯です。決められた手順で水滴をふりまいて儀式場の浄化を行います。胸飾りの象徴は杯です。ストリステスに関連するエジプト神格は母なる女神ムトです。この司官は①＝⑩ジェレーター位階を表します。

ダドゥコス

ダドゥコスという称号はギリシャ語で「松明を持つ者」を意味します。エレウシス密儀では、この司官は松明を持つ女性であり、デメテルが娘を探して赴く道の象徴でした。女性形はダドゥシェです。ダドゥコスは会堂の南側に位置し、火によって会堂と志願者とその場の団員全員を儀式的に浄化することが役目です。ダドゥコスの儀式道具は香炉です。決められた手順で香炉を振って儀式場の浄化を行います。胸飾りは鉤十字（スワスチカ）、渦巻く力を表す古代の紋章です。ダドゥコスに関連する古代エジプト神格は知恵と戦の女神ネイスです。この司官は①＝⑩ジェレーター位階を表します。

フィラクス

フィラクスという称号はギリシャ語で「歩哨、守衛」を意味します。女性形はフィラキッサです。フィラクスは儀式場の外側に立つ歩哨あるいは見張り役です。部外者が侵入しないように（理想的には南西にある）扉を守ります。かれの位置は会堂の外、プロナオスすなわち待合室のなかです。会堂に入ろうとする者はフィラクスに正しい合図と合言葉を示さねばなりません。フィラクスの儀式道具は剣です。胸飾りは「すべてを見通す眼」、ときにホルスの眼として描かれます。フィラクスに関連するエジプト神格は狼の頭を持つオポウェトです。この神はアヌビスとの関連がある神とされていて、ときに西のアヌビスと称されることもあります。この司官は⓪＝0ニオファイト位階を表します。

外陣司官の任命期間は6か月間、春分から秋分、または秋分から春分のあいだです。春分と秋分は夜と昼、光と闇の均衡が完璧となる日です。春分、秋分、どちらの分点でも特別の儀式が行われ、離任する司官たちは持ち場を離れて法具を返還し、新司官が任命されます。テンプルはこのとき魔術的に再聖別され、団員はその後の半期分の新たな合言葉を伝達されます。

儀式劇としての秘儀参入

最初期の西洋演劇すなわち古代ギリシャ悲劇はおそらく古代世界の神聖儀式から進化したものと思われます。「儀式劇」という言葉はそういった経緯を踏まえて用いる言葉です。宗教的祝祭も中心となる神や英雄の試練と冒険を再現するため、劇的表現の隆盛に関与した点は疑いようがないのです。こういった演劇は神聖伝説を語りなおすことで信者の感覚と感情に訴え、重要な教えを伝達することを意図していました。いまもむかしも儀式実行者たちは小道具や特殊効果、シンボルや身振り手振り、弁舌等を最大限に利用して観客に視覚的かつ感情的なインパクトを与え、メッセージを伝えるか、あるいはカタルシスをもたらします。神々の冒険を中心とする神聖演劇は、宇宙の仕組みに意味を与えたいという人間の根源的欲求を表しています。

儀式劇では、物語も比喩も、教訓も神話も、歴史的イベントさえも叙事詩形式で語られ、ストーリーパターンも決まっています。古代ギリシャ悲劇であれば、罪悪のあとに復讐が続くのがパターンです。黄金の夜明けの儀式劇では、ストーリーパターンは浄化と犠牲、知識を求める旅、逆境と勝利、混沌を制する秩序、死と再生、旅の終点での神聖叡智の発見などです。こういった基本的テーマの繰り返しは、西洋的霊性という豊かな文学遺産を展示するだけでなく、ヘルメスの道における最重要の原理を強調することにもつながっているのです。

演劇と真の儀式劇の主要な差異は、後者が魔術的目的のためにテウルギアの技法を用いてアストラル・ライトを操作する点にあります。リガルディーはこの目標を『生命の樹』において記しています。

> 劇的儀式の場合、美学的に想像力に訴えることで神々の召喚を行うのである。神々の生涯における主要イベントの流れを劇的に描き、ときにディオニソスやクリシュナ、バッカス、オシリスといった理想的人間や半神半人の地上でのサイクルも描く。かれらは自ら叡智と霊的豊饒に達した存在であり、テウルギストもまたその域に達することを望んでいるのである。そういった雰囲気のなかで暮らし、神々の業績を新たに再現しつづけることは、魂を高揚させるための最良の方法である。(4)

参入儀式劇にあっては、志願者は神話的冒険の観測者であり、同時に積極的参加者でもあります。かれは偉大な神秘劇の登場人物の役を演じます――いわば役者ですが、劇中でどのような行動をとればよいのか、正確には知りません。それはドラマが進行してくうちに明らかになります。志願者に最大可能的なインパクトを与えるべく慎重に計算されたストーリーが展開されるというわけです。

西洋密儀宗教の一派として考えた場合、黄金の夜明け団の参入儀式は西洋秘教伝統に不可欠な神話を再現してみせるという点で、神秘劇ないし儀式劇を基盤としていると見なしてよいでしょう。そこにあるものは古代エジプトの審判の間における魂の計量神話であり、古代ヘブル人の荒野の幕屋の伝説であり、海を制するヤハウェというバビロニア／ヘブライの神話であり、エドムの王たちの転落の話なのです。さらにサモトラキアのカビリ密儀といった古代ギリシャの霊的年代記もあれば、高位階ではクリスチャン・ローゼンクロイツの寓意もあります。ジェレーター儀式などがそうですが、儀式の際中になにを演じているかを志願者に解説する場合もあります。ニオファイト儀式では、志願者がまったく気づかないまま、純粋アストラル的レベルで伝説が演じられていきます。志願者が儀式の背後にあるストーリーを意識しようがしまいが、あらゆる参入儀式は魔術的に操作されたアストラルライトが結ぶ焦点であり、志願者の霊的成長のための探究の助けとなるべきものなのです。

志願者の意識中に心理的霊的変化を引き起こすべく、参入儀式の司官たちはチームとして行動し、儀式中に神聖テウルギアの魔術技法を用います。とりわけ達人でもある主宰司官たちは魔術の技法と法則――象徴と照応、アストラルライトの操作、意志力、視覚化、想像力――を用いて儀式に魔術的潜在力を与えます。ゆえに参入司官チームのリーダーは有能なハイエロファントでなければなりません。黄金の夜明け団の儀式では、志願者のオーラ内である種の魔術的諸力が活性化しなければなりません。ハイエロファントはまえもって自分のなかにその力を発動させておき、志願者にそれを適切に伝達する責任があるのです。

黄金の夜明け団の参入儀式ではさまざまな合図、握手法、身振り、合言葉が用いられます。そいうったすべての象徴、すべての行動は、儀式の目的すなわち「聖なる光の探究」を強化して繰り返すよう設計されています。志願者が複雑な象徴体系をすべて理解することはないでしょうが、長い目でみれば大差はないのです。そういった象徴体系の本質的価値は、志願者に深い潜在意識レベルで及ぼす自己暗示効果にあるからです。

こういう見方もできます。志願者は出来立てほやほやの護符のようなもので、これから浄化され、高次の神的力を帯びるよう聖別されるのです。ニオファイト儀式では、司官たちは儀式場内に「神聖なる光」を召喚し、この光を志願者のオーラ内に植え込もうとします。さらに外陣の元素儀式では、司官は四大元素の力を志願者のオーラ内に召喚して均衡と統合をはかります。最後に予備門参入儀式では、四大元素の上に王冠となる「霊」の元素が加わります。元素的統合の結果を封印する冠石のようなもの、といっておきましょう。

参入プロセス全体がうまくいけば、志願者は神聖エネルギーを吹き込まれることになるでしょう。そして参入者は徐々に覚醒していくはずです。そうしてこそはじめて魂は昂揚し、大いなる作業を達成できるのです。参入司官たちはそのために必要な魔術的衝動を与えるだけであって、志願者が「形のみならず本質においても[5]」参入の道を歩むかどうかは、志願者本人の双肩にかかっているのです。

秘儀参入の心理学

魔術を論じる際、わたしたちはしばしば「プシケ」という言葉を用います。古代ギリシャの哲学者たちはこの言葉で「下位の魂」を表しますが、わたしたちはカール・ユング的な意味で使っています。すなわち魂のみならず、知性、精神、およびすべての心霊的プロセスの総和を示す言葉です。したがって人間のプシケの二大部門、意識と無意識もここに入ります。

意識は人間が即座に知覚できる覚醒状態の構成要素です。意識はたんなる「思考」ではなく、感情、意志、幻想、その他すべての覚醒人生の局面でもあります。自我はプシケの一部であり、思考と行動の大部分を支配しますが、また意識の重要な部分でもあります。自我はしばしば防御メカニズムとして偽りの顔、アウター・ペルソナを作り出します。いわば仮面です。外の世界には本当の顔として通用させていますが、実は真の自分を隠すためのものです。

無意識はさらに集合的無意識と個人的無意識に分類されます。ユングの集合的無意識という概念、あるいは全人類が共有するメンタル・パターンや魂の構造といった概念は、レヴィのアストラル・ライト観に非常に近いものです。一方で個人的意識が有する衝動や内容はその個人固有のものです。個人的無意識はしばしば人間のプシケにおける「トラブルスポット」と称されます。そこではあらゆる抑圧された記憶、忘却されたり拒否されたりした記憶が影を作り出すのです。自我とは正反対の傾向を有する一種のアルター・エゴが生まれるといってもよいでしょう。これを冗談めかして「邪悪なる双子」と称することもあります。影との対面に失敗してコンプレックスやノイローゼが発生することもあるのですから、決して笑いごとではないのです。

魔術では、この影は「クリフォト」すなわち邪悪なるデモンの相似物です。それはセフィロトの均衡と秩序と積極面を相殺する不均衡と無秩序と消極面なのです。クリフォトはしばしば恐ろしい赤い竜に象徴されます。多数の人々が自分自身の影、自分自身の「パーソナル・デモン」と向き合うことをせず、むしろその影に属するものをだれか他人に投影してしまうことが多いといえます。抑圧された心霊的物質は適切かつ健全に処理しないと不必要かつ不健康な方法で漏出してしまうのが常なのです。

個人的無意識にはアニムスとアニマすなわち魂の男性的イメージと女性的イメージも含まれます。両者の適切な役割はサイコポンプあるいは魂のガイドとして活動することにあります。(魂のイメージの役割はある意味魔術における聖守護天使に似ています)。残念なことに、多数の人々が異性に対してアニムスやアニマを投影するというミスをしています。むしろ自分自身の統合的部分としてアニムスなりアニマなりを認知すべきなのです。

秘儀参入の目標の一つが統合にあります。この統合とは3つのレベルで生じます。すなわち魔術的、錬金術的、そして心理学的統合です。3種の統合はすべて三段階をふんで進行するといわれています。その目的はどれも似ていますが、カバーするエリアが違うのです。魔術の三段階は浄化、聖別、統合です。錬金術では分離、純化、再結合と称されます。心理学では分析、直面、(6)そして個性化（自己実現）です。こういった専門用語は結局は同一ゴールのさまざまな局面といっていいでしょう。達成すべきは人間としてのポテンシャルを最大限にまで発揮することなのです。

私の見るところ、分析心理学と魔術は同じ技術体系の半分同士というところだろうか。肉体と精神が二つの分離した部分ではなくて内的かつダイナミックな〝なにか〟の二重顕現であるように、心理学と魔術も同様に単一のシステムを構成している存在なのだ。両者のゴールは人間のパーソナリティーの統合にある。まず目的とすべきは人間存在のさまざまな部門と機能の統一化であり、いろいろな理由で隠れていた能力を稼働させることにある。副産物といってよいか、この統合の技法のおかげでしつこく表出していた神経症的兆候が均衡化プロセスを経て啓発になってみたり、あるいはトーンダウンしたりすることがある。(7)

黄金の夜明けの参入儀式は、志願者が自らの神性を徐々に意識していくように設計されています。志願者が自分のプシケのさまざまな構成要素を意識的に統合できるように、そのための手段を提供するのです。この統合は魔術的、錬金術的、そして心理学的レベルで発生します。こういった儀式の目的は――

……心理学的統合をうながし、無意識的投影の束縛からの心霊的解放をもたらすこと、さらに意識の〝光〟への昂揚である。そもそもこの〝光〟があればこそ正統的魔術参入システムにも存在理由があるのである。参入システムのルーチン、原理儀式群の意図宣言、教義の明確なる声明、そういったものすべての役割は志願者を補助することにある。志願者がその熱意によって内的自己、精神の精髄の統合を探すための補助といってよい……。(8)

したがって、黄金の夜明け参入儀式の主要な目的は高次元の意識状態を徐々にもたらすことにあります。そしてこの意識は本質的に二重状態なのです。一つは霊的啓発、もう一つは心理学でいう存在の完全性です。

黄金の夜明け参入儀式では、司官たちはユングのアーケタイプと同じく志願者のプシケのさまざまな構成要素を表しています。司官たちが協同して意識に変化をもたらそうとしている、といってもよいでしょう。すなわちケリクスは志願者の知的精神を表します。その導きがあってこそ志願者は「神聖なる光への道」を歩むことになるのです。ケリクスは意志に従う下位推理能力(9)を表します。志願者の活動的意志は邪悪と不均衡を寄せつけぬ者ハイエルースによって表されます。ヘゲモンは熱望にして共感、そして直感的意識(10)です。光の上昇を求める者にして志願者の道を導く者です。主宰司官ハイエロファントが表すものは志願者の最高神聖自己あるいは高次の天才です――それはプシケの内奥にある核であり、すべての活動を監督するものです。これなくしてはいかなる運動も不可能です。至高の霊的魂を象徴するハイエロファントは東に位置します。夜明けの太陽の場所であり、天国があるとされる方向でもあります。ハイエロファントを通してより高い力が儀式場にもたらされるのです。

ある観点から見れば、黄金の夜明け団の儀式で採用されている司官は、まさにこういった霊的投影を表現しているといえる。夢のなかの人物像と同じく、司官もまた人間自身の多様な局面を表現している――司官は人間精神内に本来属している抽象的心理学的原理の擬人化といえる。人為的あるいは因習的手段にちがいないが、ともかくもよく準備された儀式において擬人化原理を劇的に投影することで、意識内の反応が亢進《こうしん》されるといえよう。この反応が、テンプル内の司官というかたちで表現される休眠状態の諸機能を覚醒させるよう計算されている。志望者側にはなんら意識的努力がなくとも、霊的部分を外的に表象するすることで、共感の自発的力流が引き起

――こされる。これさえうまくいけば、参入儀式はその目的を十分に達成できたといえる。(11)

三段階

黄金の夜明けシステムには３つの段階があります。これは往々にして三団体制と混同されがちですが、決して同じものではなく、また生命の樹のセフィロト区分とも重なり合わないものです。

第一段階はニオファイトからフィロソファスからなる第一団全体から構成されます。第一段階は魔術的浄化ステージを表します。学徒はまずヘルメスの道に献身し、魂の各部分の分離と理解、そして浄化というプロセスを開始します。このステージは錬金術でいう分離期間、心理学でいう分析局面になぞらえてもよいでしょう。

第二段階は予備門位階のみで構成されます。(12)この位階は魔術的聖別ステージを表します。参入者は浄化されたプシケの四元素を聖別し、統合され聖化された全体として大いなる作業へ向かわせます。錬金術の浄化ステージ、心理学ならば直面ステージと比較できます（とはいえ魔術では各ステージは先行ステージとある程度重なり合います）。

第三段階は第二団に属する位階から構成されます。この段階は魔術的統一ステージです。参入者はここに至ってはじめて高次の自己を垣間見て奮起します。その一瞬の邂逅はやがて来る広範囲の伝達に備えるためのものなのです。これは錬金術でいう再結合、心理学でいう自己実現のステージに相当します。

魔術においては、統合のプロセスは連続的かつ循環的である点に注意しましょう。テウルギア的統合の三ステージ（浄化、聖別、統一）は魔術師の人生において何度も何度もさまざまなレベルで繰り返されるのです。

外陣位階：第一段階

第一団はニオファイトからフィロソファスまでの位階で構成されています。ニオファイト位階は見習い期間なのでカバラの生命の樹のセフィロトには配属されません。ジェレーター、セオリカス、プラクティカス、フィロソファスはそれぞれ生命の樹の下位セフィロトに割り当てられています。ニオファイトを超えたところにある各位階は、志願者が自分の心理的霊的構成のなかにある四元素を理解するプロセスを表します。これらの位階は火、水、空気、地の四元素に対応するため元素位階とも呼ばれます。それぞれに三角形をもとにしたシンボルがあります（図13参照）。元素位階を昇進することで学徒は自然界の元素原理を理解するという仕組みです。さらに重要なのは、学徒が自分の心理的精神的構造の枠内において四元素を均衡させることが不可欠であることを悟り、それを実行する点にあります。

四元素位階群は黄金の夜明けの必須作業です。この位階を経ることで志願者のプシケのなかにある元素の力を均衡させるのです。これら「内的元素」は潜在意識の各区分として特徴化してもよいでしょう。ヘルメス哲学では四は宇宙を定義する際の重要なパターンないしパラダイムです。そしてこの宇宙とはもちろんマクロとミクロの両宇宙であり、人間の魂は大宇宙を小映像として映しだす鏡なのです。

人のプシケの地的部分にはすべての基盤的なもの、安定するもの、ゆっくり動くもの、物質化するものが含まれます。生産、豊饒、成長といったすべての活動を包括します。ときに受動的、女性的な特質も有するといわれています。

プシケの空気的部分はすべての知的、論理的、伝達的、表現的、抽象的なものから構成されています。活動的、男性的、変化に富む特徴を有するといわれることも多いです。

図13：各元素のシンボル（左から、火、水、空気、地）

人のプシケの水的部分は受容的なもの、創造的なもの、なにかを維持するもの、流体的、潜在意識的、隠されたもの、神秘的なもの、生殖的なものなどです。プシケのこの部分はすべての深いもの、無意識なものがあるとされています。たいてい受動的、女性的と称されています。

人のプシケの火的部分はすべてのダイナミックなもの、エネルギッシュなもの、生気を与えるもの、生命を与えるもの、自発的なもの、自ら開始するもの、変容するもの、予測不可能なもの、革新的なものから構成され、能動的、男性的と称されています。

元素位階を昇進していく参入者は真に錬金術的なプロセスを経ることになります。志願者の心霊的メカニズムはニオファイト儀式中にある種の分解ないし分離を経験します。元素位階を通じて各元素が覚醒し、浄化され、統合されていき、最終的にすべての基礎成分が聖別され、再統合されて参入者のプシケに戻されるのです。第一団の鍵となる目的は「バランスをとることを学べ」という一節に集約できるでしょう。

第一歩はプシケのなかの元素部分を分析し、目覚めさせることです。そういったものが存在することを認識しないと、錬金術的変成など発生すらしません。象徴と典礼を通じて、参入儀式は特定の元素の霊や霊的存在を呼び出していきます。特定の元素と接触すると一種の磁力のようなものが生じます。それを使って今度は照応する元素エネルギーを参入者のオーラ内に呼び覚ますのです。そうしないとさらなる前進と成長は起きません。このようにして発動した心の元素的部分は聖別されて高次の自己と一つになり、最終的には大いなる作業の成就へとつながります。このプロセスによって参入者は、それまで手つかずだった潜在意識から膨大な量のエネルギーとインスピレーションをくみあげることが可能となります。それをさらなる霊的成長に役立てるというのが正しい段取りです。

心霊的バランスに加えて、団の位階すべてに深く埋め込まれた重要な概念がもう一つあります。それは万物の源泉である神聖なる光です。ニオファイト位階以降、「全体系はその目的を光の引き降ろしに置いている。なぜならば、この光によって内的生命の黄金旗が掲げられるのである。光のなかには治癒と成長力がある」(13)。元素位階は「いわば光と闇のあいだに振動する光の解析に従事しているのであり、その役割は志願者の個人的天球のなかに多色の契約の虹の光条を確立することである」(14)。大部分の人にとって、人生とは外面的かつ世俗的存在期間であり、そのなかをつまずきながら進みます。事実上の闇と混沌の一生といえます。内的霊的な中核を持たない人々の典型的な人生は、利己主義と別離、物欲と下位自我の欲求に束縛された無目的な代物でしょう。世界中の大宗教がそういった状態を「光と統一の道」に逆行するものと教えているのは決して偶然ではないのです。⓪=0儀式でニオファイトもこう告げられます。「汝、長きにわたり闇に棲まいし者なり。夜を捨て、陽を求めよ」(15)。

どの儀式においても、司官の演説によって当該位階と元素に属する情報が開示されます。この種の演説には古代召喚文や祈禱の抜粋、西洋秘教伝統の古典文献からの引用などがあり、儀式に関する知識を増やし、雰囲気を作り上げます。

すべての位階を通じて学徒がなすべきは霊的統合という課題です。各位階に参入することで得られる魔術エネルギーを蓄積しなければなりません。この作業は不均衡なエネルギーを是正し、対立する諸力を均衡化して調和を達成するといった場合が多いのです。分析心理学でいう個性化のプロセス、あるいは自己実現といってもよいでしょう。自己のあらゆる局面を含有する分裂不可能の統一体あるいは全体を構築するわけです。

また魔術原理の基本知識、照応関係、象徴体系なども系統立てて学習する必要があります。密儀流派のいかなる局面もおろそかにしてはならないからです。第一団の学徒は位階昇進に際して各位階に割り当てられた一般研究を行い、知識講義に関する試験にパスし、参入儀式を受けなければなりません。こうすることで高等魔術技法を実践する準備として、十分な理論と秘教哲学の基礎を固めるわけです。

さらに外陣の全位階には、参入儀式の文言という形で重要な実践魔術の術式が隠されています。外陣で学徒が学習するものは魔術理論、カバラの基本、占星術や錬金術や占術の基礎などです。第一団の各位階を昇進するとなると、学徒が記憶しなければならないことは大量です。10のセフィロトと22の小径の名前と照応物、カバラの四界論、ヘブル語文字の読み書きと照応物、さらにタロットカードとの対応、元素霊の名前と照応物、カバラの天使と霊、惑星の天使と霊、十二宮の天使と霊、錬金術の象徴、特定の瞑想、十二宮の照応物、占星術の基礎、タロットとジオマンシーを用いた占術の実践法等々、それはもう大変なのです。

実践魔術としては、外陣の学徒には「五芒星小儀式」が与えられます。

ニオファイト位階

黄金の夜明けの全参入儀式中、ニオファイト儀式は他の儀式と一線を画します。ニファイト位階は⓪＝0位階とも称されます。この位階が生命の樹のどのセフィラにも配属されていないからです。この儀式は準備ないし見習いのための儀式であり、団の基本的な魔術術式と技法のすべてを含んでいます。これはきわめて重要な点なので忘れないようにしてください。ニオファイト儀式の主要コンセプトは、主宰司官によって光が会堂に引き寄せられ、光を引き寄せる霊的磁気が志望者のオーラ（別名を感覚の天球）の内部に埋め込まれるというものです。ニオファイトという言葉もギリシャ語のネオフィトス「新たに植える」から来ています。

志願者はまず魔法名を選ばねばなりません。それは通常、志願者の霊的ゴールを描写するものとされています。ラテン語、ヘブル語、あるいは志願者が日常的に用いる言語以外の言語で綴られます。魔法名を日常生活と切り離し、儀式作業中に必要な霊的ペルソナを採用するための措置です。

秘儀参入を表す言葉 initiation は字義的には「はじめる」の意です。黄金の夜明けへの最初の参入となるニオファイト位階は、志願者が自分の意志で光の探求に一歩踏み出したことを表します。ニオファイトの会堂に初めて入る志願者は昂揚した意識状態にあります。アドレナリンが亢進し、感覚は研ぎ澄まされているでしょう。すべては密儀の参入者になるという決意によってもたらされたものです。志願者が待ち受けるものは、練達の参入司官チームによって方向づけられた聖なるエネルギーの流れです。ニオファイト位階の重要性と志願者に与えるインパクトは決して過小評価してはなりません。

ニオファイト儀式の魔術的背景となる神話ないし神秘劇は、エジプトの『死者の書』第１２５章にある審判の間の伝説です。そこでは「魂の計量」が描かれています。まず死者（志願者を表す）が冥界の神アヌビスによって真理の会堂に連れてこられます。えんえんと尋問と浄化を受けたあと、使者は長い否定的な告白を行い、その後に会堂の複雑な象徴体系を説明せよと言われます。その後、死者の魂は地上での行いと真実の羽毛の両者がマアトの神秘の天秤にかけられる様子を眺めます。朱鷺の頭を持つトートが審判の模様を記録する一方、死者が生前によからぬ人生を送っていた場合、すぐさま魂をとらえてむさぼり食う怪物も控えています。この試練に合格すれば、ホルスが死者をオシリスに紹介するという段取りです。オシリスは自分の祠に座しており、その前には変身の紋章であるロータスの花が一輪咲いています。そして死者は無限の光のなかで救済者オシリスと合一します。

前述したように、ニオファイトの会堂にいる外陣司官たちの大多数はそれぞれ対応するエジプト神格を有していいます。ゆえに「魂の計量」という物語全体がニオファイトの会堂における志願者の前進と浄化を表すといってもよいでしょう。「魂の計量」というエジプト伝説の大部分は魔術的およびアストラル的レベルで再現されているため、物理レベルではあまり感知されません。志願者は会堂に入るまえに目隠しをされており、儀式中に発生する強力な魔術作用を意識することは普通はないのです。志願者はニオファイト誓約の条文を遵守することを誓わされ、会堂のなかを引き回されては何回も通せんぼされ、浄化され、聖別されます。そうしてのち、位階の密儀が開示されるのです。儀式の最後に、司官たちと新ニオファイトが四元素からなる神秘的食事をとります――祭壇上に空気を表す薔薇、火を表すロウソク、地を表すパンと塩、そして水を表すワインが置かれていて、パンと塩をいただき、ワインを飲むのです。

心理学的にいえば、志願者は個性化のプロセスを開始するという意識的決定をなしたのです。このプロセスには人間のプシケの両方の部分すなわち意識と無意識の両者が含まれることを了解したともいえます。ニオファイト儀式に通底するテーマは浄化と聖別です。志願者は何度か水による浄化と火による聖別を受け、しかるのちに儀式場内にある均衡の場に到着します。これこそがテウルギアの教えの結論ともいえます。参入儀式の主要なゴールは魂の浄化です。魂から不均衡なもの、卑しいものすべてを除去し、神聖なる光の住居にふさわしい器になることを目指すのです。

ジェレーター位階

志望者は(16)ジェレーター儀式においてはじめて参入者という称号を真に授与され、カバラの生命の樹に象徴的第一歩を踏み出すといえるでしょう。ジェレーター位階は①＝⑩位階と呼ばれます。第10のセフィラであるマルクトに最初の重要な一歩を踏み出したという意味です。ジェレーター位階はこののち志望者の感覚の天球内に起きるすべての元素的変成の基礎を築きます。ジェレーターという名前はラテン語の zelotes「熱意あるもの」に由来しており、もともとはギリシャ語の zelos「熱意」から採られたものです。

ジェレーターは最初の元素位階であり、変成対象となる元素は地です。より具体的には、参入者のプシケのなかの地的部分といえます。この位階に割り当てられる惑星は地球、わたしたちの足の下にある地の球です。ジェレーター位階がその到達者にきわめて深遠な影響を及ぼす理由の一つがこれでしょう。ジェレーター儀式はまた参入者を地という安定した元素にしっかり接地させることを目的としています。その主要機能の一つはこの先待ち受ける錬金術的変成に備えて志願者の心身を強化することにあります。すべての元素位階中、ジェレーター儀式だけが真の参入儀式であるとよくいわれます。他の儀式は①＝⑩式から開始されるプロセスの延長にして進化であるとするわけです。こういわれるのも、ジェレーター儀式が志望者のなかに「マルクトの地」をしっかりと確立するという事実ゆえです。マルクトの地はマルクトの黒い部分として描かれ、①＝⑩位階より上の位階はそれぞれマルクトの他の元素を探究するのです（マルクトの他の部分は生命の樹の上ではレモン色、オリーブ色、あずき色として描かれています）[17]。

ジェレーター儀式の神話的背景は出エジプト記で描写されている荒れ野にある古代ヘブル人の幕屋です。

儀式の概要：会堂が開幕し、地の元素の力が召喚されたあと、ニオファイトがニオファイト位階に属する知識を習得しているかどうか試験されます。それからさらなる誓約をなしたのち、儀式的に二つの場――悪の場と善の場――に連れていかれます。どちらの場においても小径の守護者がニオファイトを準備不足として追い返します。それから志望者は均衡の中央の小径を選びますが、これも守護者によって阻まれます。最終的には星辰の魂の守護者によって道が開かれます。均衡の小径を旅するあいだに参入者のオーラのなかに安定する地の元素が確立し、参入者は神聖なる霊の器にふさわしい存在となるでしょう。

儀式の次のパートでは、参入者は聖域に入ることを許可され、ヘブル人の密儀の司祭の道を象徴的に歩みます。カバラ的にいえば、荒れ野の幕屋はマルクトにある最初の物理的儀式場です。その象徴体系が徐々に志望者に開示されていきます。地の位階に関する象徴体系がいろいろと開示され、最終的に地の諸力が解放されます。

ジェレーター儀式にある象徴体系には、いずれ訪れるであろうきわめて重要な魔術的／心理的統合プロセスの局面を予感させるものがあります。参入者がはじめてクリフォト——不均衡にして混沌の勢力、ユング心理学でいう「影」——にさらされるのもこの儀式においてです。またこの位階で参入者が目にする図版の一つに「二柱のケルビムと燃える剣」があります。魔術的レベルでいうと、男性のケルブであるメタトロンと女性のケルブであるサンダルフォンは大いなる宇宙的両極ないし対極を表します。心理的レベルでは、アニムスとアニマ、アーケタイプ的魂のイメージとあります。

黄金の夜明けの参入者がなすべき責務は簡単なものではありません。位階を昇進するだけでも、志望者のなかに眠っていた肉体的、精神的、個人的ないし心理的ストレスを増大かつ加速させてしまいます。この時期にはいろいろな困難、あるいは抑圧された心霊的事項（影の物質）が発生しますが、次の位階に参入する前にこれらと対決して解決しなければなりません。

①＝⑩位階は「ふるいにかける」位階との評判があります。多くの人がこの位階に達しますが、魔術に関

わろうとする動機があやしげな人たち（現実逃避、権力志向、肩書欲しさ、オカルトが流行ってるからちょっと乗ってみたい等）は、ジェレーター儀式が持つフィルター効果のためにここで脱落します。元素位階はどれも霊的変成という責務に耐えられない人間をはじきだす機能を有していますが、その効果がもっとも感じられるのがジェレーター位階です。イスラエル・リガルディーがよく語っていました。マルクトという地の物質的領域ですら機能できない魔術師はさらに上を目指す必要など皆無である、と。

ジェレーター位階は確固たる基礎を強調します。マルクトで徹底的な「基礎固め」を行うことが参入者として成功を収めるために不可欠なのです。ジェレーター儀式にもこうあります。「アドナイが家を建てるのでなければ、建てる者たちの労苦は失われる。アドナイが都を守るのでなければ、見張りは起きていても無駄である[18]」。

セオリカス位階

志望者が①＝⑩ジェレーター位階に到達したということは、引き続きプシケのなかで行われる元素的変成と均衡化のための基礎工事が終わったことを意味します。②＝⑨セオリカス位階では、志望者は生命の樹の第九のセフィラであるイエソドに参入します。分解と統合という霊的／錬金術的プロセスは続きます。セオリカスという称号はギリシャ語の theoricos に由来します。「傍観者」「見学者」を意味する言葉で、理論によってのみ学ぶが実践では学ばない者を指します。

ジェレーター位階と他の三位階、セオリカス、プラクティカス、フィロソファスのあいだには一つ重要な差があります。ジェレーター位階はマルクトのなかに参入の第一歩を確立します。他の位階は（そのセフィロト照応に関係なく）実のところはマルクト内の副元素の探求に踏み出しているにすぎないのです。とはいえ、この場にあって参入者の焦点は地が持つ地面的特質にはなく、マルクト内の空気のエーテル的特質、マルクトにおける最高の副元素であり、最も霊に近いものにあります。志望者は儀式内でこう告げられます。「物質をすて、霊を求めよ」[19]。

儀式の概略：セオリカス儀式で再現される説話は地下世界の旅です。志望者はエジプトの神アヌビス（ケリクス）に導かれていきます。会堂が開幕となり、空気の元素の諸力が召喚されます。続いて参入者がジェレーター位階の秘密を知っているかどうかが試験され、さらなる誓約を立てることになります。マルクトとイエソドのあいだには第32番の小径タウがあります。それは潜在意識とアストラル・プレーンを通過する旅であり、今回はジェレーターが象徴的に進んでいきます。この小径においてジェレーターはイエソドに割り当てられる四柱のケルビムと出会います。かれらは四元素を支配する天使たちです。この儀式でケルビムたちは元素的浄化を行い、志望者のプシケにおける全体的錬金術的変成を補助します。第32番小径タウを終えたあと、参入者はタロットの「世界」のカードやその他の象徴を見せられます。四元素の均衡がこの儀式において常に強調されます。

儀式の後半では、参入者はイエソドの神殿に入ります。このとき志望者はエデンの園とセオリカスの会堂に関するさらなる象徴体系を開示されます。②＝⑨位階の秘密が明かされ、最終的に空気の諸力が解放されます。

第32番の小径タウは地下世界への旅を表します。ユング心理学でいう無意識の領域の探求そのものです。この位階の変成プロセスに提供される元素は空気、あるいは志望者のプシケの空気的部分です[20]。照応惑星は月、反射ゆえにときに幻影となる光の球体です。この位階に接近する志望者は、納得がいくまでジェレーター位階でエネルギーと知識を十二分に蓄積したほうがいいでしょう。さもないと、イエソドの予期せぬアストラルの風にあおられ、道を外れてしまう可能性が大です。空気の位階が持つ揮発性のために集中力を失い、研鑽を怠ってしまう学徒もいます（この位階では「あたまがからっぽ」のような気がしたと語る人々もいました）。以前の位階と同様、②＝[9]位階もヘルメス密儀の参入者にふさわしくない人を除去するフィルターなのです。

プラクティカス位階

プラクティカス③＝[8]位階では、志望者は3回目の参入として生命の樹の第8のセフィラであるホドに入ります。志望者のプシケ内の霊的錬金術プロセスは続きます。志望者はここではじめて比較的安全な中央の柱を離れ、峻厳の黒い柱へと踏み出します。プラクティカス位階は志望者の霊的成長におけるある一点を表します。すなわち心霊的天秤が理論上、片側に傾くときが来たのです。

プラクティカスという称号はギリシャ語のpracticos「実践者」「専門家」に由来します。実践を通じて知識を得た人を示しています。この位階の変成プロセスに提供される元素は水、あるいは志望者のプシケの水的部分です。そしてホドも水に配属されます。[21] 参入者がホドという水のセフィラに到着するには、二本の火の小径を横切る必要があるというのも面白い点です。1本はマルクトからホドにつながるシン（審判）の小径、もう1本はイエソドからホドにつながるレシュ（太陽）の小径です。水は女性的にして肥沃と見なされますが、火は男性的にして刺激的です。これらの対極を統一することが錬金術のゴールであり、大いなる作業の鍵なのです。

プラクティカス儀式のドラマ的背景はサモス島というギリシャの島です。ここでのイベントを寓意的に再現するものです。古代にあっては、サモス島はギリシャ系密儀宗教の中心地として大いに尊崇を集めました。いわゆるサモトラキア密儀はその人気と敬われぶりで一時期エレウシス密儀に匹敵していたほどです。③＝⑧位階にて語られる演説の多くはサモトラキアのカビリが象徴的に行いますが、その実態はW・ウィン・ウェストコットの翻訳になる『カルデアの神託』の抜粋です。この作品はサモトラキア密儀よりもずっと後代の産物です。

儀式の概略：会堂が開幕となり、水の元素の諸力が召喚されます。続いて志望者がセオリカス位階の秘密を知っているかどうかが試験され、さらなる誓約を立てることになります。マルクトとホドのあいだには第31番の小径シンがあります。それは火の元素による心霊的浄化と聖別の旅です。この小径において参入者はカビリとして知られる3人の人物に出会います。かれらはサモトラキア密儀における神格なのです。かれらは火の元素に照応するさまざまな局面や配属物を象徴しています。シンの小径にてカビリは志望者をさまざまな火のエネルギーにさらします。その火がセオリカスから心霊的不純物を除去し、しかるのちに水の神殿に入るという段取りです。第31番の小径を完遂したのち、志望者はタロットの審判のカードを見せられます。

次に、カビリによってイエソドとホドをつなぐ第30番の小径レシュの密儀が示されます。カビリはさまざまな太陽的、季節的局面を有しています。レシュの小径は知的覚醒の旅です。志望者はこの小径にて自己の人格形成に使われてしまった「高次の力」に直面します。31番の小径は浄化の旅でしたが、第30番は聖別の旅なのです。レシュの小径の旅が終わると、志望者はタロットの太陽のカードを見せられます。

儀式後半では志望者はホドの水の神殿に入ります。このとき、参入者は「追放以前のエデンの園」図とプラクティカス会堂に関する象徴を見せられます。③＝⑧位階の秘密が明かされたのし、ようやく水の諸力が解放されます。

「追放以前のエデンの園」（図14参照）はさまざまな多層的象徴を有する重要な図版です。魔術レベルではカバラで語られる人間の魂の元型的区分を描いています。[22] 心理学的に見れば、この図はユングがいう統合象徴の一つです。プシケのあらゆる部分が一つになっていて、その綜合は一つひとつの部分を超越します。意識と無意識のあいだで回復された均衡を表しており、テウルギストが達成を望むバランスのとれた心理状態を描いています。[23]「追放以前のエデンの園」（および次の位階にある「追放後のエデンの園」図）は、参入者を取り巻く多くの心理的霊的ジレンマを理解する鍵となります。実際、両エデン図をもってしてヘルメス哲学の全貌がわかるとさえいってよいでしょう。霊的にいえば、わたしたちは「エデンの園」を本来の純粋な状態に戻したいのです。

以前に述べたように、水のセフィラであるホドに達するには2本の火の小径（火に配属される第31番シン、および太陽熱に照応する第30番レシュ）を象徴的に渡ることになります。常に均衡状態を求めるという黄金の夜明けシステムの特徴がここにも見てとれます。火と水という二つの対立元素が対立によって均衡を保ち、互いに相手の優勢を許さないのです。水は母的であり、育むものです。火は父的であり、受精させるものです。志望者は生命力をもたらす火のエネルギーを経由してホドの受容的水に至ります。霊的達成に必要な確固たる基礎を築くとなると、火と水の結合しか道はないのです。知性の水は決してよどんだり無感覚になることを許されません。情熱的な感情の火によって常に刺激されるのです。

この位階の参入者はほっと一息ついて安心するのが普通です。イエソドのアストラル的乱気流を通過し終えたからです。ホドの育む水は、不均衡の物質主義的社会の有害な影響を直に経験してきた参入者にとっては、真の慰めとなるでしょう。ただし水の神殿のあまりの快適さゆえに、次なる火の位階フィロソファスに

図14：追放以前のエデンの園

向からのをいやがる学徒がときどき出てくるのが問題です。またそれまで眠っていた学徒自身の創造能力が増大し、それを意識することも多くなります。この位階に割り当てられた惑星は水星です。知性と伝達と表現の球体です。

伝統的には、最低3か月はこの位階で過ごしてその効果をすべて適切に消化することになっています。しかし他のすべての位階と同様、さまざまな関連エネルギーを十分に吸収同化するにはもっと時間が必要となります。

フィロソファス位階

④＝⑦位階では、参入者は4回目の参入によって生命の樹の第7のセフィラであるネツァクに入ります。かくして内的成長という心理錬金術のプロセスは進みます。志望者はふたたび故意に中央の道の安定から外れます。今回は慈悲の白い柱側に向かうのです。以前の参入で峻厳の黒い柱側に傾いていますから、バランスをとるためにもこの活動が必要となります。プラクティカスとフィロソファスという二つの位階の参入は、見事に互いを補足しバランスをとり合うため、一方を語らずして他方を語るのは困難といえます。

この位階において、変成プロセスのために提供される元素は火です。関連惑星は金星です。志望者のプシケのなかの火の部分といってもよいでしょう[24]。ここでも二つの対立する元素が互いにバランスをとり合い、相手の優勢を許さない状態が見られます。この位階につながる2本の小径はその性質において水です。ゆえに以前の位階と同様、水と火という主要二元素が出会います。とはいえ、④＝⑦位階では順番と勢力が逆になるのです。プラクティカス位階では水の元素がまえに出ていました。フィロソファス位階では火の元素が怒るように渦巻いていますが、それは水の元素が背後に控えていてはじめて安全に顕現できるのです。

フィロソファス儀式に通底する神話は、秩序と混沌の対立、善と悪の戦いという古代からある古典的なものです。エドムの王侯たち（混沌の力）の転落とイスラエル（秩序の力）の勝利という創世記の説話も入っています。[25] またヤハウェが海と川を征服するヘブル説話も採用されています。[26] この伝説はバビロニアの世界創造および秩序と混沌の戦いの神話をベースとしたものです。原典は『エヌマエリシュ』（「高きにありし頃」の意）という古代文献に記されています。

儀式の概略：会堂が開幕となり、火の元素の諸力が召喚されます。続いて志望者はプラクティカス位階の秘密と知識を知っていることを自ら証明し、さらなる誓約を立てます。マルクトとネツァクのあいだにある小径は第29番のコフです。心霊的進化の旅であり、恐怖と幻影の克服の小径です。この道で参入者は3柱のエジプトの神々、オシリス、ホルス、イシスに出会います。この3者は水の元素のさまざまな配属物、そして時間が有するさまざまな局面を象徴しています。第29番の小径を完遂したあと、志望者はタロットの月のカードを見せられます。

次にイエソドとネツァクのあいだにある第28の小径ツァディの密儀が、イシス、ネフシス、ハトホルという別の3柱の組み合わせによって志望者に開示されます。3柱の女神たちは寓意をもって参入者を「星辰の水」のさまざまな局面――創造の水にして生命の水――にさらします。すなわち潜在する力の原理を教えるのです。ツァディの小径は直感的意識の旅です。学徒は瞑想と想像を通じて潜在意識のなかにある知識の深い井戸から水をくみ上げる術を学びます。志望者にはさらに『カルデアの神託』にあるモナド、デュアド、トリアドの説明が開示されます。ツァディの小径の旅が完遂し、参入者はタロットの星のカードを見せられます。

続いてホド（知性）とネツァク（感情）のあいだにある第27番の小径ペーの密儀が志望者に開示されます。

それは戦の小径であり、エドムの王侯たち（混沌）の死を描く聖書の説話を語ります。ペーの小径は困難な、しかし必要な旅です。新しいもののために古いもの、遅れているものを火で破壊することになるからです。それは霊的なものを優先するために、志望者の心から卑しいもの、低いもの、利己的なものを象徴的に取り除くことです。参入者のプシケの再構築の開始局面を象徴する旅でもあります。ペーの小径の巡礼が完遂すると、志望者はタロットの塔のカードを見せられます。

儀式の後半では志望者のネツァク神殿への参入があります。このとき、参入者は創世記に記されている「追放後のエデンの園」（図15参照）、およびフィロソファス会堂そのものの象徴体系を開示されます。④＝⑦位階の秘密が明かされ、ようやく火の諸力が解放されます。

この位階の参入者に与えられる名称フィロソファスは、ギリシャ語のphilosophosに基づくもので、「叡智を愛する者」の意です。この位階で学ぶべきものはたくさんありますが、とりわけ自己に関するそれが重要です。この位階の過酷さに耐え、開かれた精神と正直な心をもって自分の個人的習癖、偏見、反応、性癖、最奥にある信念などを精査できるならば、その人は真に叡智を愛する者といえるでしょう。

参入者のあいだでは、フィロソファス位階は通過が難しいことで有名です。この位階のきびしさは火と水のあいだでやりとりする刺激に帰するところ大です。火と水はときに対立し、ときに調和するなど、一定ではいられないからです。火と水の両者は魂のもっとも崇高なる部分を呼びだす力を持っていますが、低劣なる部分を呼ぶ力も持っています。この位階の終着点はネツァク、感情の座なのです。ゆえにこの位階の特徴の一つが気分の揺らぎです。結果として神秘家や参入者がよく知る混乱期が生じます。ときどき「魔術的元素と内的分析の刺激下にあるとき、全世界はまるで足元で一組のカードがぐちゃぐちゃになっているような」感じを受けるのです。[27] この経験がいかに不快なものであっても、それは参入者の進歩のあかしでもあり

図15：追放後のエデンの園

ます。「この種の経験が起きてこそ、参入がうまく行われた証拠といえる」[28]のです。この対立物の相互作用が起きるため、志望者は自分の日常的存在が機能停止して不均衡状態に陥っていることを悟ります。また霊的無知から生じる心霊的ごちゃごちゃ状態も身に染みるのです。この不穏な状態から脱出する唯一の方法はタロットの塔のカードに示されています。フィロソファスは老朽化した信仰と習癖という古く曲がった塔を解体しなければなりません。そして新たな堅固たる基礎のうえに煉瓦を一枚ずつ積んで、新たな塔を再建することにあります。古い闇の神殿の廃墟から、新たな光の神殿を建立するのです。

心理学的にいうと、ペーの小径と「追放後のエデンの園」の意味は明瞭そのものです。クリフォトの赤い竜がまどろみから目覚めて、生命の樹全体の安定を脅かそうとしています。それはながらく直面することを恐れてきた影——意識的精神が葬り去ってきた、あるいは無視してきた無意識の自分、あるいは未解決のまま放置されてきた直視したくない自分なのです。影と真っ向からぶつかるのは大変な、そして往々にして不快な経験ですが、とても必要な経験でもあります。この対決の一つの結果は、偽りの自己あるいは仮面ないしペルソナの分解です。タロットカードに示される「塔」の破壊はこの経験を見事に象徴しています。

この位階の教訓の一つは、火と水という二つの元素は分別をもって方向づけされ創造的につながるとき、エデンの園を本来の完全状態に再建できるということです。神聖なる光を人のプシケのなかに棲まわせるには、混沌と無秩序を変成して完全なる実現と啓発の調和を達成する必要があります。人類にも内的平安と霊的静謐という持って生まれた権利がありますが、それを要求するのはエデンの園を復元してからです。わたしたち自身の魂のなかに反映されている「創造」という聖なる領域に秩序とバランスを回復させなければなりません。「人間の地の王国の下位元素が正しい秩序を回復しないかぎり、平安も内的安定もかれの正当なる所有物とはならないであろう」[29]。

④＝7位階は黄金の夜明け外陣の最高位階です。この位階はさまざまな影響をもたらしますから、それらを適切に消化するには最低でも7か月間、この位階にとどまる必要があります。

予備門：第二段階

予備門位階は第一団と第二団のあいだにある見習い期間です。予備門儀式では、志望者は第五にして最終の元素「霊」に引き合わされます。かくして志望者の元素構造のパーツがすべて揃ったわけです。

予備門儀式は以前のどの儀式とも似ていませんし、予備門独自の局面もいくつかあります。外陣の位階はどれも黄金の夜明けが厳格に定める「第一段階」を表していますが、予備門のみが「第二段階」とされているのです。また全参入儀式において、志望者が正式に慈悲の白い柱に紹介されるのもこれがはじめてとなります。ここまで参入者は峻厳の黒い柱で作業してきたのです。そして峻厳の黒い柱は外陣全体を表します。予備門儀式のメインテーマは志望者が闇を抜けて光に入ることです。黒い柱（すなわち元素位階に象徴される参入者の低次人格）を十分に探索し、綜合したのち、ようやく白い柱に安全に近づけるのです。

予備門位階には照応セフィラがありませんが、ティファレトの外陣と見なすこともできます[30]。このため予備門には①＝10のような数字の記号がありません。さらに、この位階は「パロケスのヴェイル」すなわち生命の樹の下位四セフィロトとそれ以外のセフィロトの間に存在する境界線に配属されます。今回、志望者は中央の柱と均衡の小径に連れ戻されます。均衡の中央の小径によってのみ、内なる聖域すなわち聖中の聖に至る道のヴェイルが開かれるのです。

以前の位階には分析と分解という錬金術的プロセスが含まれていました。参入者は自己の混沌とした内的作業の精査を強制されました。換言すれば錬金術的悪魔祓いとでもいいましょうか、内的葛藤を追い出し、余分な心霊的お荷物を切り離すことに従事していたわけです。このレベルの黄金の夜明け作業の核心は内省と心霊バランスの達成ですから、真面目に作業をしてフィロソファス位階を達成した参入者ならば錬金術でいう同化段階に入る準備ができたと見なされるのです。志望者の元素的自己の浄化された部分が光を与える霊の息吹によって舞い上がり、均衡のとれた全体へふたたび組み込まれます。そうして出来上がるものはたんなる総和よりもより偉大なのです。これが「ソルヴェ・エト・コアグラ」の術式の後半部にあたります。昇華した元素群が凝固してよりバランスのとれたプシケとなり、それが「神聖なる意志」の作業に捧げられるのです。これはより高い霊的成長を可能とするだけでなく、錬金術師のゴールすなわち賢者の石の確保につながるものといえます。

この位階で出会う元素は第五にして最後の元素である「霊」です。よく「精髄」あるいは「第五のエッセンス」とも称されます。これは志望者のプシケのなかにある指導的霊的エッセンスであり、すべてのカバラ的領域を超越します。人間のプシケの霊的部分はすべての超絶的なもの、ユニヴァーサルなもの、恒久的、純粋的、神的なものを包み込みます。

霊は五芒星の頂点を形成する王冠的な元素です。火、水、空気、地の元素を支配し、すべての創造物を統治し浸透する神聖なる光の主権を宣言します。ゆえに予備門位階も以前の元素位階の上に立つ位階といえます。霊は魔術伝統の礎石です。志望者がこの崇高なる元素の流入を受容しないかぎり、あらゆる魔術作業は大なり小なり台無しになるでしょう。高次の自己の指導下で行われるのではなく、自我の支配のもとに行われる作業になってしまうからです。

予備門儀式の司官たちには、以前の儀式と同じ称号の者たちもいます。予備門は外陣と内陣の両者が奇妙に混じりあったものだからです。ハイエロファントのかわりに首領達人が登場し、第二達人、第三達人が補佐にまわります。外陣司官としてはハイエルースとヘゲモンがいるだけです。黄金の夜明けの伝統的な枠組みでは、予備門位階はいわば「二つの世界の中間」にあります。外陣である黄金の夜明け団と内陣であるルビーの薔薇と金の十字架団の中間に存在するという意味です。両者と関係しますが、そのどちらでもないわけです。予備門位階が別段階として見なされる理由はまさにここにあります。

予備門儀式のメインテーマは錬金術的にして変成的です。志望者は「鉛から黄金」あるいは「野卑から崇高」への錬金術的変成という主題なのです。予備門の会堂は錬金術師の実験室を象徴しています。そして参入者は基本物質であり、変成され、より高いものへと昇華することになります。

儀式の概略：会堂を開幕し、主宰司官が四元素すべてを召喚します。さらに志向元素である霊を召喚します。フィロソファスが入場し、さらなる誓約を立てます。続いて参入者は以前の位階の秘密をすべて把握していることを証明しなければなりません。数枚の図版とタロットカードが解説されます。

儀式の次のパートでは、志望者が司官たちの力を借りて四元素の諸力を召喚するよう要求されます。空気を象徴する薔薇の花弁、火の香炉、水の杯、地の塩の皿が儀式的に浄化されます。これらのアイテムはまた参入者のプシケのさまざまな構成要素を表しています。儀式中で「汝の浄化されし体」とあるとおりです。予備門位階は志望者の元素的自己のあらゆる部分を均衡させ、それをパロケスのヴェイルの向こうにある神秘の祭壇に載せ、高次にして神聖なる天才への供犠とします。予備門位階の秘密が開示され、ようやくすべての五元素の諸力が解放されます。

この位階は単に「精髄」ないし霊を強調するだけでなく、錬金術の象徴体系に深く斬り込むことで錬金術的プロセスをさらに一歩前進させます。この儀式の第二達人と第三達人はそれぞれ硫黄と塩を表す錬金術記号の杖を持っています。そして首領達人が五芒星の杖を持つことで、塩と硫黄と水銀（肉体、魂、霊）という錬金術三原理が表現されています（図16参照）。霊は単なる四元素の結合以上の存在であって、その本質に錬金術の三原理を秘めていることがここからもわかるのです。予備門に参入した以上、志望者の責務はこれら霊の内側に存在する錬金術の三原理を拡張し、基礎物質から分離させ、意識のなかで十分に把握できるようにすることです。

心理学的にいえば、予備門儀式の全司官はアニムスあるいはアニマの役をつとめています。全員が冥界の案内役であり、儀式のさまざまな時点で参入者を誘導します。

予備門位階は妊娠期間を象徴します。基礎物質が黄金へと変成する期間なのであり、繭に包まれた毛虫が蝶になるように、志望者が密儀の真の参入者になることが望まれているのです。

この位階では9か月間過ごすのが伝統です。この期間中、志望者はそれまでの位階で学んだことすべてを復習することになります。各位階のエネルギーを再確認し、元素的自己のあらゆる部分をバランスよく整えなければなりません。そうすることが神の意志に対する志望者の服従を象徴することになるのです。

内陣：第三段階

厳密にいえば、第二団は黄金の夜明け団の一部ではありません。第二団は別個の組織であり、名前も「ルビーの薔薇と金の十字架」団、略してRRACです。この団体は黄金の夜明け団とは異なり、達人位階のみで構成されています。具体的にはアデプタス・マイナー⑤＝[6]、アデプタス・メジャー⑥＝[5]、アデプタス・イグゼンプタス⑦＝[4]の3位階です。団の仕組みとしては、これらの位階に参入するには招待されなければなりません。招待される人は規定試験に合格し、外陣作業をよくこなす等の要件を満たした人である場

硫黄

塩

五芒星

水銀

図16：予備門位階の錬金術象徴

合が普通です。

第二団においてはじめて真の儀式魔術が始まります。第一団は魔術の基礎を教える学校ですが、第二団は学んだことを実践に移す場なのです。RRACでは、参入者は儀式魔術を行ないます。自分用の魔術道具を製作し、黄金の夜明け伝統の術式をもとに専用儀式を書き上げ、スクライングやアストラルトラベルの術を実践し、神の姿を創造してこれをまとい、先進的魔術技法を行なうのです。多数の困難な魔術的手続きを慎重に学習し、またある種の根本的な儀式は暗記しなければなりません。

第二団のルーツは薔薇十字原理にあります。薔薇十字団の寓意上の創始者クリスチャン・ローゼンクロイツ、略してCRCの生涯に基づく霊的哲学といってもいいでしょう。クリスチャン・ローゼンクロイツの神話はそれ自体がキリストの生涯の比喩です。そしてローゼンクロイツの一生が第二団の儀式劇の中心となっています。薔薇十字団は錬金術、カバラ、占星術、魔術、キリスト教神秘主義を研究する選ばれた参入者たちの団体であると噂されていました。この団体の物語がヨーロッパでぼちぼち聞かれるようになったのが1614年頃のことです。

1892年、マグレガー・マサースがアデプタス・マイナー⑤=6位階に参入するための複雑な儀式を書き上げました。このときに薔薇十字思想の理想と気質がRRAC団内にしっかり確立したといってよいでしょう。⑤=6儀式はクリスチャン・ローゼンクロイツ伝説をベースとしていて、CRCの墓所——達人の地下納骨所——の発見の話もからみます。この部屋の様子は薔薇十字三大宣言書のひとつ『ファーマ・フラテルニタティス』（1614）に描かれています。『ファーマ』ではクリスチャン・ローゼンクロイツの生涯と事跡が寓意的に語られています。またここには薔薇十字思想にきわめて重要な墓所の様子が描かれおり、マグレガー・マサースはその記述をもとに達人の地下納骨所を作り上げたのです。地下納骨所の様子と『ファーマ』にある対応記述はいろいろなところで読めますから、ここに再録する必要はないでしょう。(31)

「地下納骨所」は第二団の主神殿であり、儀式室です。RRACで行われるすべての位階儀式に必要な装置ともいえます。この七つの側壁を持つ儀式場は、年に一回、キリスト聖体節の頃に再充塡されます。この日、「達人の地下納骨所の聖別」儀式が行われるからです。キリスト聖体節とは読んで字の如く「キリストの肉体」という意味であり、カトリックの移動祝日の一つです。聖体拝領を記念する祝日であり、やはり移動祝日であるイースターから一定数の日にちを挟んで祝祭します[32]。第二団が採用したこの伝統は、間違いなく初期薔薇十字団員たちが開始したものでしょう。かれらはキリスト聖体節を「Cの日」と秘密めかして呼んでいました。

一部には「地下納骨所の聖別」は夏至を意味するとする意見もありますが、この儀式の執行日は伝統的にキリスト聖体節なのであって、日付は5月の終わりから6月の終わりまでのいつになるかわかりません。実際、第二団では夏至も冬至も儀式的に祝祭することはないのです。春分と秋分だけが祝祭対象です。昼と夜の長さが等しくなることは中央の柱を思わせ、対立する諸力の均衡配置を象徴するからです。

儀式の概略：アデプタス・マイナー儀式の神話的背景はクリスチャン・ローゼンクロイツの死と復活にあります。それを儀式的に再現していきます。アデプタス・マイナー儀式は非常に雄弁な儀式です。まず司官役の達人が儀式の開幕を宣言します。志望者が入場し、地下納骨所への参入を希望しますが、拒否されます。続いて参入者は控えの間に送られ、そこで徽章の類をすべてはぎとられます。それからふたたび艱難辛苦のときを迎え、儀式的に十字架にかけられて強力な誓いの言葉を言わされたりします。そののち、クリスチャン・ローゼンクロイツの伝説が志望者に語られます。やがて地下納骨所の扉が開き、参入者は七つの壁を持つ墓所に入ることが許されます。そして主宰司官が代役をつとめるCRCの遺体を発見する運びとなります。

続いて地下納骨所の秘密と複雑な象徴体系が開示され、儀式の終幕となります。

⑤＝6儀式はそれを経験する者に畏怖の念を起こさせる、とよくいわれます。アーサー・エドワード・ウエイトによれば、この儀式は非常に印象に残ったとのこと。

されば体系の行き着くところ、その昇華ともいうべきこの位階にはより偉大なる企図につながる根源物質が見てとれたのである。この広い世界にはフリーメイソンのグランドロッジや地方支部、秘密会議や監視部の類があまたあり、その位階儀式を構成する者たちの意識に薄明の如くさしていた大いなる計画の微光がここにも出現していた点は否定しがたいものがあるといえよう。(33)

⑤＝6儀式および第二団全体の主要ゴールの一つは、アデプタス・マイナー誓約の一条文に要約されます。

われは今日以降、神聖なる許可を得て、自身を大いなる業に用いることを誓約す。大いなる業、すなわち、神聖なる助力を得て、わが霊性を浄化し、高揚させ、ついには人間以上のものになり、徐々にわが身を高次の神聖なる天才と合一させるものなり。われはまた、このことに於いて、われに託されし大いなる力を悪用せず。(34)

「人間以上のもの」になるとは、超人的神人になることを意味しません。むしろ可能なかぎり最良の人間になろうということです。内的発達のために自分のなかの隠れている心霊的／魔術的能力の使い道を覚え、霊的探究者を妨害する日常的障害や怠惰な気分を克服するしようという話です。

⑤＝6位階に参入すればたちまち意識に変化が起きると思い違いをしている人々が多数います。「聖守護天使との知遇と会話」を経験し、高次の自己と完全な意志伝達状態に入り、あらゆる覚醒レベルで自己実現できると思っているのです。霊的啓発がそんなに簡単だったらどんなによいでしょう！　そんなに楽ならこれ以上苦労して進む必要など皆無です。ニオファイト・アデプタス・マイナー位階に入ることは第二団作業のほんの序の口にすぎません。参入者はふたたび――レベルは違いますが――ニオファイトになったのです。すでに指摘したように、魔術的統合のプロセスは連続的にして循環的です。これは統一の新たなフェイズのはじまりです。心理学でいう自己実現、錬金術でいう再留がふたたび行われるということです。さまざまなレベルでこれから何度も繰り返されるプロセスなのです。

アデプタス・マイナー位階に割り当てられた作業は広範囲に及びます。完遂には最低限でも6年間は必要でしょう。実際、第二団の魔術作業の大部分は⑤＝6位階でカバーされます。カバラ魔術、護符の聖別、神の姿をまとう術、エノク魔術、どれも⑤＝6のカリキュラムに入っています。作業のだいたいのところは第6章で扱います。

本書は初心者を対象としていますので、アデプタス・メジャーやアデプタス・イグゼンプタスといった位階に言及する必要はないでしょう。こういった位階は、ティファレトに照応するアデプタス・マイナー位階で長い年月をかけて新のバランスを達成した人々だけが仮就任するものと思ってください。⑥＝5位階と⑦＝4位階はそれぞれ霊的戦士と師匠魔術師の役割を伴います。こういった役割にはクリフォトの混沌勢力と戦うという重大な責任と決意も含まれます。そして現在の転生の最終局面において、「深淵」を超えるための最後の魔術的準備をしなければなりません。ここではその話はしないことにします。リガルディーの言葉を借りれば、普通人にはアデプタス・マイナー以上の位階を理解することは不可能であるし、また公然とこれらの高位階を自称する者は、その主張の正当性に巨大な疑問符を背負っているに等しい。高みに昇った者は身を慎むものである。[35]

本書の目的からいえば、第二団の上級位階にこれ以上言及する必要はないのです。

第三団

第三団は純粋に理論上の存在です。生命の樹の最高セフィロトであるビナー、コクマー、ケテルに照応する三位階、⑧＝[3]マジスター・テンプリ、⑨＝[2]メイガス、⑩＝[1]イプシシマスから構成されています。これらの位階は生きている人間には到達不可能なのですが、一部のグループにあっては名誉位階としてこれを自称する人もいます。現実問題として、黄金の夜明けシステムのなかではこの三位階の保有は不可能です。

このあたりでわたしたちは黄金の夜明けの階級構造と位階体系の説明を終え、新たな章で議論を続けたく思います。

第4章　注

（1）Regardie, *The Tree of Life*, 18.

（2）これらの位階名の原典は *Der Rosenkreutzer in Siner Blosse*（『裸の薔薇十字』）と称させる暴露文書中に見られる。

著者はマギステル・ピアンコ、あるいはハンス・ハインリッヒ・フォン・エッケル・ウンド・エックホーフェン男爵なる人物である。問題の文書はケネス・マッケンジーの *Royal Cyclopedia of Freemasonry* に再録されている。

（３）想像力のなかに神あるいは女神の姿を構築し、アストラル次元でその神ないし女神の姿になること。

（４）Israel Regardie, *The Tree of Life: An Illustrated Study in Magic* (St. Paul, Minn.: Llewellyn Publications, 2001), 330-331.

（５）予備門儀式の一節から。Israel Regardie, *The Golden Dawn* (6th ed., St. Paul, Minn.: Llewellyn Publications, 1994), 203.

（６）影と直面すること。

（７）Israel Regardie, *The Middle Pillar, The Balance Between Mind and Magic* (St. Paul, Minn.: Llewellyn Publications, 1998), 5.

（８）Regardie, *The Philosopher's Stone* (St. Paul, Minn.: Llewellyn Publications, 1978), 150-151

（９）カバラでは魂のこの部分をルアクと称する。

（10）ネシャマー。

（11）Regardie, *The Golden Dawn*, 27.

（12）三段階は三団体制と同一であるとする誤った主張をしてきた人もいる。しかし団の文書には第二段階は予備門位階のみで構成されることを示している。この件は予備門儀式に明記されている。いわく「この段階の握手法は第一団のそれなり。されど左手もてなすべし」(Regardie, *The Golden Dawn*, 216)。アデプタス・マイナーの握手法はまったく異なるものであるから、これが予備門位階のみを指している点は間違いない。予備門位階には他にも段階を示す表記が見られる。「この段階はある意味でイエソドすなわち見習いの小径人馬宮の基盤に属したり」（同上書、２１７）。「誉むべき兄弟ファロス・イルミナンスよ、われらはここに集い汝のために達人の地下納骨所の予備門を開かんとす。この門によりて汝は第二段階に入ることを許され、内陣すなわち第二団の敷居に導かれん」（同上書、２０３）。以上、強調は筆者。最後に、予備門儀式の閉幕時において志望者は「汝、すでに達人の地下納骨所の予備門の主となり、第二段階に入り、第二団ないし内陣に近づきしものなれば」（同上書、２１６）と呼び掛けられる。第二段階と第二団が同一のものであればこの表現は成立しないのである。

（13）同上書、23。

(14) 同上書、24。
(15) 同上書、126。
(16) "Aspirant"。志す者、探究の徒。ときに参入者を示す称号として用いられる。
(17) カバラの生命の樹の彩色版では、第10のセフィラであるマルクトは4区画に色分けされている。その4色はレモン色、オリーブ色、小豆色、黒色であり、それぞれマルクトの空気、マルクトの水、マルクトの火、マルクトの地を表す。
(18) Regardie, *The Golden Dawn*, 144. この一節は詩編127章1節より。
(19) 同上書、156。
(20) より正確を期すと、アッシャー界のマルクトの空気。
(21) 実際はアッシャー界のマルクトの水。
(22) ネシャマー（魂の神的部分）、ルアク（合理的精神）、ネフェシュ（低次の本能）。この図では、アダムがルアク、イヴがネフェシュを、大いなる女神アイマ・エロヒムがネシャマーを表している。
(23) ユングは東洋神秘主義のマンダラが統合象徴であると述べている。
(24) アッシャー界のマルクトの火。
(25) 出エジプト記と士師記からの援用文献あり。
(26) 詩編とハバクク書に描写あり。
(27) Regardie, *The Golden Dawn*, 32.
(28) 同上。
(29) 同上書、31。
(30) 以前の四位階はアッシャー界のマルクトの副元素群に帰する。予備門位階はアッシャー界のイエソドのイエソドを強調しているのである。
(31) さらなる情報は拙著 *Creating Magical Tools*, 211-223 を参照されたし。
(32) 西方キリスト教会のキリスト聖体節は聖餐式におけるキリストの体（聖体）の実在を祝うものである。移動祝日であり、三位一体の日曜の次の木曜（一部地域では日曜）の執行される。15世紀に教会の主要祝祭となった。祝祭に際して神秘劇や奇蹟劇が上演されるのが大きな特徴である。

(33) Waite, *Shadows of Life and Thought* (Kila, Mont.: Kessinger Publishing Co.), 161.
(34) Regardie *The Golden Dawn*, 230.
(35) 同上書、21。

第5章　黄金の夜明けの儀式

すべての儀式、聖別、浄化、そして供犠は祈禱を行動に移したものであり、象徴的な術式である。それらは言葉を行動に移したものであるがゆえにもっとも強力な祈禱でもある。そこに示されるものは意志力であり、不断の努力と覚悟である。実践活動が黙禱や言葉だけの祈禱よりもずっと強力な集中力を必要とするのは自明の理である。ゆえに儀式は真の作業を構成する。そういった作業は人の全身全霊を要求してくるのである。(1)

黄金の夜明けの参入儀式はたしかに団のシステムのなかでは最も強力な儀式に数えられます。しかし第一団は魔術の学校として設計されているのです。まずここで魔術のＡＢＣを学んでから実践作業を行うのが筋なのです。黄金の夜明け団では、外陣の学徒に個人作業用としてたった一つだけ魔術儀式を与えるのが伝統でした。それが「小五芒星儀式」です。この儀式には二つの形態があります。エネルギーを召喚するためのもの、そして追儺するためのものの二つです。それぞれ小五芒星召喚儀式（The Lesser Invoking Ritual of the Pentagram、ＬＩＲＰ）、小五芒星追儺儀式（The Lesser Banishing Ritual of the Pentagram、ＬＢＲＰ）と称します。追儺儀式は望ましからざる霊的エネルギーを除去するよう設計されています。複雑な儀式を行うまえの序曲といいましょうか、前もって場をクリアにする際によく用いられます。召喚儀式は逆の効果を有しています――儀式空間に霊的諸力を呼び込むよう設計されているのです。

黄金の夜明け団の文書では、朝に五芒星召喚儀式を、夜に追儺儀式を行うよう推奨していました。とはいえ、わたしたちの感覚では、初心者は数か月間は追儺のみに専念すべきです。初心者が召喚儀式を行うとアストラル界にへんな明かりを灯してしまい、知らず知らずのうちにあらゆる元素霊や低レベルのアストラル・エネルギーを引き寄せてしまいがちだからです。低レベルの霊的エネルギーならばだれでも引き寄せることができます。それを除去するほうがずっと難しいのです。

小五芒星儀式はカバラ十字（The Qabalistic Cross，ＱＣ）とともにはじまり、カバラ十字とともに終わります。カバラ十字は簡素ながらもそれ自体で完結する儀式と見なしてよいでしょう。

カバラ十字（ＱＣ）

直立して東を向きます。輝く白い光が頭頂部に接していると想像します。人差し指あるいは短剣の刃で光に触れ、それを額にまで引き降ろします。

額に触れて「アー・ター」（ah-tah「汝は」の意）と振動発声します。

胸に触れ、短剣の刃あるいは人差し指を心臓あるいは下腹部まで降ろし、地面を指します。額から足元まで下降する光を想像します。「マルクト」（mal-kooth「王国」の意）と振動発声します。

右肩に触れ、その場に光の点を視覚化します。「ヴェ・ゲブラー」（veh-ge-boor-ah「力」の意）と振動発声します。左肩に触れ、その場に光の点を視覚化します。「ヴェ・ゲドゥラー」（veh-ge-doo-lah「栄光」の意）と振動発声します。

頭から足元のあいだ、右肩から左肩のあいだに完全な光の十字が完成した様子を想像します。

両腕を広げ、ふたたびもとに戻し、胸の前で両手を祈るように組み合わせます。「レ・オラーム、アーメン」（ley-oh-lahm「代々、永遠に」の意）と振動発声します。

カバラ十字は実行者のオーラの内部に神聖なる光の十字を確立する儀式です。簡素ですが強い力を秘めています。身体的所作はキリスト教の十字に似ていますし、最後の数節は主の祈りから採用されたものです。もっとも主の祈りももとをただせばヘブル語のカバラ十字に基づいています。この十字がカバラ的なのは、ケテル、マルクト、ゲブラー、ケセド、そしてティファレトといったセフィロトに関連していて、それらが多様な所作と視覚化によってオーラ内で活性化するからです[2]。カバラ十字はオーラを強化し、プシケのなかのバランスを確立します。このシンプルな儀式を繰り返し行うだけで、多少なりとも心の均衡と平穏がもたらされるでしょう。

小五芒星追儺儀式（LBRP）

東を向き、カバラ十字を行ないます。

追儺用短剣あるいは右手人差し指を用いて大きな追儺五芒星（図17）を描き、「YHVH」（ヨッド、ヘー、ヴァウ、ヘー）を振動発声します（この間、腕を伸ばしたままで決して下げてはいけません。五芒星は青い炎あるいは白い光として視覚化しなければなりません）。

時計回りで南に向かって歩き、同じように五芒星を描きます。五芒星に「アドナイ」（ah-doh-nye）という言葉で力の充塡を行います。西に行き、同じく五芒星を描きます。それを「エヘイエー」（eh-hey-yay）という言葉で充塡します。北に行き、同じく五芒星を描きます。「アーグラー」（ah-gah-lah）と発します。腕を伸ばしたまま保持します。後ろ歩きしてもとの位置に戻り、東を向きます。両腕をタウ十字（T型）に伸ばしてこう言います。「わがまえにラファエル」。雲間よりそびえたつ空気の元素の大天使の姿を自分のまえに視覚化します。流れるような黄色と紫色の長衣をまとい、手にカデュケス杖を持っています。

自分の背後に別の天使を視覚化し、こう言います。「わがうしろにガブリエル」。まるで女神ヴィーナスのように海から上陸してくる水の元素の有翼大天使の姿を視覚化します。青色とオレンジ色の長衣をまとい、手に杯を持っています。

右側に別の有翼の姿を視覚化します。それは元素の火の大天使であり、燃える赤色と緑色の長衣をまとい、大剣を手にしています。「わが右手にミカエル」と言います。

左側に地の元素の有翼大天使を視覚化します。植物が生い茂る大地より立ち上がり、レモン色とオリーブ色と小豆色と黒を基調とした長衣をまとい、手には実った麦の穂を持っています。「わが左手にウリエル」と言いましょう。

それからこう言います。「わが周囲には五芒星が燃えあがり、柱の上に六芒星は輝く」。

冒頭と同じようにカバラ十字を行います。

小五芒星追儺儀式は望ましからざるエネルギーを除去して儀式場空間を浄化する最良のメソッドの一つとの評判があります。さらに、この簡潔にして強力な儀式は他人が放ってくる不純な磁気に対する防護としても使えます。自分のなかにある妄想や不愉快な想念を取り除く方法でもあります。特定の想念や不快感に心のなかでイメージを与え、目のまえに視覚化します。それを「投射の合図」でオーラ内から排出し、「沈黙の合図」でその帰還を阻止します（詳細は次項にて）。

図17：追儺の小五芒星

それから東側にそのイメージがいると想像し、小五芒星追儺儀式を行います。望ましからざるエネルギーが自分の燃える五芒星の輪の外側で分解していくさまを見届けましょう。

狭いスペースならば、魔術師はその場に立って向きを変えるだけで五芒星を描いてもいいでしょう。広い儀式場ならば、祭壇の西側に立って東側を向いた状態でカバラ十字を行い、それから儀式場の東に向かい、その後は内周を歩いてまわって五芒星を描いていきます。あるいは儀式場の東側から開始して儀式の最終パートで東に戻ってもいいでしょう。

小五芒星追儺儀式に興味を持たれた読者の方々は、イスラエル・リガルディーの注釈付き第三版『中央の柱』という名作をお読みになれば、もっとたくさんの情報が得られます。

魔術的所作

黄金の夜明けの魔術師たちは自分の位階の象徴として特定の所作を行います。しかしこれらの所作は召喚や投射、あるいは特定エネルギーの抑制といった用途にも使えるのです。以下はニオファイト位階に属する所作です。

投射の合図

ニオファイトの投射の合図は「敬礼の合図」「入場者の合図」とも呼ばれます。この合図はエネルギーを外側ないし前方に投射する目的で使用可能です。

まず両腕を頭頂部にまで上げてから、両手を側頭部のアイレベルまで下げます（指はぴんと伸ばし、てのひらを下にして地面と平行に保ちます）。それから左足を一歩踏み出し、同時に両腕を前方に思いきり伸ばします。伸ばした両腕をアイレベルで保持します。両の親指の間から前方エリアを覗く感じになります。

沈黙の合図

沈黙の合図は別名を「防護の合図」といいます。この所作は投射の合図のあとに行われるのが普通です。投射によって排出されたエネルギーの流れの逆流を防ぐために用いるのです。とりわけ召喚の器官である口の防護を意図しています。

投射の合図で踏み出していた左足をすばやくもとの位置に戻し、かかとを合わせます。右足の横に戻ったとき、１回地面を踏み鳴らすとよいでしょう。同時に左手を口元に動かし、左手人差し指で下唇の中央に触ります。他の指は握っておきます。右手は右側に下げたままにしましょう。

小五芒星召喚儀式（ＬＩＲＰ）

召喚の小五芒星儀式は追儺のそれと実質的には同一です。どちらも最初と最後はカバラ十字ですし、どちらも大天使を召喚します。唯一の差異は、ＬＢＲＰが追儺五芒星を使うのに対し、ＬＩＲＰは召喚五芒星（図18）を使う点です。召喚五芒星は元素の諸力を刺激して儀式場内に召喚することを目的としています。

五芒星儀式は1世紀前の黄金の夜明け団外陣の団員たちが実際に用いていた唯一の儀式でした。しかし現代の団員たちはもともと予備門以上の位階で教えられていた別の儀式を実践するよう奨励されています。それが「中央の柱」です。この儀式は魔術師のオーラ内にある中央の均衡するセフィロトを活性化させるものです。イスラエル・リガルディーはあらゆる探究者に対してこの実践を行うよう強く提唱しています。位階の種類や高低は関係なく、心霊的バランスと内的平安を保つことがきわめて重要だからです。

図18：召喚の小五芒星

中央の柱の実践

柱の確立

（この実践は直立、着座、仰臥、いずれの姿勢でも行えます）。数分間リラックスしたあと、頭のすぐ上に白い光の球体を想像します。「エー・ヘイ・エー」（Eh-hey-yay「われはある」の意）という名前を振動発声します。意識がこの言葉でいっぱいになるまで振動を続けます。それから光の柱がケテル中枢（頭頂）からダアス中枢（うなじ）にまで降下する様子を想像します。

ダアス中枢（頸部）に光の球体を形成します。「ヨッド・ヘー・ヴァウ・ヘー・エロヒム」（YHVH Elohim「主なる神」の意）という名前を振動発声します。意識がそのことでいっぱいになるまで唱えます。

光の柱をダアス中枢から心臓付近のティファレト中枢まで降ろします。その場に光の球体を形成します。「ヨッド・ヘー・ヴァウ・ヘー・エロア・ヴェ・ダアス」（YHVH Eloah ve-Daath「知識の主なる神」の意）を振動発声します。意識がこの名前でいっぱいになるまで数回続けます。

光の柱をティファレト中枢から腰のイエソド中枢まで下降させます。その場に光の球体を形成します。「シャダイ・エル・チャイ」（Shah-dye El-Chai「万能の生ける神」の意）を前の言葉と同じように数回唱えます。

光の柱がイエソド中枢（腰）から足と足首にあるマルクト中枢へ下降するさまを視覚化します。「アドナイ・ハ・アレッツ」（Ah-doe-nye ha-Ah-retz「大地の主」の意）という名前を何回か振動発声します。

中央の柱が完成したさまを想像します。それから中央の柱を通じて引き降ろした光を身体の外側で周回させてオーラを強化します（各周回を数回行います）。

周回その一：体側

リズム呼吸（下降の際に呼気、上昇の際に吸気）のサイクルを用いて光を身体の片側から降ろします。ケテルからマルクトに降ろし、マルクトからケテルへと引き上げるのです。息を吐きながら光が身体の左側面を下降するさまを視覚化します。息を吸いながら光が身体の右側を上昇してケテルに戻るさまを想像します。

周回その二：前後

体側周回をしばらく行ってから、今度はリボン状の光がケテルからマルクトまで体の前面を下降する様子を想像します。マルクトに達したら背中を上昇してふたたびケテルに戻ります。

周回その三：光のシャワー

リズム呼吸を保ちつつ、マルクトの球体を視覚化します。それから光の柱が身体の中心を上昇するさまを視覚化します。光がケテルに達したら、光のシャワーが体の外側を滝のように下っていってふたたびマルクトに至ります。この光を数回まわします。

周回その四：螺旋上昇（オプション）[3]

マルクトからケテルまで、光のリボンが体の外側を螺旋上昇していくさまを視覚化します。最後に若干のエネルギーを心臓の中枢であるティファレトに集めます。

黄金の夜明けの儀式はそのほとんどが第二団の達人魔術師のために設計されています。ゆえにきわめて複雑だったり、儀式の多重構造になっていたりしています。ややこしい儀式を初心者に紹介して「あとは野となれ山となれ」というのはわたしたちの本意ではありません。これから紹介するのは黄金の夜明けの儀式に含まれる基本的なステップの概略です。ここにある儀式と召喚の知識があれば、初心者でも黄金の夜明けスタイルの儀式を自作することができるでしょう。

儀式場と魔術道具

黄金の夜明けを学ぶ人間にとって、儀式作業用にプライベート空間を確保することは好ましいといえます。理想的には、専用室に儀式場を設定したいところです。それが無理なので、リビングルームの家具を動かして一時的な神聖空間を創りだす魔術師も少なからずいます。

絶対に必要な魔術用具など存在しないことを覚えておきましょう。魔術で一番重要な道具は人間の精神です。とはいえ、法衣、作業道具、祭壇、シンボルなどは儀式経験の強化に役立ちますし、魔術師に意志力と想像力の焦点を提供することができます。儀式場を手の込んだものにするか、あっさり済ませるかは個人の趣味です。本書では初心者が欲しがる魔術用具を若干紹介するにとどめます。さらに情報が欲しい人は拙著

『魔術道具作成』（*Creating Magical Tools*）あるいは『黄金の夜明けテンプルの秘密』（*Secrets of a Golden Dawn Temple*）を参照してください。

1）黒い長衣
2）黒い立方祭壇
3）赤い十字と白い三角形（黄金の夜明けのシンボル）
4）白いピラーキャンドル、黒いピラーキャンドル
5）水の杯
6）香のための香炉あるいは線香立て
7）追儺のための短剣（オプション）
8）召喚のための簡素な木製のワンド（オプション）

祭壇は部屋の中央に配して東を向かせます。祭壇中央に十字三角を置きます。ピラーキャンドルは祭壇の東側、白を右側、黒を左側に立てます。水の杯は儀式室の北側に、香炉は南側に配置します。儀式場で作業する際、魔術師は祭壇の西側に立ち、東を向きます。

儀式の準備

儀式をはじめるまえには、日常の世俗的喧騒を離れて高揚した精神状態にシフトするための時間が必要です。この章で紹介する儀式を行う際にも、まずは楽な姿勢で椅子に座って目を閉じて、リラックスして心を

クリアにしましょう。少なくとも5分間は一定のリズムで深呼吸をすることを習慣にしておくと、意識の焦点を霊的探究へシフトする際に大いに役立ちます。

黄金の夜明け儀式の基本ステップ

黄金の夜明け儀式には3種の基本的区分があります。すなわち開式、中央点、閉式です。この3区分はさらに14ステップに分割できます。以下を参照してください。

開式
1）儀式の開始宣言
2）追儺儀式
3）最初の浄化と聖別
4）周行
5）礼拝

中央点
6）召喚儀式
7）至高者の召喚
8）主要作業

閉式

9）最終浄化と聖別
10）逆周行
11）礼拝
12）退去許可
13）追儺儀式
14）儀式場の閉幕宣言

以上の14ステップを一つひとつ詳細に見てみましょう。

1）儀式の開始宣言

儀式場の東北の隅に行き、「ヘカス！　ヘカス！　エステ！　ビベロイ！」（「この場は世俗より遠く遠くあれ」の意）と言います。

この魔術文言はもともとはエレウシス密儀にて発せられていたもので、黄金の夜明け儀式の開始宣言としてはスタンダードです。その場にいる望ましくない霊的実体に対して、強制追儺される前に自発的に退去する機会を与えます。

2）追儺儀式

小五芒星追儺儀式を用いるのが標準です。不必要なエネルギーをその場から払拭し、魔術の防護円をセットアップします。

3）最初の浄化と聖別

杯を手にして水で部屋を浄化します。東からはじめて時計回りで室内を移動します。四隅で十字を描き、水の三角形（図19参照）を召喚します。三角形を1辺ずつ丁寧に描いてもいいですし、浄化すべき方角の3点に水をふりまく方法でもよいでしょう。その際にこう唱えます。「さればまず、火の業を治めし司祭は荒れ狂う海の清めの水をふりまかねばならず」（この宣言は適当に区切って四隅の浄化を終えると同時に終了するかたちにしてもよし。最後の隅を浄化して東に戻ったときに一気に語ってもよし）。

香炉を手にして火で部屋を聖別します。東側からはじめて時計回りで室内を移動します。四隅で十字を描き、火の三角形（図19参照）を召喚します。三角形を1辺ずつ丁寧に描いてもいいですし、聖別すべき方角の3点に香炉を3回スイングさせる方法でもよいでしょう。水のときと同様にこう唱え

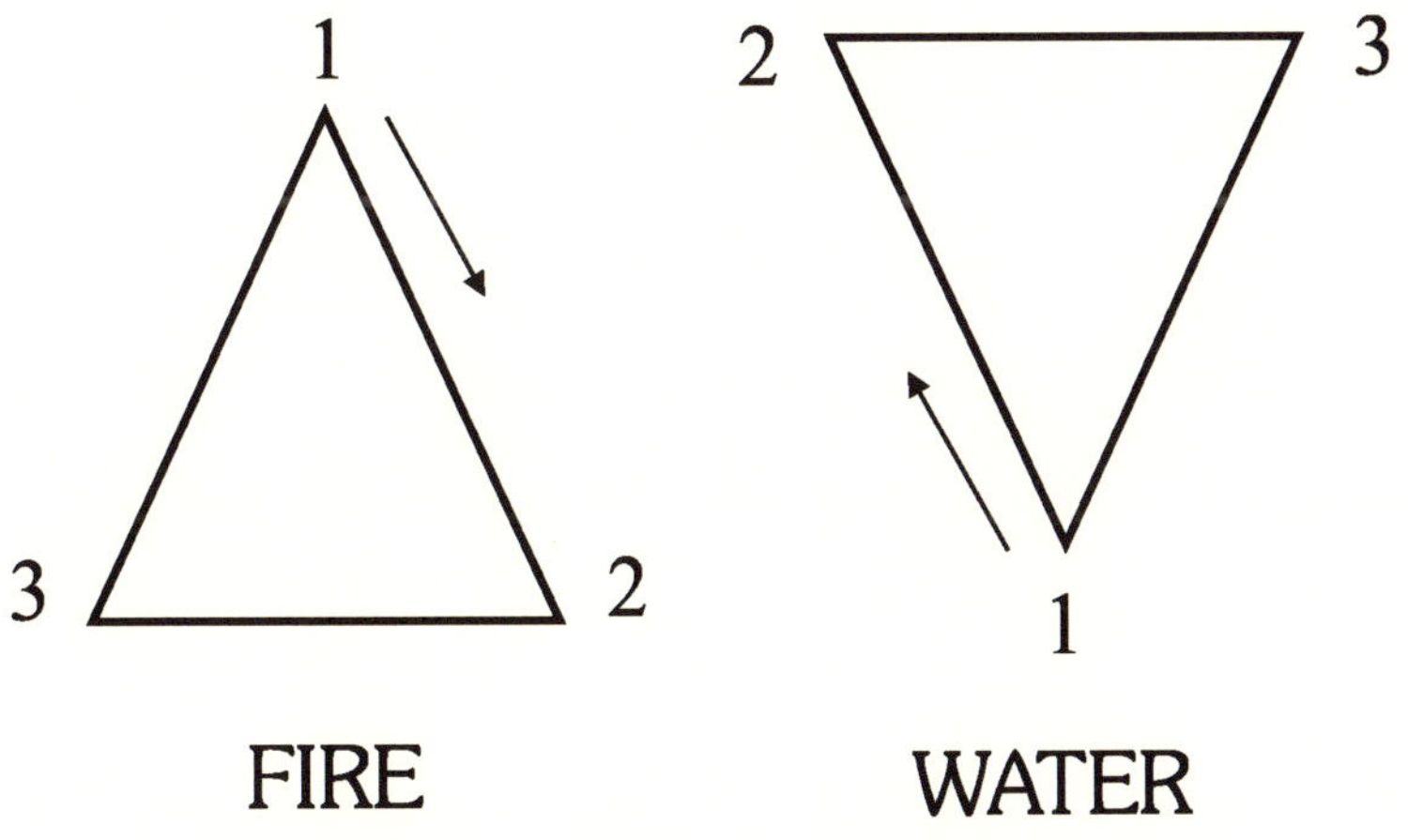

図19：火の三角形（左）と水の三角形（右）

ます。

「そしてすべての幻影が消え去りしのち、宇宙の隠されし深みを飛翔する聖なる無形の火を見るであろう。汝、火の声を聞け」。

水による儀式場の浄化は受動的な浄化であって、祝福に似ていなくもないです。追儺儀式に比較するとそれほど強力な除去とはいえません。火による聖別は儀式場の聖化宣言に相当します。この行動によって儀式場は充塡され、聖なる場所として奉献されるといってよいでしょう。二つの活動が一緒になってバランス効果が生じます。追儺後の場を「鎮める」のです。

4）周行（光のフェイドイン）

儀式場の内回りを時計回りで3回大きく歩いてまわります。これにより儀式場内に魔術的エネルギーが構築されます。歩調が速い場合は特に効果が大です。東を通過する際は投射の合図と沈黙の合図をします。周行中に行う投射の合図は儀式場内でまわっている光を「押す」効果があります。沈黙の合図はエネルギーが魔術師にはねかえるのを防ぎます。周行ののちに宇宙の主をたたえる礼拝を行うのが普通です。

5）宇宙の主を称える礼拝

祭壇の西に行き、東を向きます。そしてこう唱えましょう。「聖なるかな、汝、宇宙の主よ！」（投射の合図をする）。「聖なるかな、汝、自然の創らざる者よ！」（投射の合図）。「聖なるかな、汝、広大にして強大なる者よ！」（投射の合図）。そして次の言葉でしめます。「光と闇の主よ！」（沈黙の合図をする）。

礼拝は神の四局面を表す儀式化した祈禱です。万物の至高の源泉に対する魔術師の服従を示すものなのです。魔術師は常に至高源泉と同調して活動しなければなりません。決して逆行してはならないのです。

6）召喚儀式

この時点で魔術師は希望する霊的エネルギーを儀式場内に召喚します。初心者は伝統的な小五芒星召喚儀式を用いるとよいでしょう。ＬＩＲＰに代わる別法としては、わたしたちがこのために作った「三角形の召喚儀式」があります。この儀式は儀式場空間に四元素のエネルギーを召喚することを目的として設計されました。

三角形の召喚儀式

祭壇の西に立ち、東を向きます。カバラ十字を行います。

時計回りで東に行きます。シンプルなワンド、あるいは右手人差し指を使って大きな空気の三角形を描きます（図20参照）。ワンドの先端あるいは人差し指を三角形の中心に突きさし、ヘブル語で空気を意味する言葉「ルアク」を振動発声します。その間、右腕を伸ばしたままで決して下げてはいけません（この三角形は青い炎あるいは白い光で視覚化します）。

時計回りで南に行きます。南に向かって火の三角形を描きます。ワンドの先端あるいは人差し指を三角形の中心に突きさし、ヘブル語で火を意味する言葉「アッシュ」を振動発声します。

時計回りで西に行きます。水の三角形を描きます。ワンドの先端あるいは人差し指を三角形の中心に突きさし、ヘブル語で水を意味する言葉「マイム」を振動発声します。

時計回りで北に行きます。地の三角形を描きます。ワンドの先端あるいは人差し指を三角形の中心に突きさし、ヘブル語で地を意味する言葉「アレッツ」を振動発声します。

祭壇の西に戻り、東を向きます。両腕を伸ばして十字架の形にします。五芒星儀式のときとまったく同じように各元素の大天使を召喚し、視覚化します。「わがまえにラファエル、わがうしろにガブリエル、わが右手にミカエル、わが左手にウリエル」。

続いてこう唱えます。「わがまわりには四元素すなわち分割された大宇宙の三角形が燃えあがり、その中心にあるは六芒星すなわち合一した三角形の星なり」。

カバラ十字で儀式を終えます。

7）至高者の召喚

黄金の夜明けの魔術師たちは重要な魔術作業を開始するまえに必ず至高神格を召喚します。どのような祈りあるいは召喚文にするかは、初心者は自分の好みで選んでいいでしょう。召喚される対象が魔術師の考える宇宙の永遠なる源泉の理想像であればよいのです。

以下はイスラエル・リガルディーがアデプタス・マイナー儀式から採用した

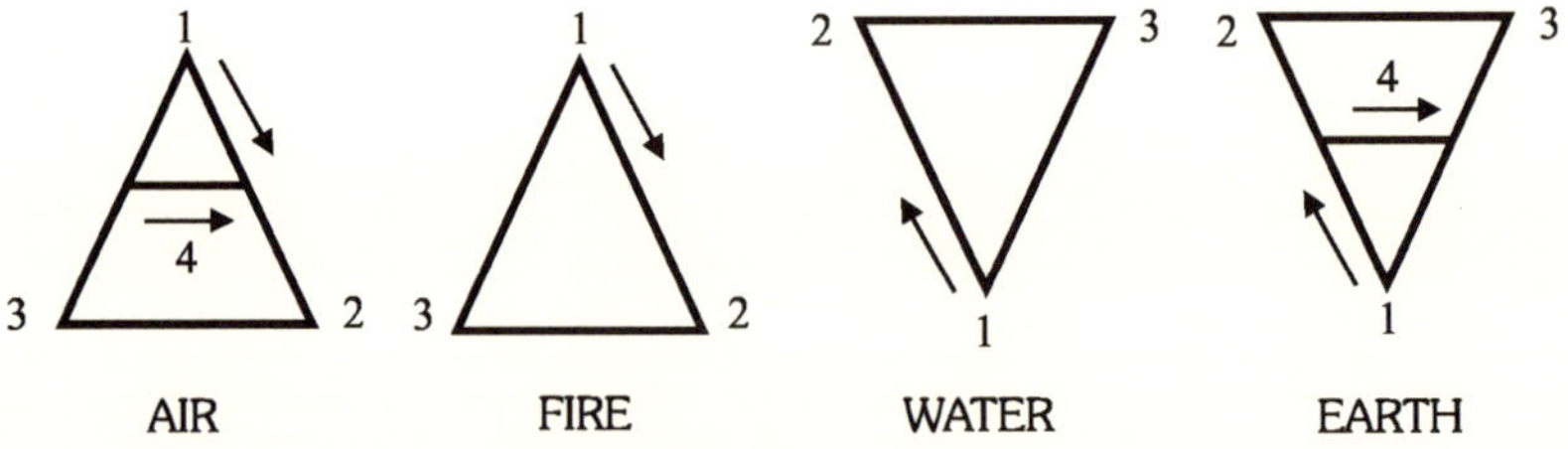

図20：召喚の三角形

カバラ／薔薇十字系の召喚文です。この章の末尾に他の召喚文を紹介しますので、そのまま使ってもよし、適当に改変してもよいでしょう（「祈禱と召喚」の項を参照）。

唯一の賢者、唯一の永遠なる者、唯一の慈悲深き者よ、
汝に永遠の称賛と栄光あれ。
われ汝のまえに慎ましく立つものなり。
汝、われにかく深奥まで汝の聖域に入ることを許したり。
アドナイよ、わが身ならず、汝の名前に栄光あれ。
汝の神聖なる者たちの影響力をわが頭にくだしたまえ。
われに自己犠牲の価値を教えたまえ。
されば人の子が霊の主の御前に召喚され、
かれの名前が日の老いたる者の御前に召喚されるとき、
われ、試練のときにひるむことなく、わが名前は高みに記されん。
わが天才は聖なる者たちの御前に立たん。

魔術師が希望するならば、以下の部分を付加してもよいでしょう。

汝に栄光あれ、おお宇宙の主よ、
汝の栄光はよろこびのうちに宇宙の果てまで流れでるものなれば。
汝、光の力によって来るべし！

汝、叡智の光によって来るべし！
汝、光の慈悲によって来るべし！
光はその翼に癒しを有すなり！

8）主要作業

そもそも儀式を行う一番の理由がこれです。主要作業はいろいろあるでしょう。たとえば難問解決の糸口を探すためのタロット占術。あるいは混沌とした状況あるいは緊張状態に平安とバランスと癒しをもたらす等。個人のエネルギーあるいは健康増進。瞑想。パスワーキング。聖別。聖典の購読。中央の柱の実践。四元素の神秘的食事。さらなる霊的成長のための観照など。魔術師は儀式を行う目的を明確にし、至高の神聖なる力に対してそれ宣言しなければなりません。宣言文の例を出しておきましょう。

「われ、○○（魔法名を述べる）はこのテンプルを開いて光の魔術の作業を行なうものなり。われは【カデュケス杖の象徴について瞑想し、神聖なる者からなんらかの霊的知識を授かることを希望する】ものなり。われわれが求めるものを与えたまえ。さればわれはこの儀式を通じてより大いなる理解を得て、大いなる作業においてて前進せん」。

【　】内の部分は学徒がそれぞれ自分の意図に合わせて改変してください。

9）儀式場の最終浄化と聖別

主要作業が終わったなら、ステップ３）とまったく同じ方法で儀式場の浄化と聖別をします。これにより儀式場内のエネルギーの再均衡化が捗ります。とりわけエネルギー変動が起きていた場合は効果的です。

10）逆周行（光のフェイドアウト）

儀式場の内回りを逆時計回りで３回大きく歩いてまわります。これにより儀式場内の魔術的エネルギーが分解されます。東を通過する際は投射の合図と沈黙の合図をします。

11）宇宙の主の礼拝

ステップ５）とまったく同じに行います。

12）退去許可

魔術作業が終了したのき、その場にいるすべての霊的エネルギーに儀式場からの退去許可を与えます。ＬＢＲＰで追儺するまえに、その場のいる存在に対して自発的に退去する選択権を与えることを習慣としてください。退去許可の例は次のようなものです。

「この儀式によりとらわれの身となっていたいかなる霊もいまここに自由の身とならん。平安のうちに退出し、それぞれの住処に戻るべし。イェヘシュア、イェホヴァシャの祝福とともに去るべし[4]」。

13） 追儺儀式

最初と同じくＬＢＲＰを行う。

14） 閉式宣言

「いまここに儀式場の閉幕を宣言す。かくあれかし」と唱えましょう。

次の儀式「神秘の食事」はキリスト教の聖餐式によく似ています。この儀式では、元素エネルギーに照応するさまざまな物質を儀式的に名指しし、聖別します。魔術師は召喚を通してそれらの物質に神的存在を充塡します。これらの聖別された物質を摂取することで魔術師は精製された霊的エッセンスを吸収します。高次の神的パワーと合一するテウルギアの一種と見なしてもよいでしょう。神秘的食事を頻繁に行うことは、魔術師の全身全霊を浄化して変成させる秀逸な方法の一つです。浄化された元素をとりこむことでプシケから不純な元素がはじきだされるのです。この簡素な霊的錬金術を通して魔術師の魂は徐々に高揚し、大いなる作業への献身がより容易になっていくでしょう。

四元素の神秘の食事

儀式場の配置は以前と同じです。祭壇中央に十字三角の象徴を置き、周囲に以下のものを配します。東に薔薇、南に赤いロウソク、西にワインの入った杯、北にパンと塩が載せられた皿。

祭壇の西に立ち、東を向きます。カバラ十字を行います。

両手を宙にかかげてこう言います。「すべての空気の元素の存在を招待せん。大天使よ、天使よ、王よ、支配者よ、元素霊よ。われとともに四元素の神秘の食事にあずかるべし」。

薔薇を手にしてこう言います。「われはみなを招待せん。この薔薇の香りを空気の象徴としてわれとともに吸い込むべし」。薔薇の香りをかぎましょう。

ロウソクを手にしてこう言います。「この聖なる灯りのぬくもりを火の象徴としてわれとともに感じるべし」。ロウソクの火に手をかざします。

皿を手にしてこう言います。「このパンと塩を地の類型としてわれとともに食すべし」。パンの欠片に塩をつけて食べます。

杯を手にしてこう言います。「そして最後に、元素の水の聖なる紋章としてわれとともにこのワインを飲むべし」。手にした杯で上、下、左、右の順番で宙に十字を描きます。ワインを飲みます。空になった杯を十字と三角の間に置きます。

それから「終了」と言いましょう。

祈禱と召喚

エジプト式召喚

次に紹介する２つのエジプトの祈禱はフロレンス・ファーの『エジプトの魔術』（ウェストコットの『ヘルメス集成』に収録）からの採用です。[5]

プター・タネンヴィへの讃歌⑥

汝に万歳、おおプター・タネンヴィよ、その姿を隠す大いなる神よ、
汝は休息して眺めるものなり、すべての父の父よ、すべての神々の父よ、
永遠の終わりなき時を超えて見張りをするものよ。
天は創られしものにあらず、地も創られしものにあらず、水は流れでたることなし。
汝は地を練り上げ、肢体をつなぎあわせ、手足の数を数えたる。
散らばりしものを見出してはもとの場に戻したる。
おお、神よ、世界の建築者よ、汝は父なきもの、
自らの成長によりて生まれしもの。
汝は母なきもの、汝自身の反映により生まれしもの。
汝は眼より放たれる光によって闇を追い払いたる。
汝は天頂を超えて上昇し、またもとに戻りたる。
汝、地下世界に棲まうとき、汝の膝は地を超え、汝の頭は上空にあり。
汝は自らつくりしものを支えたる。
汝は自らの力によりて動きたる。
汝は自らの腕の力によりて高みにのぼり、
汝のなかにある神秘によりて自らに重みを得て固定したる。
汝の声の轟きは雲間にあり、汝の息は山頂にある。
汝の洪水の水はあらゆる場所の高き樹木を覆う。

天も地も汝の命に従う。
汝が休めばそれは夜となる。汝の眼が光るとき、われらは照らされたる。
おお、天を持ちあげる神に栄光あれ。
ムトの胸に円盤を浮かべるものに栄光あれ。
神々と人とその子孫をつくりしものよ。
汝、毎日生まれてくる子供よ。
おお、時の限界に達したる老いたるものよ。
汝、動かずしてすべての道を超えるものよ。
到達できない高きものよ。

アモン・ラー・ハルマキスの礼拝(7)

汝に万歳、汝自身を形作りたるものよ、
汝のはかりは広大無辺なり
自らを創る力を喜ぶ聖なる首長よ
至高の力にして神秘の形状よ。
不可視の霊よ。
征服されざる力を綴るものよ。
上なる国と下なる国の王よ、
アモン・ラーよ。

完璧なる力強き光。自ら創られし者。

水平線にして地平線。東方の鷹。

輝くもの。照らすもの。燃え上がるもの。

神々よりも賢き賢さ。

汝は偉大なるアモンのうちに隠されたる。

その変成において汝は太陽円盤のなかでまわりたる。

神よ、トトネンよ、神々よりも広大なるものよ。

汝は老いてふたたび生まれるもの。

諸世紀を放浪するもの。

万物における永遠のアモン。

汝、その思いのみで世界を産みだしたる者。

ヘルメス系召喚

次の召喚文はヘルメス・トリスメギストスの作とされる『神聖ピマンデル』中の「秘密の歌、聖なる弁舌」からの採用です。


世界のすべての自然よ、この讃歌を聞いて楽しんでください。

大地よ、開きなさい。すべての雨の宝よ、開きなさい。

樹木よ、震えることはありません。わたしは創造の主すなわち全にして一なるものを称える歌を歌うのですから。

天よ、開きなさい。風よ、とどまりなさい。神の不滅の輪よ、この言葉を受け止めてください。わたしは万物を創造したものを称える歌を歌うのですから。それは地を固めて天を掲げたるもの、大海より甘き水を湧き出させ、万物と人が棲む世界あるいは棲まぬ世界に流れこませてその滋養としたるものなのです。

火に命じて神々と人のすべての行いを照らしださせしもの。

これがかれです。心の眼です。わたしの諸力の讃歌を受けいれてくださるでしょう。

わたしのなかにあるすべての力よ、一にして全たるものを称えましょう。

わたしの意志とともに歌いましょう、わたしのなかにあるすべての力よ。

おお聖なる知識よ、あなたに照らされてわたしは理解の光を拡大し、
こころのよろこびに加わります。

わたしのすべての諸力よ、わたしとともに称えよ、そしてわたしの克己心よ、
わたしによる正しき義を歌い称えましょう。義たるものを称えましょう。

わたしのなかにある聖体よ、全なるものを称えましょう。

わたしによって真理は真理を称え、善は善を称えます。

おお、生命よ、わたしたちによって放たれる光よ、あなたにこの讃歌と感謝を捧げましょう。

おお、父よ、あなたにわたしの諸力の作業と感謝を捧げましょう。

おお、神よ、わたしの作業の力と感謝を捧げましょう。

あなたの言葉はわたしによってあなたを称える歌を歌います。

妥当なる言葉の供え物はわたしによって受けとられます。

わたしのなかにある諸力よ、これらの言葉を叫んで、全なるものを称えましょう。

諸力はあなたの意志を成就するものです。あなたの意志と助言はあなたから発し、あなたに至ります。

おお全なるものよ、万物より妥当なる供え物を受け入れてください。

おお生命よ、わたしのなかにあるすべてのものを救済してください。おお光よ、照らし出してください。

おお霊なる神よ。心は言葉を導きます。

おお、霊を持ち運ぶ職人よ。

あなたは神なり。あなたのしもべはあなたに向かって叫びます。火によって、地によって、水によって、
霊によって、あなたの創造物によってて叫びます。

永遠の昔からわたしはあなたを祝福し、称える法を見つけてきたのです。そしていまわたしは求めるものを手にしました。わたしはあなたの意志のなかに安らぎを覚えているからです。

第5章　注

（1）Eliphas Levi, *The Magical Ritual of the Sanctum Regnum* (Kila, Mont.: Kessinger Publishing Co.), 3.

（2）参照　Regardie, *The Middle Pillar: The Balance Between Mind and Magic* (St. Paul, Min.; Llwellyn Publications, 1998), 179-180.

（3）本書でいう「螺旋上昇」周回はリガルディーの『中央の柱』（*The Middle Pillar*, 87-88）でも奨励されていた。後年リガルディーは光のシャワーを優先し、螺旋上昇を没にしている。現時点では螺旋上昇は純粋にオプショナルといえる。

（4）イエスのヘブル語名、あるいはペンタグラマトン。作業の性質を勘案して別のカバラ的名前たとえばＹＨＶＨや

アドナイで代用してもよい。
（５）William Wynn Westcott, *Collectanea Hermetica* (York Beach, Maine.: Samuel Weiser, Inc., 1998), Vol. VIII, 37-38.
（６）プター・タネンは創造神プターの多数の姿のひとつ。地の主としてのプターを指すと思われる。
（７）アモン、ラー、ハルマキス（地平線のホルス）の３柱の神々の複合形。

第6章　黄金の夜明けの教義：その内容

黄金の夜明け魔術体系は西洋儀式魔術の実践のみならず抽象的な秘教概念も教授するよう設計されています。団のヘルメス系教義にはエジプト、ユダヤ系キリスト教、ギリシャ、グノーシス、薔薇十字、フリーメイソンリーといったあらゆる秘教的要素が見出せるのです。黄金の夜明けのカリキュラムをすべてこの場で紹介するには到底紙面が足りませんが、要点なりともリストアップしておきたいと思います。内容としてはカバラ、占星術、占術、霊的錬金術、スクライングとアストラル作業、そしてエノク魔術です。

カバラ

カバラとはヘブル語で「伝統」を意味します。語源となった言葉はqibel「受け取る」あるいは「受け取るもの」です。これは秘教知識を口頭で伝えていた古代の習慣に帰するものでしょう。伝説によると、カバラの神秘は神が天使に開示したもので、それがエデン追放後のアダムに伝えられたといいます。この知識を用いてエデンに復帰せよということです。

カバラとは古代および中世のヘブル神秘原理全体を包括する言葉であり、西洋秘教伝統にとっては不可欠の基盤にして焦点です。現代の西洋神秘主義はすべてそのルーツをカバラに持つといっても過言ではないからです。西洋魔術哲学の中心にカバラがあるといってもよいでしょう。カバラが古代のどの時期からはじまったのかは定かではありませんが、その面影にはエジプト、ギリシャ、そしてカルデアが見てとれます。

神秘主義はその性質上、直接伝達が困難な知識です。象徴体系と比喩を用いてのみ表現が可能といえます。カバラも他の秘教体系と同様、神秘家が神聖にして永遠なる存在を意識することを前提に話が進みます。カバラの別の要素としては神知論があります。神の生と人の生の関係を追求し、また神の隠された神秘を解き明かそうとする思想です。カバラ主義者あるいはカバリストの目標はこういった永遠の神秘を反映する古代象徴を理解することであり、またその理解につながる鍵を発見する、あるいはふたたび作り出すことにあります。カバラの主要な象徴は生命の樹です。おおざっぱにいえば宇宙を象徴する地図であり、ゆえに小宇宙である人間の地図ともなります。[1]「カバラの偉大なる主題は創造以前の神、そして創造後の人間の魂である」[2]。サミュエル・リデル・マサースによれば、カバラの主要教理は次のような問題を解決するように設計されているといいます。

・至高存在。その性質と配属物。
・宇宙論。
・天使と人間の創造。
・人間と天使の運命。
・魂の性質。
・天使、悪霊、元素霊の性質。
・開示された法の意味。
・数の超絶的象徴体系。
・ヘブル文字に含有された特定の神秘。
・対立者同士の均衡。[3]

ダイアン・フォーチュンによれば、カバラは「西洋のヨガ」[4]であり、ある種の肉体的および心理的現象の性質を明らかにするものだといいます。これが理解できれば、魔術の原理を用いて人生のさまざまな状況や環境をコントロールすることができるしょう。カバラが提供する理論に魔術が実践応用法をもたらすのです。

フォーチュンも書いています。

過去十年間、わたしは実践カバラのなかで生活し、行動してきた。その手法を客観、主観の両者から用いて、ついには自分自身の一部となった。そしてわたしはカバラが心霊的あるいは霊的になにを生み出すのか、経験から知っている。カバラが持つ精神操作法としての計り知れない価値を知ってる。(5)

歴史的視点

カバラの起源が古代ユダヤ教神秘伝承に深く根差しているのは疑問の余地がありません。しかしわたしたちが今現在知っているカバラの大部分は、ドイツやフランスとりわけスペインに居住していた中世ユダヤ人たちの神秘伝統から出現してきたものです。この時期に長らく口伝であったものが編集され、書きとめられて現在の主要なカバラ文献になりました。そういった文献中、もっとも重要なものは『セフェル・ハ・イェツィラー』(『形成の書』、3世紀から6世紀に登場した匿名の書)、『セフェル・ハ・バヒル』(『輝きの書』、12世紀後半)、そして『セフェル・ハ・ゾハール』(『壮麗の書』、(1280—1286))です。『セフェル・ハ・イェツィラー』は普通『セフェル・イェツィラー』と表記され、神聖宇宙論に関する最古のヘブル語文献と見なされています。それが論じる対象は10の聖なる流出(セフィロト)、と22のヘブル語文字です。両者を合計して32の智恵の小径を形成するとされています。1642年にヨハネス・ステファヌス・リッタンゲリウスが記した小論「32の智恵の小径」が後年『セフェル・イェツィラー』の付録とされました。

『セフェル・ハ・バヒル』あるいはたんに『バヒルの書』にはヘブル人の聖典に関する象徴的解釈が記されています。その基本的テーマはヘブル文字の形状と音の神秘的意味です。バヒルの書にはまた「10のことわざ」と称される10のセフィロトの解説も含まれています。

『セファ・ハ・ゾハール』あるいは単に『ゾハールの書』は聖書の本文の神秘的意味と創造の神秘を扱います。10のセフィロト、悪の問題、そして祈禱と善行が持つ普遍的意味などが長々と論じられています。

ルネッサンス期になると、学者や神学者、そしてピコ・デラ・ミランドラに代表されるフィレンツェの新プラトン主義アカデミーの哲学者たちが、キリスト教神学と原理を内包する新型のカバラを作り出すようになりました。ミランドラによれば「魔術とカバラほどキリストの神性を納得させてくれる学問は存在しない」(6)とのこと。このキリスト教化されたカバラは後年、ヨハネス・ロイヒリン（１４５５－１５２２）といったクリスチャンのヘブル語学者によってさらに発展しました。ロイヒリンはミランドラの哲学を研究し、著書『ドゥ・ヴェルボ・ミリフィコ』（「奇跡の言葉について」の意）創造主の聖名である聖四文字テトラグラマトン（ＹＨＶＨ、ヨッド・ヘー・ヴァウ・ヘー、יהוה）の発展形としてイエスの聖五文字ペンタグラマトン（ＹＨＳｈＶＨ、イエヘシュア、יהשוה）に言及した最初の人物でもあります。

カバラが持つ魔術的あるいはテウルギア的側面を大いに持ちあげたのが有力魔術師ヘンリー・コーネリウス・アグリッパ（１４８６－１５２３）です。かれの傑作『隠秘哲学三書』（*de Occulta philosophia*）は実質的に中世魔術伝承の百科事典であり、カバラ情報のカタログでもあります。魔術儀式実行に必要な照応論と道具類の両者を解説する情報の宝庫なのです。この作品は多大な影響力を発し、後代の黄金の夜明けのカバラや惑星魔術その他の源流となりました。アグリッパのような著者たちは『セフェル・イェツィラー』等の初期文献にある基本的カバラ照応をおおはばに拡大解釈していきました。

後代の学者や研究者たちはこのルートシステムを用いて一連の複雑なデータを追加していった。そのなかにはギリシャやエジプトの神話、タロット由来の瞑想材料、神秘体験に基づく情報（幻視、恍惚等）、音と香と色彩の大集塊などがあり、さらに香料や宝石もあった。とりわけ大事なことだが、現代科学のデータも含まれている。かくしてそれは意味あるシンクレティズム（諸教混淆）となったのである。(7)

17世紀になると、クノール・フォン・ローゼンロス男爵（1636－1689）がゾハールの書の一部をラテン語に訳して『カバラ・デヌダータ』（1677－1684）の題名で発表しています。これによりヘブル語カバラがより広範囲の読者を得ることになりました。この文献の一部はS・L・マグレガー・マサースが1888年に『ヴェイルと脱いだカバラ』として英訳しています。

カバラの原理

カバラは通常、以下の4項目に分類されますが、それぞれ多少は重なり合う部分があります。具体的には、

1. **教理カバラ**――律法、ゾハール、バヒル、イェツィラーといった古代カバラ文献の研究。
2. **実践カバラ**――護符の製作および儀式魔術等。
3. **逐字カバラ**――ゲマトリアなど、数とヘブル語文字の関連を扱う。ヘブル語の単語と名前に秘められた多くの意味を解き明かす。
4. **書かれざるカバラ**――生命の樹あるいは「エッ・ハ・カイム」として知られる聖なるシンボルに関する正しい知識を示す。

黄金の夜明けで用いられるタイプの生命の樹は、イエズス会修道士にして考古学者でもあったアタナシウス・キルヒャーの書『エジプトのオイディプス』（１６５２）で初めて世に登場しました（図21参照）。この樹には10のセフィロトと22の小径があり、その配置は黄金の夜明けのそれとまったく同じです。キルヒャーのヘブル文字と22本の小径の配属も、黄金の夜明けのものと同一です。

ウェストコットが世に送り出した『セフェル・イェツィラー』の英訳本は、もともとは１８８６年にアンナ・キングスフォードのヘルメス協会における講義の一部でした。１８８７年にこの書物を刊行した際、ウェストコットは対象読者を「神智学とヘルメス哲学の研究者たち、および自分の生徒である英国薔薇十字協会の研究グループ」としていました。(8)『セフェル・イェツィラー』は黄金の夜明けのカリキュラムでも特に重要なものです。団の参入儀式や儀式用図版、さらに教義に含まれるカバラ情報の主要なソースだからです。

今日存在するヘルメス的カバラは特定の宗教や思想の専有物ではありません。その原理は基本的にして普遍的です。今日のカバラはダイナミックな生きた哲学であり、宇宙の起源、神の永遠の心、人類の霊的発達といったテーマを扱います。宇宙の法則を解説する正確な神秘システムであり、日常生活に霊的原理を生かす方法を教えてくれるものでもあります。生命の樹に代表されるカバラ的シンボルをしっかりと精神に設置することで、学徒は多彩なアーケタイプ群とアクセスできるようになります。そして「高次の自己」がそのアーケタイプを用いて下位の自己に意志を伝達し、真の霊的成長がより容易になるという仕組みです。イスラエル・リガルディーを引用するなら、

まず第一に、カバラの哲学は進化の哲学である。宇宙は、そのすべての惑星も世界も独立的存在も、一つの原初的実体から発する流出として捕捉されていた。その実体を時に神と呼び、あるいは絶対者、無限なるもの、全なるものなどと呼称することもあった。カバラでは、この原理は「一つの現実」であり、アイン・ソフ、無限な

──るものと名付けられている。(9)

カバラ伝統によれば、アイン・ソフは10種の異なる段階あるいはレベル（セフィロト）を通じてわたしたちの知る宇宙にエネルギーを展開しはじめたとされています。レベルが進むにつれ濃度が増していったわけです。この聖なるエネルギーは無から発し、顕現の段階を下降するにつれて実体を得ていきました。発生したエネルギーは流出、制限、拡張、溢出《いっしゅつ》のサイクルパターンを繰り返し、最終的に凝固します。流出の第10段階が最終段階となり、わたしたちの知る物理宇宙となったのです。カバリストにとって10は完全数であり、ゆえに神的流出も10段階とされたのだそうです。10はすべての数を反復することなく含む数であり、ゆえにすべての数の全本質を持つのです。10という数はすべてを包括する数です。10を超えるものはふたたび10に戻るからです。

10のセフィロトについてはすでに紹介ずみですが、これらはアイン・ソフから連続的に流出します。ロウソクが一本一本灯されていくようなもので、もちろん火元のロウソクが消えることはありません。この比喩にあっては、最初のロウソクは他のロウソクに炎を分け与えても決して弱りはしないのです。しかしロウソクとは異なり、セフィロトは源泉から切り離された存在とは見なされません。10のセフィロトは神格とともにあり、それでいてお互いは顕著に異なっていて、それゆえに祈禱と瞑想を通じて神的なものに近づくことを欲する人間にとっても理解しやすくなっているといえます。10の流出は単一の神的統一が持つ異なる表情にして精神状態です。セフィラはそれぞれ神のエネルギーの特定面あるいは意識の特定レベルを表します。各セフィラをつなぐ小径はさまざまなレベルに到達するためのルートを表しています。

第一にして至高のセフィラはケテル、王冠です。他のすべてのセフィラの上にあるがゆえに王冠と呼ばれています。ときに「老いたるもの」とも呼ばれ、絶対的統一を表します。有限の対極にある無限でもありま

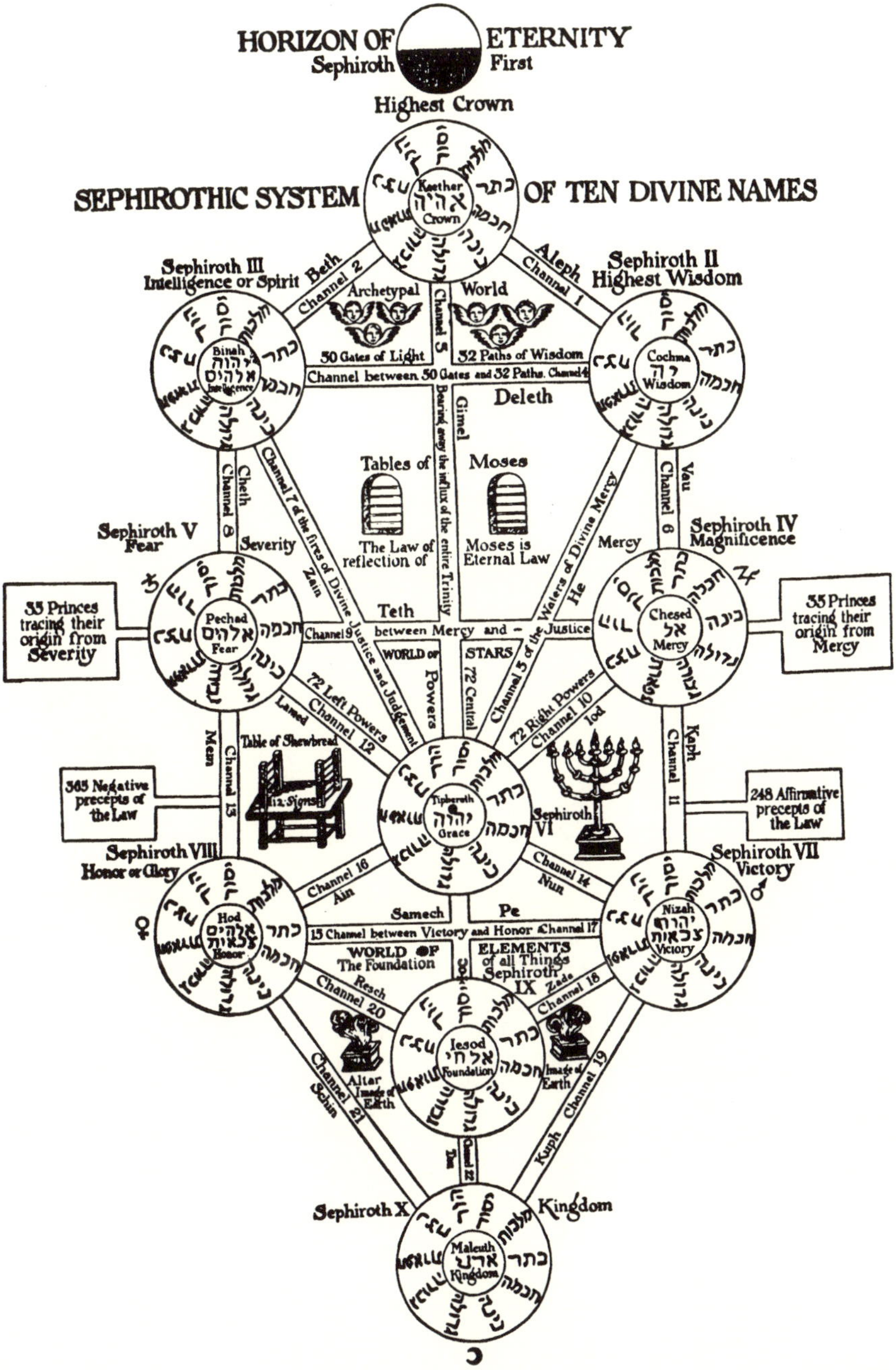

図21：キルヒャーの生命の樹

す。この統一から二つの同一平面上の原理が流出します。両者は外面的には反対ですが、本質において不可分です。第二のセフィラはコクマー、叡智です。男性的、活動的、拡張的と見なされています。第三のセフィラはビナー、理解です。この天球は女性的、受動的、収縮的と見なされています。「存在するものすべて……老いたるもの（その御名を聖たらしめん！）によって形成されてきたものすべては、男性と女性のなかにのみ存在しうる」(10)。

顕現宇宙は思念と存在の世界であった、とカバリストたちは断言します。宇宙は神のイデアの表現なのです。創造主が自己を知りたいがゆえに宇宙を創ったといってもよいでしょう。抽象的な霊が物質への顕現という経験を欲したわけです。すなわち宇宙の創造はそれ自体がさらに大いなる合一のための霊的探究であり、絶対的統一が「神的供犠」のうちに自らを分割して物質へと下降する（対合）という冒険だったのです。そして多様な物質が上昇し、分離体ゆえの複雑性を脱ぎ捨てて単一の源泉に帰還（進化）するのです。この思想を雄弁に語るのはラビ・コルドヴェロ（1522－1570）です。当時の指導的カバリストであり、王冠と叡智と理解という至高三者は本質的に単一と見なすべきであると示唆した人でもありました。

最初の三つのセフィラ、王冠、叡智、知性、これらは同一のものと見なすべきである。第一のセフィラは知識あるいは学問を表し、第二のものはそれを知る者、第三は知られたものを表している。創造主の知識は創造物のそれとは異なるのである。なぜなれば、創造物にとって知識は知識の主題とは分離していて、対象に依存している。対象は対象で知識に依存している。この差異化は以下の三つの言葉によって明確になるであろう。思考、思考するもの、思考されるもの(11)。

コルドヴェロの言葉は続きます。

創造主はかれ自身が知識である。すなわち知るものであり、また同時に知られるものでもある。かれの知る方法は、かれの外側の事物に自分の思考を応用することではない。自分を知り、自分を感じると、かれはそこにあるすべてを知り、感じる。かれに結びついていないものは存在しないであるから、自らのうちにすべてを発見するのである。[12]

かれは存在する万物の元型であり、万物はもっとも純粋かつ完全なかたちでかれのなかにある。ゆえに創造物の完成はその存在の源泉との結びつきに依存しているのであり、源泉から離れれば離れるほど崇高なる位置から沈み、転落する。[13]

結論としては、

この世の存在はすべてセフィロトに形状を有しているのであり、セフィロトはその流出源に形状を有しているのである。[14]

残りの七つのセフィロトは物質世界を形成します。先行するセフィラと同様、三つが一組となって流出します。男性、女性に例えられることも多い対極にある二つのエネルギーが３番目のセフィラによって結ばれて均衡します。

第４のセフィラであるケセドすなわち慈悲は第五のセフィラすなわち力によって対抗されます。前者は拡張し、後者は収縮します。一方は生命を与え、一方はそれを受け取ります。これら二つの力は不可分です。分かれるようなことがあれば宇宙は存在できません。両者は第6のセフィラであるティファレトによって均衡を達成します。ティファレトは美であり、調和するすべてのものの表現です。

続く三つの天球はダイナミックです。それらはあらゆる顕現宇宙におけるあらゆる生命と万物の生殖原理としての創造主を表しているからです。第7のセフィラであるネツァク（勝利）は情熱と感情の天球ですが、第8のセフィラであるホド（壮麗ないし栄光）は理性と知性の天球です。こういった概念と生殖が結びつくのは現代の読者には奇異に思われるかもしれませんが、『ゾハール』にはこうあります。「勝利と栄光という言葉によってわれわれは尺度と増幅と勢力を理解する。宇宙のすべての力はそれらのただなかから発生しているからである。ゆえにこれらのセフィロトは永遠なるものの軍勢と称される[15]」。ネツァクとホドの力は第9のセフィラであるイエソドにおいて結合されます。イエソドは「基盤」であり、『ゾハール』によれば「生殖の器官」です。宇宙の万物の聖なる「青写真」がここに含まれています。

第10にして最後のセフィラ、マルクトは「王国」です。物理顕現の世界であり、他の九つのセフィラから下降してきたすべての力とエネルギーの受容器です。

生命の樹の主要原理の一つが「均衡」です。この観念はこれまで述べてきたセフィロトのトリオの描写にも浸透しており、また樹の柱の配置にも見てとれます。右側の柱（コクマー、ケセド、ネツァク）は光と昼と男性と力に照応します。左側の柱（ビナー、ゲブラー、ホド）は闇と夜と女性と形状に割り当てられます。ゆえにこれら2本の柱は宇宙的な対抗する力を表しているといえます。宇宙全体はこれらのエネルギーの間に存在する調和あるバランスに依存しています。カバラでは2本の対抗する柱のあいだの中道を強調します。一方に極端に傾倒すると霊的心理的不均衡と分解につながるからです。両極は「新たなる高次の統一を求めて合一を模索する。かくして中央の柱は〝帰還の道〟、いわば〝救済の道〟の象徴となる」[16]。このパターンを基盤とする魔術理論と実践は少なからず存在します。

ヘルメスの学徒が生命の樹の10セフィロトと22の小径のエネルギーを観照し、経験するようになると、プシケのなかで活性化する純粋な力を意識し、そのなかに入っていくような感覚を覚えるでしょう。新たに覚醒した力は学徒の心のなかで再編成プロセスを開始します。平均的人間ならばだれのなかにも眠っている聖なる力の断片を集めてつなぎあわせようとするのです。断片たちはセフィロトに従って自らを構築していき、また学徒に対してはそれまで知られていなかった神的インスピレーションの源泉へのアクセスを許可するようになります。学徒本人は意識していなかったかもしれませんが、それまでの瞑想と積極的儀式活動によってずっとエネルギーを充填されてきた神的火花との接触が可能になるのです。

カバラはしばしば「光の階梯」と称されてきました。カバラが神聖から物理への下降というかたちで宇宙の生成を解説するからです。カバラはまた個人がこの「階梯」を用いて霊的上昇をなす方法を開示します。儀式と観照と祈禱を通じて心身を浄化し、純粋意識状態を達成します。それがケテルに象徴される神聖なる自己の使者「高次の自己」との合一に必要とされるものなのです。

黄金の夜明けのカバラ教義

カバラは黄金の夜明けで使用される大部分の魔術の基盤です。さまざまな位階、司官、あるいはニオファイト会堂のレイアウトですら生命の樹のセフィロト構造に基づいています。カバラが秘伝としてきた瞑想テクニックも今日ではニューエイジ運動によって再発見されていますが、そういったものも黄金の夜明けでは中央の柱といった儀式として重要視されていました。

黄金の夜明け団外陣では、大量のカバラ知識が伝授されます。セフィロトの配属物、ゲマトリア（ヘブライ数秘術）、ヘブル語の天使名と大天使名、惑星と元素、カバラの定義による人間の魂の主要部分の名前などです。またヘブル語のアルファベットとその照応物は丸暗記の対象でしたし、ヘブル語文字を用いて天使名や神名を書くことも要求されていました。

生命の樹のセフィロト配置を理解しておくことも重要です。黄金の夜明け団では生命の樹の機能と本質を理解するための教材を何パターンも用意していました。その一つがカバラの4つの世界、霊と物質の間の顕現レベルを示す四界論です。また黄金の夜明けでは神聖名「シェム・ハ・メフォラシュ」のさまざまな照応を学習しますし、人類のエデン追放の寓意も学びます。セフィロトに関連するアーケタイプや神人像も学習します。そのなかにはアダム・カドモンあるいは天界の人間、10のセフィロトから構成される肉体を有する聖なる人間の青写真にしてプロトタイプも含まれています。

黄金の夜明けでは、最終的に魔術作業のためのカバラ的印形（シジル）や護符の製作法も学びます。第二団のあらゆる作業、カリキュラムや儀式には基本的カバラ知識が浸透しているといってよいでしょう。なぜかといえば、イスラエル・リガルディーも語っているように、カバラの32の叡智の小径は「広範囲の情報システムをファイル化する32のジャケットを有するファイリング・キャビネット[17]」にたとえてもよいからです。

推薦図書

Sepher Yetzirah: The Book of Formation, translated from the Hebrew by William Wynn Westcott, Edited by Darcy Kuntz. (Edmonds, Wash.: Holmes Publishing Group, 1996).

A Garden of Pomegranates: Skrying on the Tree of Life by Israel Regardie (St. Paul, Minn.: Llewellyn

Publications, 1999).
The Golden Dawn Journal, Book II: Qabalah: Theory and Practice by Chic Cicero and Sandra Tabatha Cicero (St. Paul, Minn.: Llewellyn Publications, 1994).
The Mystical Qabalah by Dion Fortune (York Beach, Maine: Samuel Weiser, Inc.).
Paths of Wisdom by John Michael Greer (St. Paul, Minn.: Llewellyn Publications, 1996)

占星術

占星術 astrology とは文字通り「星の学問」の意味です。アストロロジーは天体の活動が生物や非生物、地上の状態に及ぼす影響を精査する学問であり、地上の事物が星の影響にどう反応するかを調べる学問でもあります。この星の科学は天界のイベントと人間界のイベントとの関係を特に重点的に研究します。

星の研究は人類最古の学問の一つです。先史時代のご先祖様たちもまず間違いなく驚異感覚をもって星空を眺めていたことでしょう。占星天文の術は古代エジプト人、ヒンズー教徒、中国人、ペルシャ人、古代アメリカの大文明にもよく知られていました。

歴史的視座

古代シュメール（紀元前4000－同2350）、チグリス・ユーフラテス河流域の最初期農耕共同体では季節毎の洪水を利用して灌漑《かんがい》していたため、種まきのタイミングの重要性というものを認識していました。これがまさに西洋占星術の種子の発芽でした。シュメール人たちはすぐに星座の周期運動を意識し、それを季節の移り変わりに結びつけました。神殿の書記たちは星々と星座の長いリストを作成し、また星々は夜空を見上げる羊の群れが天に反射したものと見なされました。シュメール占星術のメインシステムはバビロンにも伝わり、紀元前5世紀頃になると星の予兆を解釈する手段となっていました。星座はさまざまな神格にちなんで名付けられ、それぞれ異なった特質を与えられました。

バビロンの星測官たちは惑星と太陽と月が空の一定エリアを移動していることに気づくようになりました。このベルト状のエリアには12の星座があり、他の星座と区別することが容易でした。12という数はバビロン数学の基本である60進法で容易に分割できますから、役に立つ発見といえました。また月の周期が1年12回で完了するという発見もありました。かくして最初の黄道十二宮がメソポタミア文化の創造物となりました。十二宮のサークルないし帯は黄道から上下8、9度広がっているといわれていました。黄道とは地上から見た太陽の通り道、太陽から見れば地球の軌道のことです。誕生時刻における星の位置を用いた世界最初の個人用ホロスコープ（時刻ポインター）は紀元前410年に作成されています。

考古学的資料から判断しますと、バビロニア人はエジプト人よりもずっと熱心に星を観測していたようです。とはいえナイル川流域に住む古代人たちは、後代ギリシャ人たちがデカンと名付けるシステムの発明者だったようです。エジプト人たちは、一年を通じて十日毎に、太陽の後を追うように異なった星座が地平線上に出現することに気づきました。エジプト人たちは36の星の神々を命名し、それらが人間の運命と太陽の通り道の36区画に影響力を及ぼすとしました。

古代ギリシャ人たちが恒星と惑星の区別を学んだのは紀元前5世紀、バビロニアの文化を影響を受けたあとのことです。ギリシャの占星術師たちはバビロニアとエジプトの天文知識を吸収する一方、星座名をギリシャ風に改名してさらなる属性を付加し、独自の占星術を作り上げました。またかれらは十二宮を各惑星の「家」と見なし、さらに家の内部を間仕切りしたのです。かくして十二宮は360度に分割され、各宮を10

度毎に分割する「デカン」も備わりました。ギリシャ人たちはアリストテレスの世界観を採用していましたから、太陽も月も恒星も地球を中心に真円軌道で運行するものとされました。

十二宮はそれぞれ人体の特定部位に配属されました。さらに十二宮は4つのトリプリシティに分割されました。これは三つの宮を1グループとして火、水、空気、地の四元素の一つに割り当てるという発想です。ローマ人たちはこのシステムを採用しました。というか、かれらはギリシャ起源のものはたいてい採用していたのです。とはいえ占星術に対する社会的政治的姿勢はローマ人のもとでは大いに変化しました。かれらは天文占星の学問とは愛憎関係にあったようです。

占星術文献はラテン語よりもギリシャ語で記されたものが大部分でした。ローマ帝国が紀元476年に滅亡すると、教育もまたつまづきました。キリスト教教会の保守本流は星の科学など悪魔の学問と見なすようになり、異端として容赦なく取り締まりました。占星術は西欧暗黒時代（おおよそ5世紀から10世紀）にほぼ消滅してしまいました。またこの時期、ギリシャ語の知識も雲散霧消したのです。

紀元750年頃になると、イスラム帝国が中央アジアからスペインにまで広がっていました。中東のビザンチン帝国を征服したのち、イスラム教徒たちはその地域の豊かな文化を熱心に採用しました。占星術伝統はイスラム支配化の西洋で生き残ったといえるでしょう。数学、医学、天文学、そして占星術に関するギリシャ語文献が次々にアラビア語に翻訳され、広く普及するようになりました。この状況下でイスラム教徒たちは、ギリシャ系ユダヤ人こそカルデア占星術の後継者であるとの認識を深めたのです。おかげでユダヤ人の占星術師もアラビア人の同業者とともに栄えるようになりました。8世紀初頭から13世紀半ばまでのイスラム支配下のスペインは、宗教的に比較的寛容な雰囲気でしたから、磁石にひかれるように世界中からユダヤ人たちが集まってきていました。そしてレコンキスタがはじまり、峻厳なキリスト教徒とイスラム教過激派が激烈な闘争を繰り広げるなか、ユダヤ人たちはスペインを去って西欧全域に広がり、ユダヤとアラビアの文化を伝える役割を果たしていったのです。

12世紀から13世紀にかけて、学者やキリスト教神学者を対象読者としてギリシャ語の古典文献のアラビア語訳がラテン語に翻訳されるようになりました。このなかには占星術や魔術の文献も含まれていました。ヨーロッパの知識人たちがプラトン、プトレマイオス、アリトテレスといった面々の作品を知るにはずいぶんと時間がかかったのです。しかしいったん再発見されてしまえば、アリストテレスの学問的権威は中世を通じて不動のものとなります。アリストテレスは占星術実践を積極的に肯定していましたから、星の研究は自然科学として尊重されるようになりました。トマス・アクィナス（1225－1274）のような高位の神学者にも擁護されたのです。しかし占星術を用いる占い行為はいまだ教会が顔をしかめる対象でした。ルネッサンスの幕開けとともに、あらゆる種類の古代ギリシャ文献の翻訳が行われます。文学、哲学といった古典から新プラトン主義の作品群、魔術文献、占星術文献、さらに占星術部門を有するヘルメス文書も訳されました。

17世紀になると、アリストテレスの天動説宇宙論はほぼお払い箱になり、コペルニクス（1473－1543）が提唱した地動説が主流となりました。太陽を中心とする宇宙論を支持する面々としては、チコ・ブラーエ（1546－1601）、ヨハネス・ケプラー（1571－1630）、そしてガリレオ（1564－1642）などがあげられます。一般大衆は新理論にはすぐさま順応しませんでした。従来の宇宙観からあまりにかけ離れていて、居心地が悪かったからです。しかしブラーエやケプラーといった新時代の天文学者たちでさえ、ホロスコープ作成を廃止する理由はほとんど見当たらなかったのです。ウィリアム・リリー（1602－1681）は英国議会の公式占星術師にしてアカデミー会員という学識経験者ですが、この人物ですら占星術伝統と地動説の整合化という難作業に熱心に取り組んでいました。

19世紀のオカルト復興はまた占星術の繁栄の時期でもありました。ヨーロッパの知識人多数がより生き生きとした霊的体験を求めてオカルト方面に目を向けて魅了された結果でもあります。こういった雰囲気があればこそ、黄金の夜明け団のような団体が古代占星術教義を秘教哲学体系の一部として組み込むことが可能だったのです。

占星術は天文学の先駆であり、長年両者は共存してきました。今日では、占星術は距離と質量と速度などの「客観」科学と見なされていますが、占星術は「主観」的、直感的な科学です。天文学的にホロスコープを描くだけでなく、哲学的観念をも内包していて、人生の霊的本質の解明の役に立つ学問といえます。

実は占星術にも二つの部門があります。第一のものは顕教的占星術であって、ホロスコープ作成に必要な数学と予測術を含みます。第二のものは秘教占星術であり、宇宙の神秘そのものを扱います――神羅万象の霊的、道徳的、知的、そして物理的力学を相手にする学問といってもよいでしょう。秘教占星術は生きるものすべての普遍的なパターンを開示します。さらに人類が宇宙の聖なるマトリックスと同調するための手段を教示してくれるのです。それは天界のエネルギーを理解し、宇宙をシンメトリカルな全体として捕捉するためのシステムなのです。

黄金の夜明けの占星術

黄金の夜明け団外陣では、基本的な占星術情報が伝授されます。具体的にいえば、獣帯、十二宮、十二室、デカン、トリプリシティ、カドラプリシティ、そしてアスペクトなどです。最終的に、団員は、自分でホロスコープを作成して判断しなければなりません。黄金の夜明け団の教義は2種類の占星術、出生占星術（ネイタル）と即時占星術（ホラリー）に集中しています。前者は個人の出生チャートを作成しますが、後者は質問が生まれた時刻の星空を占術的に読む術といってよいでしょう。両者とも同じ方法で天宮図を作成します。

こういった知識は第二団に参入したのち、元素魔術や惑星魔術、十二宮魔術などで用いられます。加えて第二団の儀式魔術では、中世魔術書起源の占星術配属や惑星時刻といった無数の一覧表をしょっちゅう参照しなければなりません。達人位階ともなれば、占星術に由来する護符や道具の作成は日常茶飯事となります。第一団、第二団を通じて、占星術照応はカバラに次ぐ主要秘教知識といえます。

春分と秋分が持つ占星術的意義も黄金の夜明けでは強調されていました。年2回、春分と秋分の日に、外陣の司官たちは役職を辞し、新司官が任命されます。分点儀式の術式は太陽と団のあいだに魔術的リンクを作り出すことにあります。太陽は可視世界の光であるばかりでなく、神聖光を象徴するものでもあります。分点期間中は地球の磁場が減少するため、太陽エネルギーを引き出す好機でもあるのです。また分点時は夜と昼の長さが同じですから、均衡を主要テーマとする黄金の夜明け団にとってはきわめて重要なのです。

第二団の高等位階に入ると、第一団で教えられた占星術とはかなりの点で異なる占星術システムが強調されてきます。第二団で教えられる秘教占星術は一般的な十二宮占星術（トロピカル）ではなく、恒星占星術（サイドリアル）なのです。[18] 恒星占星術が導入された理由は、現在の宮（30度区分）とその名前のもとになった星座のあいだにかなりのずれが生じているためです。これは春分点歳差の結果です。すなわち春分点（毎年3月21日に太陽が昼夜平分線を横切る際の獣帯上の位置）が徐々に獣帯上を惑星進行方向とは逆に進んでいるためです。したがってトロピカル占星術で春分点を白羊宮の0度とするとき、実際の春分点はおひつじ座からかなりの度数ずれてしまっています。[19]

第二団の教義で強調される恒星占星術では、宮とその名前のもととなった星座は一致します。この方法では、しし座のレグルス[20]が獅子宮の0度となり、ここを十二宮の出発点とします。団の教義の一部に見られる十二宮配属たとえば黄金の夜明けタロットの小アルカナやシェム・ハ・メフォラシュの72神名の配属が獅子宮0度からはじまるのはこれが理由なのです。

黄金の夜明けが採用したデカン支配惑星の照応[21]が、アグリッパの『隠秘哲学』（1531）にリストアップされて現在の占星術界の主流となっているものとは異なる点も興味深いのです[22]。アグリッパの文章によれば、各宮の最初のデカンはその宮の支配惑星に支配されるとあります。第二デカンは元素トリプリシティにおける次の支配惑星に支配され、第三デカンはトリプリシティの最後の支配惑星に支配されます。すなわち、白羊宮の三つのデカンの支配惑星は次のようになります。第一デカンは白羊宮自身の支配惑星すなわち火星です。第二デカンは獅子宮のそれ（太陽）、第三デカンは人馬宮のそれ（木星）となります。獅子宮でいうと、第一デカンは自身の支配惑星である太陽、第二デカンは人馬宮のそれ（木星）、第三デカンは白羊宮のそれ（火星）となるわけです。

『ピカトリクス』は13世紀の有力なラテン語の奥義書です。『ガヤト・アル・ハキム』と呼ばれるアラビア語の古文書から訳出されたもので、アグリッパが用いたデカン法を「インド流」として紹介しています（『ピカトリクス』第二書12章）。しかしカルデア流としてデカンにストレートな惑星サイクルを応用する方法も紹介しているのです（『ピカトリクス』第二書11章）。カルデア流では、土星、木星、火星、太陽、金星、水星、月の順番でデカンに割り当てていき、ふたたび土星に戻るのです（すなわち、獅子宮の3デカンは土星、木星、火星に支配されます。次の処女宮の3デカンは太陽、金星、水星に支配されるという具合です）。このデカン法はカバラの生命の樹の惑星配属に従うものです。また黄金の夜明けで採用されたデカン法でもあります[23]。

インド流デカン配属のソースとして、6世紀のインドの占星術師ヴァラハーミヒラの名前があがることもあります。[24] カルデア流の初期ソースの一つとしてはバビロンのテウクロス（ラテン語で teucer）がいます。[25] 黄金の夜明け団が占星術でも西洋秘教伝統を保持している点は明らかでしょう。

推薦図書

The Origin of the Zodiac by Rupert Gleadow (New York: Castle Books, 1968).

The Astrology of the Golden Dawn by J.W. Brodie-Innes et al Edited by Darcy Kuntz (Edmonds, Wash.: Holmes Publishing Group, 1996).

The Only Way to Learn Astrology, Volumes 1, 2, and 3 by Marion D.March and Joan McEvers (San Diego, Calif.: ACS Publications,Inc, 1976).

Astrology for Initiates: Astrological Secrets of the Western Mystery Tradition, by Papus, translated with an introduction by L. Lee Lehman (York Beach,Maine: Samuel Weiser, Inc., 1996).

A Time for Magick: Planetary Hours for Meditations, Rituals & Spells by Maria Kay Simms (St. Paul,Minn.: Llewellyn Publications, 1999).

占術

占術 divination はラテン語の divinatio に基づく言葉で、「予見する能力」を意味します。語源となった言葉は「神聖なる力」「神々の」を意味するラテン語ですから、「なにかを神聖なものとする」という崇高な意味も見てとれます。となると、占術という主題にもまったく異なる光を当てることができます。占術はただの迷信ではなく、「偶然」の背後にある神的意味の発見を試みる霊的学問なのです。そして他の魔術技法と同じく、占術は現代心理学が発達するはるか以前から心霊的発達と霊的健康のツールとして存在してきました。心理学は儀式魔術の技法から借用している部分が多大であって、いわば古い魔術的観念に新しい名前をつけただけともいえるのです。

歴史的視座

占術の歴史は、人類が神的なものを意識して以来の歴史といってよいでしょう。物理世界の背後に高次の力が存在すると悟って以来、人間は宇宙に力を与える永遠の勢力とコンタクトしようと頑張ってきました。祈禱も召喚も、神的なものに語りかけたい、崇拝したい、いろいろとお願いしたいという人類の望みから生まれたものです。儀式的召喚、スクライング、霊視、瞑想、すべては神的なものの声を聞きたい、語りかけてほしい、智恵を授けてほしいという人類の望みから生まれました。占術もまた神々とのやりとりの手段として発達しました。すなわち占術は神の意志を判断し、理解する方法の一つなのです。

古代世界では、雨、風、雷といった気象は大きなイベントの前触れと見なされました。すべてに神意が含まれているという発想です。他民族や国家に戦争をしかけることが生存方法であった社会では、占術もまた戦略的に使用されることがありました。敵を殲滅する最良の方法を神々に伝授してもらおうというわけです。そういった占術の軍事利用の最古の例の一つがエゼキエル書に「矢ふり」として記録されています。「バビロンの王は道の分かれ目、二つの道のはじめに立って占いをし、矢をふり、像に問い、肝を見る」[26]。王は複数の敵の名前を同数の矢に刻み、それを矢筒に戻してからガラガラとふって一本を選んだのです。そこにあった名前の敵を最初の攻撃目標にしたということです（その次にある「肝を見る」とは内臓占いを指します。原始時代から存在する占いの形式で、遊牧民が新たな地方に移動する際、まえもって動物の内臓を調べて目標地域が健康によいかどうかを決めていた習慣に由来します）。

一時期、「矢ふり」はメッカの大モスクでも行われていました。一本の矢に「主はわたしに命じられた」、もう一本には「主はわたしに禁じられた」という文言を記します。第三の矢にはなにも記しません。最初の矢を引いたなら、問題の企画は神意を得ているとなります。第二の矢であればその反対ということです。なにも記していない矢を引いたなら、やりなおして結論が出るまで続けます。

初期の占術として、くじ引きで有罪無罪を決めるという場合もままありました。初期キリスト教徒やイスラム教徒は、聖典を適当に開いて最初に目に入った文言で占うといった手段を用いていました。

ローマ人たちはオーガリーと呼ばれる占術形式を行っていました。これは気象や鳥の飛行といった予兆を占うものでした[27]。

占術の目的

占術の形式は実に多様です。考案者たちが多種多様であったといってもよいかもしれません。占術の形式は問題ではなく、占者が精神統一して高次の諸力に接触できるか否かが重要だったようです。内的ヴィジョンを通してなんらかのしるしなりシンボルなりを受信できれば、あとはそれを解釈するだけなのです。

占術は心の窓を開き、可視宇宙の背後にある霊的領域の仕組みを垣間見せてくれます。さまざまな占術法を練習すれば、直感と想像という心霊的能力を発達させるよい訓練になるでしょう。

われわれの霊的成長における占術の役割として、シンボルシステムの発達があげられる。これにより人は神々あるいは集合的無意識の祖型群に語りかけ、意志の疎通をはかる。占術実践の目的は内的ガイダンスの発見にあ

り、それは物理的時空で発生する共時的シンボルパターンと祖型的プシケのあいだに橋を架けることにより可能となる。外的イベントに内的祖型を見出す感覚に目覚めたならば、占術は心理的変成における主要な目的の一つを達成できたといってよい。[28]

黄金の夜明け団第一団では2種類の占術が伝授されます。ジオマンシーとタロットです。

ジオマンシー

ジオマンシーという言葉は「地」を表すギリシャ語geと「予言」を表すmanteiaに由来します。基本的に「地占」、「大地のしるしによる占い」の意味です。この伝統的な西洋占術は大地のエネルギーとの直感的コンタクトを基盤としています。黄金の夜明け団の場合、ジオマンシーに関する予備情報はジェレーター位階で与えられます。

最初期のジオマンシーは8か9世紀、北アフリカのイスラム文化圏で発生したと思われます。この術を記した最初のヨーロッパの文献は『アルス・ゲオマンティア』（1125）、作者は中世スペインの学者ヒューゴ・デ・サンタラです。ジオマンシーは中世中期から啓蒙時代末期までヨーロッパ中で人気がありました。「日常生活に占星術が深く入り込んだヨーロッパにあって、ジオマンシーはいわば天文暦も観測器具も不要のホロスコープに相当した。実際ジオマンシーを行うには地面と棒切れさえあればよいのである」[29]。

西洋秘教思想に影響力を持つ作家たちもジオマンシーについて書いています。ピエトロ・デ・アバノ、アグリッパ、ロバート・フラッド、そしてジョン・ヘイドンといった面々です。20世紀にこの占術をとりあげた人としては、フランツ・ハルトマン、イスラエル・リガルディー、スティーヴン・スキナー等がいて、ごく最近ではジョン・マイケル・グリアがいます。

『ジオマンシーの神託』によれば、

ジオマンシーのテクニックは多種多様である。複数の小石を適当にばらまいてパターンを調べる方法もあれば、大理石の卓面のようなすべすべの表面に砂埃を吹き付けてパターンを得る場合もある。一握りの砂や種（ともに地より生まれる）をばらまいたり、地面を適当に棒でつつくこともある。地面にしるしをつけたり、なにかをばらまくといった方法から、紙と鉛筆で適当に線や点を描いて占う方法も生まれてきた。(30)

ジオマンシーはまた複数のコインを投じても占えますし、サイコロを転がしてもよいのです。上の記述にあるように、棒で地面を適当につついて出来た穴の数を数えるという方法もあります。黄金の夜明け団で一般的だったジオマンシーは、紙とペンで適当に点々を描いてそれを数えるやり方でした。

どのような方法を用いようとも、ジオマンシーの要点はテトラグラムと称される16種類の形象をランダムに発生させることにあり、また形象をその場に応じて解釈することにあります。ジオマンシーは二進法を基調とした占術形式の一つなのです（易経もその一つ）。ジオマンシーで用いられる方法はつきつめると裏か表かのコイントスといってもよいでしょう。ある種のランダムイベントは、無意識の人間のプシケと結びつくとき、霊的諸力の影響下に入って二つに一つの選択において一つの結果を出します。その結果に特定の意味なり意義なりを配属するとき、明快な解釈が可能となり、占いにも明快な答えが出るのです。

実際のやり方は次のようなものです。ジオマンシーで用いるテトラグラムは全部で16種類あります。各テ

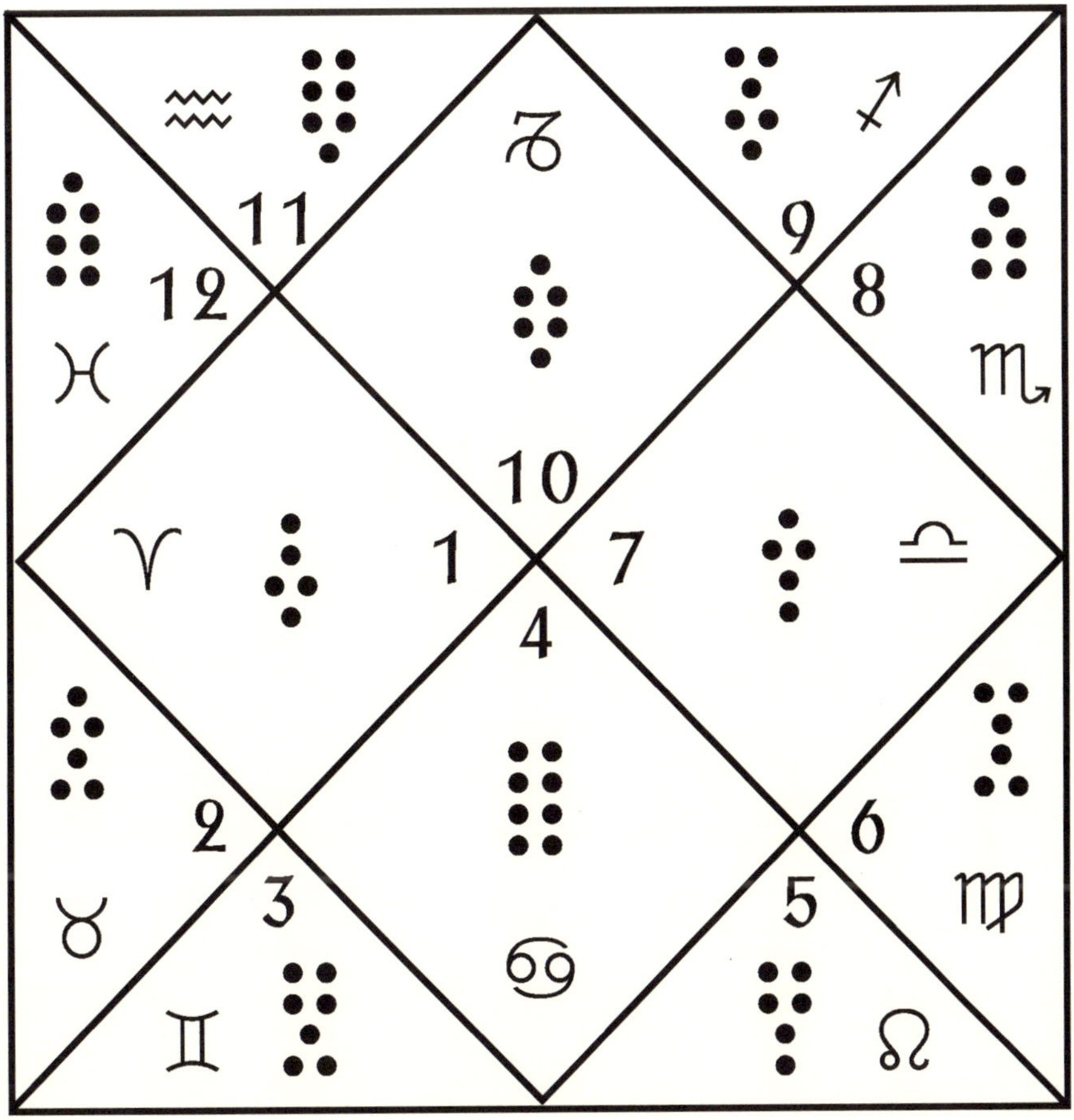

図22：角型十二宮チャートに配したジオマンシーのテトラグラム

トラグラムは四段からなり、各段は点が一つ、あるいは二つです。これまで紹介したどんな方法でもいいですから、ジオマンシーを行う人は適当な数を16揃えます。その16の数が奇数か偶数かが大事なのです。奇数ならば点を一つ、偶数ならば二つ与えていきます。結果として16の数は四つのテトラグラムになり、これを「四人の母」と称します。これらの主要テトラグラムから他のテトラグラムが生まれ、最終的に16種のテトラグラムが形成されます。単純なイエス／ノーの質問は最後のテトラグラムの判断によって回答します。もっと深い回答が必要な場合は、最初の12のテトラグラムを角型十二宮図の室に配して占星術的に解釈します(図22参照)。

ジオマンシーの16のテトラグラムは黄金の夜明けのエノク魔術体系の照応物にもなっています。またエノキアン・タブレットの小角の16の王子と王女にも配属されています[31]。テトラグラムは第二団のスクライング・シンボルにも使われていますし、護符に描いて特定エネルギーの引き寄せにも使われます。

タロット

タロット、ときに「Tの書」と呼ばれるそれは、不朽の秘教叡智を絵にした書物です。何世紀にもわたって魔術師、オカルティスト、神秘主義者たちが占術や瞑想を目的として使用してきたものです。カバラと同じく、タロットは顕現宇宙の背後にある秘められた力を解説するための完全にして精緻な体系なのです。ありとあらゆるオカルト科学の鍵であるばかりでなく、人間のプシケの未踏部分をも明らかにする地図でもあります。タロットは西洋秘教伝統における神聖文字と見なしてもよいでしょう。

伝統的なタロットは1パック78枚から構成され、また78枚には明確な二つの区分があります。大アルカナは魂の物語をかたる22枚の切り札（トランプ）ないし鍵です。小アルカナは全部で56枚あり、各14枚からなる４スートに分類されます。各スートは10枚の数札と４枚のコートカードに分かれます。

タロットの正確な起源は不明瞭です。エジプトの全盛期の頃から存在したという説もあれば、アトランティスまでさかのぼるという主張もあります。アレクサンドリアの大図書館の焼失を目《ま》のあたりにした賢者たちがひそかに会合を持ち、歴代の叡智をカードゲームのなかに隠すことで永久保存をはかったという説もありますが、タロットの起源を極東あるいはジプシーに求める人もいました。どの説もロマンチックではありますが、およそ裏付けがないまま現在に至っています。

タロットは通常のプレイング・カードよりも新しい存在です。後者がヨーロッパに登場したのは１３７５年頃でした。ヨーロッパのプレイングカードの先駆者はおそらくペルシャあるいはインドで生み出され、１３７０年頃にヨーロッパに持ち込まれたものと推測されます。そういった先駆の一つにマムルーク札があります。52枚あるいは56枚からなるエレガントなデザインのカードで、４スートすなわち剣、ポロ杖、杯、コインかあります。初期イタリア、スペイン、ポルトガルのカードたちはみなマムルークをモデルとしていますが、ポロ杖はバトンないしクラブに変更されました。このアラビアのパックが現代同様の12枚のコートカード仕様だったのか、あるいはタロットの16枚コートカード仕様だったのか、正確なところはわかっていません。

大アルカナの22枚の切り札は後代の創造物であり、純粋にヨーロッパ産であると思われます。現存する最古のトランプは１４５０年頃の製作です。かつて最古のタロットとされていたグランゴヌール・タロットは１３９２年にシャルル６世のために描かれたとされていましたが、研究の結果、15世紀半ばの製作と鑑定され、制作場所もベニスと判明しています。もっとも古いタロットは１４２８年にミラノのヴィスコンティ・スフォルツァ家のために描かれています。(32) 切り札を意味する「トランプ」という言葉は trionfi「勝利」から採用されたものです。

15世紀前半、タロットはヨーロッパの貴族用の娯楽であり、貴族の専有物でした。タロットが占いあるいはオカルト目的で使用されていた証拠はほとんどありません。タロットは遊戯でしかなかったのです。最初期のデッキは手彩色の高級品でした。15世紀、木版印刷の発明によって、タロットもより一般的な存在となります。１７８１年、タロットは意外な方向へ押し出されていきます。フリーメイソンにしてプロテスタントの牧師であったアントワン・クール・ド・ジェブランが、タロットのトランプこそエジプトの秘密の書物『トートの書』であると主張したのです。ジェブランの『原初世界』は影響力のある書物であり、これ以降タロットの起源に関する多様な幻想史の原典となったのでした。

１８６０年、エリファス・レヴィが魔術理論の名作『高等魔術の教理と儀式』を出版します。レヴィがジェブランその他のタロット理論を意識していたのは明らかでした。レヴィ自身はタロットを霊的叡智を伝える古代の秘教の書物と見なしていて、22枚のトランプとヘブル語の22文字を比較することにより確信を得たのでした。

> イタリアのタロットには本来ゴート人によるオリジナルが存在したはずであるが、これが失われているのは実に残念である。ともあれイタリア版はその画像の配置において、バビロン捕囚以降に用いられていたヘブル語アルファベットとの関連が明らかである…さまざまな意味が22の鍵に内包されてタロットという普遍的アルファベットを形成しているのである。カバラと魔術のすべての秘密、古代世界のすべての神秘、長老たちのすべての科学、原初時代のあらゆる歴史的伝統、それらすべてが神聖文字で記された書物、それがタロットであると断言しよう。これはトートの書にしてエノクの書、あるいはカドモスの書なのである。[33]

19世紀のオカルト復興によって、タロットとカバラの関連に関しても真面目な研究が進みました。オカルティストも魔術師も、タロットは瞑想と秘教研究に絶対必要な道具であると見なすようになりました。

S・L・マグレガー・マサースは1888年に刊行した小冊子『タロット、そのオカルト的意義、占い方、遊び方』においてこう述べています。タロット、あるいはタローはとあるオカルト的言葉のアナグラムなのだそうです。その言葉はトーラすなわち律法、あるいはトロアすなわち門、あるいはラテン語のロータ「車輪」であり、オラト「しゃべるもの」、タオルすなわちエジプトの闇の女神、あるいはアトルすなわちエジプトのヴェヌスとのこと。以上が示すことは、タロットはその富に接する道を知らない者にとっては闇に隠された門なのだということです。タロットはヴェヌスやアトルと同様、参入の門でもあります。タロットは聖なる法を語る書物であり、また顕現宇宙に力を与える永遠の車輪なのです。

カバラと同じく、タロットのカードも一種の「秘教的ファイリング・キャビネット」と見なされるようになりました。膨大なオカルト照応物をかたっぱしから放り込んで分類収蔵する便利な道具となったのです。四つのスートの配属先はカバラの四界論――神聖なるアツィルト界、創造のブリアー界、形成のイェツィラー界、そして物質のアッシャー界となりました。(34) 小アルカナの1から10までの数札は簡単に生命の樹の10のセフィロトに配属できました。

タロットのもともとの発明者がカバラ的象徴体系を意図的にカード内に配置したのかどうか、それはたいして重要ではありません。カバラとタロットという二つの体系は驚くほど類似していて、両者が容易に互いを補完します。そして両者が一つとなって首尾一貫した霊的／心霊的成長のためのシステムを構築する――この事実が存在することが重要なのだといっておきましょう。

黄金の夜明けのタロット

黄金の夜明けで用いられたタロットはS・L・マグレガー・マサースの調査に基づいてモイナ・マサースが描いたものです。マサースはエリファス・レヴィの記録をベースに自分の照応体系を構築しましたが、レヴィのヘブル語文字とタロットの照応関係は採用しませんでした。暁の星が用いたタロットは黄金の夜明けのタロットを若干改変したもので、とりわけコートカードに変更点が顕著です。一説によれば、もともとの黄金の夜明けタロットの作成をアシストしたウェストコット博士が、およそ20年の歳月を経てフェルキン博士の暁の星タロットの改変にも手を貸したといわれています。

黄金の夜明けのタロット体系では、小アルカナの各スートにはプレイングカードと同じく1から10までの数札がありますが、コートカードは3枚ではなく4枚あります。王、女王、王子、王女の4枚です[35]。ゆえにコートカードは全部で16枚になります。(一部のデッキではナイト、クイーン、エンペラー、ネイブあるいはペイジという組み合わせもあります)。タロットの4スートは次の四つです。まずクラブに相当し、火の元素に配属される棒。ハートに相当し、水の元素に配属される杯。スペードに相当し、空気の元素に配属される剣。そしてダイヤに相当し、地の元素に配属されるペンタクルです。

エース以外の小アルカナの数札は十二宮の36デカンに割り当てられます。

カバラの生命の樹のセフィロトは1から10までの数札によって表されます。それらは神聖なるものから流出するエネルギーの具体的中枢を象徴するといってもよいでしょう。力が安定した静的固定点であり、その特質は不偏にして不動です。これらのカードは人間のプシケの不変の部分を表しています——人間精神に本来的に備わっている構成部分といってもよいでしょう。

一方、22本の小径と照応トランプ群は活発にして活動的です。それらはセフィロト間をつなぐ主観的なエネルギー回路です。叡智を求めて永遠の探求を続ける人間の魂の物語を語るカードたちなのです。それが表すものは霊的探究者が生命の樹の道を旅して遭遇するさまざまな経験であり、セフィラからセフィラへと移動する際に発生する差異でもあります。また惑星、十二宮、元素といったものが持つエネルギーも表しています。22枚のトランプは真の参入力であって、占いで用いる世俗的意味だけでなく、秘教的霊的意味も持っていると考えられています。

タロットのなかには一個の完成された神話世界があります。象徴と寓意と暗喩の領域なのです。タロットの各カードは潜在意識の進化段階をスナップショットしたものといえます。大アルカナの人物像はさまざまなアーケタイプと比較可能です。霊的旅程のさまざまな段階において、人が扮装する多様な姿を表しているといってもよいでしょう。これらのカードを使って、自分のプシケのなかにあまりなじみのなかったアーケタイプを探し出してコンタクトすることも可能です。

あらゆる占術の体系は、宇宙の量的パターンないしパラダイムの定義に用いられます。タロットは占術にも個人的成長にも完璧なツールです。78枚のカードというコンテクストのなかで宇宙が完全に定義され、パターン化され、マッピング化されるからです。占術にあっては、カードのレイアウト（スプレッド）は占星術チャートの室分割に相当します――宇宙の相対的分割であり、基本的な活動分野を表しています。占術にあっては、カードの「偶然的」選択によって占うべき問題に関して宇宙のどの局面を見ればよいのかが決定します。

黄金の夜明けの元素位階儀式には、数枚のタロット・トランプの描写があります。団のシステムではプラクティカス位階でタロットに関する予備情報が与えられることになっています。第一団で教えられるスプレットはケルト十字法などの簡単なものだけでした[36]。団員はタロットのカバラ照応と占星術照応を暗記してリーディングを行えるよう期待されていました。

第二団の達人たちは自分用に78枚フルパックのタロットを描く（最低でも色を塗る）ことを求められていました。

RRAC団の上級位階になると、「開鍵式」と称されるタロット占法を行うことになっていました。これが全部で5つのスプレッドを用いる長くて複雑な代物だったのです。第1スプレッド——テトラグラマトン。第2スプレッド——十二室。第3スプレッド——十二宮。第4スプレッド——36デカン。第5スプレッド——生命の樹。占術の開始前に高次の神的諸力を召喚するための達人向け儀式が「Z2、光の魔術の術式」という団の文書に記されています[37]。

アデプタス・マイナーの準位階には、マサースによる「立体天球に投影された生命の樹」という文書があり、そこに天界のタロットに関する秘教情報が大量に記されています。

他の占術形式

第二団では、「指輪と円盤」や「エノキアン・チェス」といった複雑な占術も行われます。とはいえタロットが一番好まれる占術なのです。

推薦図書

The Golden Dawn Journal, Book I: Divination by Chic Cicero and Sandra Tabatha Cicero, (St. Paul, Minn.:

Llewellyn Publications, 1994).
Earth Divination, Earth Magic by John Michael Greer (St. Paul,Minn.:Llewellyn Publications, 1999).
Golden Dawn Magical Tarot by Chic Cicero and Sandra Tabatha Cicero (St. Paul,Minn.: Llewellyn Publications, 2000).
The Qabalistic Tarot by Robert Wang (York Beach, Maine: Samuel Weiser, Inc., 1983).
The Book of Tokens: Tarot Meditations by Paul Foster Case (Los Angeles, Calif.: Builders of the Adytum, 1968).

錬金術

カバラと錬金術は
汝に至高の薬を与える。
また運よく眼前にある
これらの似姿のなかに、
基盤の唯一の保持者たる
賢者の石があること、瞭然なり。(38)

錬金術 alchemy という言葉はアラビア語の冠詞 al と名詞 khemi から構成されています。後者はコプト語でエジプトを表す Khem に関連します。ゆえにアルケミーとは「エジプトに関係するもの」を意味します。錬金術 alchemy と化学 chemistry はエジプトの科学の遺産のようなものといってよいでしょう。『スイダス』

と称される11世紀の百科事典によれば、アルケミーとは「エジプトの術の知識、ケミはカムないし黒い土地であり、エジプトを表す古い名称である」とのこと。[39] 占星術と同じく、錬金術は人類が知る最古の科学の一つです。

歴史的視座

錬金術の起源はヘレニズム期（紀元前300－同300）の初期にまでさかのぼります。最古の錬金術文献の一つ『フィジカ』は紀元前200年頃のエジプトでボロス・デモクリトスによって記されました。[40] 別の文献『金と銀を作る聖なる術』はパノポリス（エジプト）のゾシモスの作です。[41] 中世の作家たちは錬金術を「ヘルメスの術」と称し、その開祖はだれあろうかの伝説の師匠ヘルメス・トリスメギストスなりとしていました。7世紀にエジプトを征服したアラビア人たちは、アレクサンドリアの錬金術師たちの知識を吸収していきました。

アラビア人錬金術師のなかでもっとも影響力があったのはペルシャのジャビル・イブン・ハイヤーン（721－815）です。この人は2000点以上の錬金術作品を書き、「アラビア化学の父」として知られています。もっとも偉大な錬金術師はおそらくバグダッドの医師でもあったアル・ラジ（850－924）でしょう。ギリシャの医師たちは薬草から万能薬を作ることに主眼を置いていましたが、アラビアの錬金術師たちは医療目的の鉱物系万能薬の製造に加えて黄金生成にも集中していました。

他の科学分野と同様、西欧は錬金術に関しても中世アラビア人たちには多大な恩義があります。アラビア人たちが錬金術の知識と実践を伝え、またギリシャやアラビアの錬金術文献を慎重に保存してくれたからです。そういったものが8世紀にはスペインに持ち込まれ、9世紀から11世紀になるとスペインは錬金術知識の一大貯蔵庫となっていました。ヨーロッパの学者たちがヘルメス術に関心を抱くようになり、1350年頃には数種類の錬金術文献が修道院の写本職人によって筆写されるようになりました。

14世紀のスペインにとある錬金術師が出現し、ジャビル・イブン・ハイヤーンの（ジベール・アビンヘン）ラテン語化を名乗りました。偉大な先駆者の威光を借りて自分の作品に権威をつけようとしたのでしょうが、名前の響きはアラビア風というよりはむしろヨーロッパ風です。ジベールの著書には『完成の総計あるいは完璧なる行政』（1678）や『炉の書』（1678）などがあります。錬金術といえば謎めいた用語や曖昧さが渦巻く記述が普通ですが、ジベールは実に明快な錬金術理論を記述し、また当時としては最高レベルの実験作業や冶金術の教示を残しています。かれの作品は影響力が強く、幅広く購読されました。

ヨーロッパの重要な錬金術師としては、ドミニコ会司教にして哲学者アルベルトゥス・マグヌス（1200－1280）があげられます。別名「大アルベール」として知られており、当時もっとも多くの書物を著した作家にして自然科学の擁護者でもありました。英国人ロジャー・ベーコン（1220－1292）は中世における実験科学の提唱者の筆頭です。そしてフランス人ニコラス・フラメル（1330－1418）は錬金術だけでなく占星術とカバラも研究していて、黄金製造に成功したといわれています。

ヨーロッパで一番偉大な錬金術師はおそらくアウレオルス・パラケルスス（1493－1541）というドイツの医師でしょう。パラ・ケルスス（ケルススを超える）という名前は自分でつけたもので、1世紀のローマの有名医師ケルススを超える存在であると自画自賛しています。パラケルススは人間は宇宙と切り離せない存在であるというヘルメス学的見解を有していました。かれは後世に薬学として発展する学問の創始者とされています。

錬金術の古典文献は象徴と寓意に富むものです。この種の論文には版画や挿画が少なからず収められています。初期の薔薇十字関係者であるミハエル・マイヤー（1568―1622）の『逃げるアタランタ』、そして『ラムスプリンクの書』（1625）は錬金術絵本の好例といえるでしょう（図23）。さらに一冊あげるとすれば、サロモン・トリスモシンの作とされる『スプレンダー・ソリス』あるいは『太陽の壮麗』（1598）です。トリスモシンは錬金術の達人たちのもとを訪れ、「エジプト語で記されたカバラと魔術の書物」によって錬金術作業に成功したと主張しました。多数の図版や挿画がある錬金術文献は、実験室で行う実践的錬金術にはたいして興味がなく、むしろ霊的錬金術や人間の魂の昇華といった秘教的側面を重視しています。この種の書物は往々にして薔薇十字運動の絵入り教科書となりました。「錬金術はたんに金属変成を教える学問にあらず、万物の中核あるいは生命の精髄を知る法を教える真の科学である」[42]。錬金術の図版や絵画的象徴はそれを観照する人を意識的あるいは潜在意識的なレベルで誘惑し、啓発を与えます。そして錬金術師のいう「黄金」の真の性質について人間の魂に直接語りかけてくるのです。

錬金術の原理

通常の狭義によれば、錬金術は卑金属を黄金に変成することを目的とする実験科学となります。たいていの人が「錬金術」と聞けば、イメージするものは雑然とした実験室と無謀な科学者もどきでしょう。なんとか鉛を黄金に変えて、贅沢三昧しようという不心得者の姿です。不幸なことに、錬金術の歴史は詐欺師と「パッファー」[43]たちには事欠きません。とはいえ、錬金術の真の定義には、人類を霊的純粋という高次元のステージへと変成させるという概念が含まれています。錬金術の論文はその本質において化学的のみならず神秘的であり魔術的です。たしかに純粋に実験化学的性質の錬金術部門もあり、それに関する膨大な情報を残した錬金術師たちも多数いました。炉、ふいご、蒸留器、アレンビック、蒸留壜、濃縮器、ビーカー等の

図23：円を四角に仕切る：『逃げるアタランタ』にある錬金術図版

実験器具が満載の実験室で行うタイプの錬金術もたしかに存在したのです。

とはいうものの、錬金術哲学者の多数の主要関心事は霊的なものにありました。この種の錬金術師たちはたんに黄金という物質を探し求めたのではなく、黄金の特質を自分自身に与えようとしたのです。すなわち卑金属（自分の粗雑な本質）を霊的黄金（神聖叡智）に変成するのです。かれらにとって、決して色褪せず火でも水でも腐食しない黄金は、啓発と救済の象徴だったのです。

錬金術の外殻は化学です。事実、錬金術は現代化学の先祖にあたります。薬草術、鉱物学、自然科学、化学、薬学、そして医学といった特定領域は、すべて錬金術という母胎科学から進化したものです。しかし錬金術は科学であるだけでなく、哲学でもあります。錬金術は増殖と成長という自然現象を基盤とする科学です。すでに存在するものを増大させ、改良します。それは進化であり、振動値の上昇なのです。

錬金術実践者は大自然こそもっとも偉大な錬金術師であると考えました。すべての生命（それが動物、植物、鉱物のいずれであれ）の種を変成過程を通じて増殖させ、成長させるからです。錬金術師の目標の一つは、実験室内において顕現宇宙のプロセスを可能な限り再現することにありました。しかも自然の作用を再現するだけでなく、その過程の短縮化をも企図したのです。


冶金学者の金属観は錬金術師のそれとは大いに異なる。後者は金属を生命体と見なしている。いまだ恒久的な形にされていない生命といってもよい。パンになる前の穀物を見る農夫の視点のようなものである。金属にも穀物にも成長の種が内包されている。さまざまな状況下にあって、この種は自然により変形する、あるいは変形しそこなう。すべては自然の作業だからである。農夫が種の育つ状況を熟知しているように、錬金術師も金属が望ましい結果を出すための自然的条件を学ぶ必要がある。そうしてこそ正しい金属の効能を引き出し、賢者の石の

製造に至るのである……錬金術師の心の働き方を正しく理解するには、金属にも植物や動物と同様の生命があるという発想があり、錬金術師がそれを信じていたということを知る必要がある。[44]

錬金術に関してはこれまでいろいろと語られてきましたが、その大部分は物理的、あるいは実験的ないし実践的錬金術に関するものでした。このタイプの錬金術は金属や鉱物の変成が主眼です。あるいは植物や動物をも変成させ、より優れた物質、鉱石、万能薬などを製造しようとします。しかし黄金の夜明けの学徒にとっては、理論錬金術あるいは霊的錬金術のほうがはるかに興味深いものです。こちらは人類の進化を扱うからです。とはいうものの、実践と理論の両タイプとも、錬金術師たるもの自身の霊的本質の浄化と完成を目指して刻苦すべしという点は変わりません。[45] 具体的な実験においても、不純物を除去してプロセスを完遂するべく努力するしかありません。一方の洗練なくして他方の洗練はありえないのです。

錬金術は変成の術にして学です。しかしたやすく理解できる術ではありません。古典的な錬金術文献は宗教的迫害を回避するべくわざと謎めいた寓話風に記されています。また無知なる俗人にはちんぷんかんぷんにすることも目的の一つでした。たとえばフィラエテスの『錬金術精髄』にある錬金術詩歌を見てみましょう。

サターンにマーズとの愛の絆が結ばれる
マーズはサターンによって大いなる力を貪られ
サターンの体はマーズの霊によって引き裂かれ
両者が結ばれて秘密の源泉を産む
そこより素晴らしい輝きの水が流れだし

――そのなかに太陽は置かれて光を失う[46]

この詩では、サターンはアンチモニー（ある種の状況では強力な薬ともなる毒）を指し、マーズは鉄を指します。そして太陽は黄金を表します。錬金術は寓意と神話的シンボルによって語られ、神秘と物質の両方のレベルで解釈されるのです。理論錬金術の秘教的専門用語にかかると、実践錬金術の基本的実験道具ですらさまざまな霊的原理のシンボルにされてしまいます。

錬金術の主要目標は万物とりわけ人類を既定の完全状態に持っていくことにあります。錬金術理論では、人間のなかには永遠の叡智があるのだけれど、外面にとらわれる無知な精神状態があるかぎり、それは休止状態のままとどまるとのこと。錬金術の目的はこの内的叡智の発見であり、人間に本来的に備わっている純粋な神聖源泉と心の間にある幾層ものヴェイルを取り除くことにあります。

錬金術の鍵となる教義の一つが「プリマ・マテリア」論です。宇宙の万物は究極的には単一の基本物質「ファースト・マター」に由来するという発想です。複雑な物質が他のそれと違うのは複合物質と属性が違うからであり、錬金術プロセスでそれらを取り除くと「ファースト・マター」が明らかになります。これが真の霊的達成と啓発を表す賢者の石の製造の第一歩なのです。

錬金術の基本教義は次のようなものです。

1）宇宙は神に起源を有する。神羅万象は唯一絶対の神的存在の流出であり、ゆえに全ては一つである。

2）すべての物理顕現は両極ないし二元の法則の力により存在する。あらゆる概念はその対極との関連によって十分に定義される。男性－女性、太陽－月、霊－肉などが例である。

3）すべての物理顕現は、それが植物であれ動物であれ鉱物であれ（いわゆる三王国）、霊と魂と身体で構成されている。すなわち水銀、硫黄、塩の錬金術三原理に相当する。

4）すべての錬金術作業は、それが実践的実験室作業であれ霊的錬金術であれ、3種の基本的進化プロセスによって構成される。分離、浄化、凝固（ないし再結合）の3種である。これら3種の進化プロセスはまた自然の業でもある。

5）すべての物質は火（熱エネルギー）、水（液体）、空気（気体）、地（個体）の四元素から構成される。四元素を知り、巧妙に用いることが錬金術作業には不可欠である。

6）クインテセンスあるいは「第五のエッセンス」は四元素のなかに含まれているが、四元素のいずれでもない。それは三原理の一つであり、哲学者の水銀とも呼ばれる。

7）万物はまえもって定められた完成状態に向かって動いている。その至高状態にあって錬金術は――

最高段階の隠された真実に属するものである。すべての真理、すべての宗教の本質に通底するエッセンスを構成するものといってもよい。このエッセンスの完成形は〝絶対なるもの〟と呼ばれる。それは美のなかの美、愛のなかの愛、至高のなかの至高として知覚し、認識することができる。しかしそれには意識が根本から変革し、通常の（鉛のような）日常知覚レベルから精妙な（黄金のような）知覚レベルへと変化する必要がある。そうなってはじめて、あらゆる物体がそのアーケタイプ的形状として知覚されるのである。すべては絶対なるもののレ

ベルで行われることであり、万物のアーケタイプもまた絶対なるもののなかに含まれている……錬金術は天と地、物質と霊の間にある裂け目にかかる虹である。単に黄金の壺欲しさに追い回すなら、手が届きそうで届かない。神聖なる秘密、またの名を古代の深遠なる錬金術、あるいは聖なる王の術、あるいはヘルメス哲学、それは秘教の文章と謎めいた寓意画のなかに大自然の秘密を貫く手段を秘めているのである。錬金術――それは生と死、合一、永遠、無限、すべての秘密を解き明かす鍵なのである。(47)

黄金の夜明けにおける錬金術

黄金の夜明けで強調される錬金術は、純粋化学的錬金術とは対極にある霊的錬金術です。魔術志望者がニオファイト位階に参入したときから霊的／錬金術的プロセスは開始します。ニオファイトは卑金属(鉛)であり、ヘルメス術の道を歩むことでで黄金へと変成されるのです。元素位階への昇進は錬金術でいう分離と浄化に類似します。

予備門とアデプト位階への参入は凝固を表します。言い方を変えれば、魔術師のプシケの主要構成元素を浄化された全体へと再構成するのです。各位階儀式では錬金術に関する言及やシンボルがふんだんにあり、隠そうとすらしていません。しかし錬金術的変成プロセスはここでは終わりません。アデプトは霊というクインテセンスを自らに組み込まなければなりません。それは一生かけて達成できるかどうかという作業です。この「大いなる作業」あるいは霊的黄金の探求は長期間にわたる課題です。黄金は遠くにあるかもしれませんが、この道は歩めば歩むだけ限りなく報われる道でもあります。

黄金の夜明け団外陣では、学徒はさまざまな錬金術用語やシンボルや原理を学ばねばなりません。実験室で化学的錬金術を行う必要はありませんが、霊的錬金術の研究は必須です。

第二団の教義では、光の魔術Z2術式の一つに、儀式場フル展開で行う実践錬金術実験の概略が記されています。(48)

推薦図書

The Philosopher's Stone by Israel Regardie (St. Paul, Minn.: Llewellyn Publications, 1978).

Alchemy by Titus Burckhardt (Great Britain: Element Books, 1986).

Psychology and Alchemy by C. G. Jung, translated by R. F. C. Hull (Princeton, N.J.: Princeton University Press, 1980).

The Golden Game: Alchemical Engravings of the Seventeenth Century by Stanislas Klossowski De Rola (London: Thames and Hudson, 1988).

Jung and the Alchemical Imagination by Jeffrey Raff (York Beach, Maine: Nicolas-Hays, Inc., 2000).

スクライングとアストラル作業

スクライ skry という単語は古英語の descry「見る」「観察する」に由来します。スクライングは霊視の形式の一種で、鏡や水晶球その他の器具を用いて集中力を補助し、霊能力を鍛えて通常の覚醒意識中に霊的ヴィジョンの到来を許可するものです。潜在意識的手段を通じて通常感覚の外側にあるイベントを知覚する意識的活動といってもよいでしょう。スクライングは肉眼のみならず心眼をもってアストラル界すなわちすべての物理顕現の背後にある不可視の青写真を見ることになります。スクライングをする人はしばしば「見者」あるいはスクライヤーと呼ばれます。

歴史的視座

何世紀にもわたり見者たちは水晶球や鏡、炎や水面その他のスクライング道具を覗き込んできました。水を張った器、オイルランプ、磨いた金属や宝石、その他反射面を持つ物体がスクライング目的で使用されてきました。

古代ギリシャでは、見者はスクライング専用の泉や小川を覗き込んでいました。地理学者パウサニアス（143－176）は著書『ギリシャの様子』にてパトラエの泉のスクライングを語っています。

細い紐を鏡に結び、鏡を降ろしていく。しかし泉に沈ませはせず、鏡の縁が水面にわずかにつく程度に保つ。それから女神に祈りを捧げ、香を焚いたのち、鏡を覗き込む。すると病人が生きている姿あるいは死んだ姿が見える。この泉はかくして真実を告げるのである。(49)

この種の泉や小川は崇敬の対象となっていました。タエナルムのとある小川などは、うっかりした女性が衣服の洗濯をしてしまったためにスクライング用としての価値を失ったと言われています。

いっぽうローマ人たちはスクライングになんの価値も見出さなかったようです。しかしイスラム世界、および中世ヨーロッパでは、スクライングは一般的でした。ヨーロッパのスクライヤーたちは教会から非難されるリスクを承知でいろいろなものを覗き込んでいたようです。

とある有名な魔術師のスクライング作業が黄金の夜明け団の創立者たちに多大な影響を与えています。それがジョン・ディー博士（1527－1608）、学者にして哲学者、他ならぬ女王エリザベス一世のお抱え占星術師でもあった人物です。ディーと共同者エドワード・ケリーはスクライング用の水晶を用いてさまざまな天使のヴィジョンを記録しました。実際に見者だったのはケリーのほうです。二人の作業はのちにエノク魔術の基礎となります。

19世紀では、薔薇十字の見者フレデリック・ホックリーの水晶球作業が、ほぼ同世代人でもある黄金の夜明けの創立者たちに甚大かつ直接的影響を与えています。

スクライングの原理

第3章でわたしたちはレヴィのアストラル・ライトに関する魔術の法則を論じました。万象に浸透することの不可視の流体を精妙に操作することが魔術の主要手続きの一つなのです。

カバラの教義によると、宇宙の万物は物理宇宙に顕現する以前にイェツィラーのアストラル界で「あらかじめ創られる」のです。アストラル界は物理世界よりも高次元にある現実レベルですが、神的あるいは霊的世界よりは低次元にあります。アストラル界は中間にある世界、反射とイメージと夢の領域なのです。この領域はすべての物理形状の背後にある不可視の青写真です。万物は物質世界に顕現する以前にアストラル界に顕現します。

アストラル界はときに「イメージの宝庫」と称されます。ここにアカシック・レコードあるいはアカシック・ライブラリーがあるという人もいます。それは有史以来の人類のすべての記憶と経験を内包してエーテルに刻み込んでいるといわれるアストラル界の一角です。アカシック・レコードはわたしたちの時空の概念の外側に存在しており、ゆえに過去の記憶のみならず未来の情報も内包しています。一定レベルの霊的純粋とスクライング・スキルを達成した見者であれば閲覧可能ですが、それほど発達していないプシケには散発的閲覧となってしまい、短期間の歪んだ情報しか得られません。このアストラル的イメージ「貯蔵庫」は、熟練の見者であれば普遍不朽の知識を得る目的で使用できるでしょう。それでも見者は常にアストラル的幻惑と自己欺瞞を警戒しなければなりません。アストラル的事実とアストラル的虚構の識別を学習する必要もあります。そういうわけでスクライイングは常に研鑽を怠らず、慎重に実践し、常時その真偽をテストする必要があるスキルなのです。

アストラル作業は非物質世界で事物がどのように作用するかを学ぶうえで非常に重要な道具となります。魔術師はこれを用いて霊的領域とのコンタクト法を学び、その風景を調べて貴重な情報を持ち帰ります。いまここで論じていることは、別の言い方をすると「コントロールされたアストラル・ヴィジョン」です。それは単なる夢とは異なる、完全に理解可能な意味深い強烈な経験です。この種のヴィジョンにあっては、スクライヤーは選択権と意志力と判断力を完全に保持し、コントロールします。こういった経験を通じて魔術師は最深層にまで達することも可能です。それはカール・ユングが集合的無意識と呼び、ヘルメス派の哲学者がアニマ・ムンディと呼ぶ魂の世界なのです（117頁、図9を参照）。

どのようなスクライイング道具や霊視的補助を用いようとも、見者は精神を通じてのみスクライイング・データを知覚します。それから精神が情報を翻訳して通常意識でも理解可能な形状に変換するわけです。潜在意識は象徴あるいは感覚で通常意識とコミュニケーションをとろうとします。スクライイングでは、精神はスクライイングで得た情報をイメージやダイナミックなヴィジョン、印象感覚、あるいは聴覚にすら翻訳するのです。(50)

黄金の夜明け伝統で用いられるスクライングやアストラル投射は、象徴を用いて意識内に変化を引き起こす自己催眠の一種といえます。こうして意識を高いレベルに引き上げることで、魔術師は事物の因果を見通そうとします。宇宙の機構の内側に入り込んで動力源を確認することで、より高い視点から問題に取り組めたりするわけです。

黄金の夜明けの外陣位階では、団員はそれぞれの位階に関連するさまざまな象徴を観照し、また瞑想するよう奨励されています。しかしこの修行段階ではそういったイメージを用いてスクライングすることはもとより、神の姿をまとうことも奨励されていません。そういったアストラル作業は第二団に入ってから学習し、実践すべきものです。スクライングで使用される象徴はいろいろあります。タットワ・カード、元素三角形、錬金術三角形、タロット・カード、占星術象徴、ジオマンシーのテトラグラム、印形、エノキアン・ピラミッドなどがあげられます。こういった象徴はすべて幻視作業のためのアストラル的扉口として用いることができます。

第二団RRACは3種類の霊視法を採用していました。とはいえこの3種の識別が容易ではないのです。とりあえず名前を出すなら、「霊的ヴィジョンのスクライング」（あるいは単にスクライング）「霊的ヴィジョンの旅」（アストラル旅行あるいはアストラル投射）そして「諸次元への上昇」の3種です。これらのテクニックは簡単にいってしまうと「見る」、「旅する」、「上昇する」となります[51]。

1892年、黄金の夜明けの達人2名、フロレンス・ファーとエレイン・シンプソンが『飛翔する巻物』第4巻という副講義文書を共同で著しています。題名は「達人2名による、霊的ヴィジョン達成法の一例」となっていて、スクライングを行ったときの方法と個人的経験を次のように記録しています。

――1時間あるいはそれ以上、まったく妨害されない時間を確保せよ。しかるのち、単独ないし1、2名の達人とともに地下納骨所ないし個室に入るべし。数分間、沈黙したまま観照せよ。

起立し、カバラ十字と祈禱をなすべし。続いて、なんらかの対象たとえばタロット・トランプの観照に移行せよ。カードを自分の前に配置し、自分がそのなかに入っていくように思われるまで凝視すべし。あるいは、カードを額その他の部所に押しあて、両眼は閉じたままにしておく。この場合、あらかじめそのカードの象徴体系、配色、類推関係などを研究しておく必要がある。

いずれの場合にも、そのカードが持つ抽象的観念のなかに深く埋没しなければならない。周囲の事物などにはまったく無関心でいる必要がある…対象となるタロット・カードの全象徴体系を考察し、また照応する文字、数字、位置、連結している小径などもすべて考察せよ。ヴィジョンは、意志集中から一種の白昼夢状態への移行というかたちではじまるであろう。あるいは、明確な変化感を伴う場合もある。失神に似た気が遠くなる感覚に近いともいえ、これに抵抗したい気分になるだろうが、真に高きを望む者たるもの、恐れるなかれ、抗うなかれ、そのまま進むべし。されば汝のもとにヴィジョンが訪れるであろう。(52)


この文書でファーとシンプソンはタロットの「女帝」のスクライングを行い、その模様を語っていきます。アストラル界は大宇宙の重要な領域ではありますが、同時にわたしたち人間の魂のなかにある世界でもあります。内的次元といってもよいでしょう。魔術師はスクライングを通して不可視の世界を覗き込み、秘教的知識を得ようとします。アストラル投射を用いてこの世界に入り、天使や元素霊その他と交流します。魔術師がアストラル界で天使や霊と交流するとき、実際に行われているのは魔術師自身のプシケの一部として存在するアーケタイプとの作業です。すなわちヘルメスの金言にもあるように「上下一如」です。アーケタイプの天使や霊は魔術師の精神のなかに存在しているのですが、より大きなスケールで見れば宇宙の創造者の精神のなかに存在するともいえます。一方と交流することは他方と交流するのと同じなのです。

推薦図書

Scrying for Beginners by Donald Tyson (St. Paul,Minn.: Llewellyn Publications, 1998).
Astral Projection, Ritual Magic, and Alchemy by S. L. MacGregor Mathers and Others, edited by Francis King (Rochester, Vt.: Destiny Books, 1987).
How to Make and Use a Magic Mirror: Psychic Windows into New Worlds by Donald Tyson (Blaine,Wash.: Phoenix Publishing, Inc. 1996).
Projection of the Astral Body by Sylvan Muldoon and Hereward Carrington (New York: Samuel Weiser, Inc., 1970).

エノク魔術

エノク魔術として知られる体系を論ずるとなると、エノク語あるいは天使語の伝説と神話から語りはじめる必要があります。それからエリザベス朝に発展したエノク魔術体系の実体と事実関係に移行しなければなりません。

エノクの伝説

預言者エノクの物語が最初に語られるのは創世記５章18－24節においてです。第七の長老エノクは３００年間「神とともに歩んだ」とされ、そののちに「神がかれをとられた」とのこと。新約聖書ではヘブル人への手紙11章5節にエノクへの言及があります。いわく「エノクは死を見ないように天に移された」。エノク（より正確にはヘノク）という名前は「保つもの」「追従するもの」「教師」「献身」等の意味があるといわれています。

エノクに関する伝説の数々は、かれの生涯と業績を記録する3種の外典書に見ることができます。まず第一エノク書（別名エチオピアのエノクの書）があり、これは紀元前2世紀頃に著されたとされています[53]。そして第二エノク書（別名エノクの秘密、あるいはスラヴォニアのエノク書[54]）。さらに第三エノク書（別名ヘブルのエノク書）があります[55]。

これらのエノクの年代記には預言者の天界旅行の様子が記されています。エノクはあらゆる霊的存在に満ちている10の天界を旅していきます。天使、大天使、見張り、グリゴリ、フェニックス、チャルキドリといった不思議なものたちがいる領域です。最高天に達すると、エノクは主なる神と会います。神は天使に命じてエノクに天と地のすべての知識を収める聖なる書物を見せます。エノクは忠実なる書記となって神の図書館の内容を筆写します。それは人類への教えとなる366冊の書物となりました。さらにエノクには天界の秘密と人類の行く末が開示されました。ヘブルのエノクの書によれば、天上に到達したエノクは大天使メタトロンすなわち「大いなる書にしてすべての天使の王」に変身したとされています[56]。

魔術師たちはエノクに対する崇敬の念のあまり、かれをエジプトのトート、ギリシャのヘルメス、フェニキアのカドモスと同一視するようになりました。これらの神々がみなアルファベットの発明者とされている点も注目に値します[57]。

ジョン・ディーのエノキアン・システム

エノク魔術あるいはエノキアン・システムの真の起源を求めるとなると、16世紀末の二人の英国人ジョン・ディー博士とエドワード・ケリーの儀式的スクライングが登場します。ディー博士（１５２７－１６０８）は当時を代表する思想家の一人です。ヘルメス学者にして錬金術師、さらに魔術師でもあり、尊敬される科学者、数学者、天文学者でありました。博士は欧州にて数年教壇に立ったのち、１５５１年に英国に戻り、続く30年間は新世界探検を希望する船乗りたちに航海術を教えていました。またこの期間、かなりの時間を費やしてオカルト方面の研究も積んでいたのです。１５５５年には魔術実践とホロスコープ作成の容疑で投獄されましたが、数か月後に釈放されています。カトリック教徒であった女王メアリー・チューダーの崩御（１５５８）ののち、英国では宗教的寛容がしっかり根付くようになります。おかげで魔術師も科学者も自由に作業ができるようになりました。最終的にディーは若き女王エリザベス一世の注目するところとなり、戴冠式に最適の日付（１５５９年1月15日）を占星術的に選定するよう依頼されました。ディーは各国の王侯貴族たちから招聘されていましたが、英国の女王に献身する道を選びました。女王もまたなにかにつけディーに占星術的あるいは神秘的案件に関して相談していました。

１５７０年頃、ディーはモートレイクに引っ越し、その地でおよそ３０００冊の印刷書物と１０００冊の手稿を集めます。ディーの個人図書館は英国のいかなる図書館にも匹敵するものでした。ディーの邸宅には膨大な書物と科学実験器具のためのスペースがたっぷりとありました。

魔術研究に加えてディーはさまざまな分野でも貢献をしています。地理学、航海術、哲学、機械学、光学、数学、医学、暗号術、神学、天文学等におけるディーの功績は大変なものです。ディーは真のルネッサンス人であったといえるでしょう。神秘傾向を持ち合わせつつ、あらゆる知的研究において秀逸であったのです。ディーが天使魔術に本腰を入れはじめるのはモートレイクにおいてです。かれの技法は水晶と鏡を組み合わせたスクライングにアグリッパの『隠秘哲学』にあった方法を組み合わせたものでした。[58]ディーの作業に一つ欠点があったとすれば、かれ自身が熟達した見者ではなかった点です。これを補うべくディーは何人もの見者を雇って天使との意思疎通をはかろうとしました。ディー自身は見者の横で書記兼記録係をつとめたのです。

1582年、ディーはエドワード・タルボットという人物と出会いました。タルボットはのちにエドワード・ケリーと名乗ります。ケリーはディーが求めるもっとも優秀な見者となりました。そして二人はそれから7年間、ほぼ毎日のようにスクライングを行い、天使との交流をはかりました。その模様はディーの日記に何冊にもわたって丁寧に記録されています。かれらの天使との交流法は複雑でしたが、そのすべては適切な家具調度類や魔術アイテムの製作法も含めて天使自身から伝達されたものでした。魔術師たちが製作するよう教示されたものは、「タブラ・サンクタ」と呼ばれる魔術用作業卓、「シギリム・デイ・アメス」（真実の紋章、複雑なデザインが刻まれた9インチの蠟《ろう》のペンタクル）、7種の追加的護符、魔術指輪、魔術鏡、そして新たな見者石ないし水晶球などでした。

以上の装置を揃えて魔術師二人は作業に乗り出しました。ケリーは魔法の紋章と蠟のペンタクルを載せた作業卓に着席し、スクライング用水晶を凝視します。ディーは別の作業台に着席し、49×49の区画に仕切られ各区画に文字が入っている図表を手にします。ディーはスクライングを開始し、同じような図表と棒を手にした天使の様子を語ります。天使は棒で図表の文字を指すことによってケリーに意志伝達をします。ケリーが口頭で図表の縦と横の位置を中継し、ディーが手元の図表でそれを確認します。この方法で一連の天使のメッセージが一文字ずつ伝達されるわけです。さらにメッセージは終わりの文字から伝達されていました。天使の話では、単語そのものに大変な力があるため、そのまま伝えると害があるとのこと。およそ7年以上にわたって天使たちはディーとケリーに膨大な量のメッセージを伝達しました。この莫大ともいえる情報量のなかに、現在われわれがエノク魔術と呼んでいる複雑な体系があるのですが、実はそれとてディーの天使魔術のほんの一面でしかありません。ちょっと目立つサブシステム群といったところです。そのなかでも重要なものを簡単に紹介しておきましょう。

最初期のサブシステムの一つは「デ・ヘプタルチア・ミスティカ」（七重王国の秘密）と称されるものです。[59] これはエノキアン惑星魔術のシステムであり、プトレマイオス系七惑星の名前、印形、惑星天使の召喚から構成されます。「ヘプタルチア」には「49の善き天使の表」と称される円形の図表が収められています。

１５８２年３月26日、天使たちは22の神聖文字を伝達してきました。それは独自のアルファベットと統語法を持つ言語の文字でした。これが天使語あるいはエノク語です。各文字にはそれぞれ名前があり、ラテン語の文字と対応関係にありました。[60]

１５８３年３月29日から４月６日にかけて、天使たちは「リベル・ロガエス」（別名をエノクの書、神の弁舌の書）の最初の部分を口述しています。[61]「リベル・ロガエス」には召喚を収めたフォリオがあり、また文字と数字を収めた両面49×49区画の図表多数を収めるフォリオもありました。「リベル・ロガエス」は天使が定めた予定通りに１５８３年５月６日に完結しています。

「ナルヴェイジの円表」。１５８４年４月10日、ナルヴェイジと名乗る天使との接触があり、さまざまな階級の天使の機能を正しく割り当てるための図表の作り方を伝達されています。

1584年4月13日から7月13日にかけて、天使たちがさらに3種類のサブシステムを口述しています。どれも相互に多少なりとも関係があるもので、「48の天使の鍵」、「知識と助けと地上の勝利の書」、そして「嘆願と召喚の書」といいます。

「リベル・ロガエス」をどう用いたのか、現在のわたしたちにはわからないのですが、ともあれディーとケリーはそれを使って「48の天使の鍵の書」を生み出しました。これが一連の「鍵」ないし「コール」と呼ばれるもので、エノク語で与えられて英語に翻訳された召喚文なのです。これらの召喚文の多くは文体面でヨハネ黙示録と比較可能です。(62)

「知識と助けと地上の勝利の書」。この書には「物見の塔の大いなる表」と称する区画文字盤に基づく複雑な魔術体系が収められています。(63) 文字盤は東西南北の4つの物見の塔から形成されています。4つの物見の塔は黒十字と呼ばれる中央の十字区画で連結されます。(64) また「知識と助けと地上の勝利の書」には30のアエティール（エノク魔術の霊の領域）を支配する91の「総督」の名前に関連する文言が大量に収められています。これらの名前の印形の作り方もあります。この書は最終の「アエティールの召喚文」を通じて「48の天使の鍵の書」とつながっているのです。

「嘆願と召喚の書」。(65) この書は4つの物見の塔に関連する天使の階級情報を大量に提供します。天使を呼び出すための召喚も収められています。

ディーとケリーはヨーロッパ大陸を旅行しながら天使との交流を続けました。二人はオカルトをたしなむ王侯貴族たちから歓迎されていました。6年間ほどの欧州放浪ののち、1589年にディーはイングランドに帰国します。ケリーはプラハにとどまり錬金術実験を続けましたが、その後投獄され死亡しました。1603年のエリザベス女王崩御ののち、ディーは王家の保護を失いました。1608年、モートレイクの自宅において貧窮のなか、ディーは死去しています。享年76。

黄金の夜明けのエノク魔術

およそ300年後、ジョン・ディーとエドワード・ケリーのエノキアン・システムは黄金の夜明け団の内的教義に組み込まれました。このシステムはS・L・マグレガー・マサースの手で黄金の夜明けのカリキュラムに統合され、ようやく真に効果のあるものとなったのです。ディーとケリーは天使から伝授されたシステムを記録こそしましたが、それっきりほとんど実践することはなかったのです。

> 後期に伝達されたシステムのほうが洗練されているのは明白だが、奇妙なことに伝授された技法をディーが実践した唯一の事例は初期の粗雑なヘプタルシア・ミスティカのそれだけのようである…天使の活動に由来する護符魔術の記録例のもとになったものは49の天使の鍵の図表である。さらに、天使のアルファベットにある文字をなんらかの意図をもって用いた例はこれが最初のようである。[66]

もちろん現代のわたしたちにはディーがどの程度システムを活用していたのか、真相はわかりません。あるとき、不注意なメイドがディーの原稿の半分近くを揚げ物の油とりや焚き付けに使ってしまったからです。いずれにせよエノキアン・システムは黄金の夜明けに採用されてはじめてその真の力を発揮したといってよいでしょう。

黄金の夜明けで伝授されるエノク魔術の卓越性は、オカルト哲学の理論と実践の両面において驚くほど効果的かつ強力な綜合を可能ならしめた点にある。ディーとケリーの手のなかにあるうちは、エノキアンは役に立たない文字と区画の集まりでしかなかった。ケリーがそれを畏れ、ディーがそれを尊しとしていたとしても、両者ともそれを用いてなにも達成しなかったという事実が突出して残るのである。しかしマグレガー・マサースとその同僚たちの手にかかると、エノキアン・システムはあらゆる小宇宙の諸力の真の広場として真の姿を現す。セフィロト、元素、惑星、アストラルと、あらゆる力がエノキアンのシステムに集約されるのである。カバラ、タロット、占星術、ジオマンシー、すべてが融合して一つの心理学的フィールドと化す。その諸次元のマップはもっとも包括的なものであり、わたしが出会ったなかではもっとも実用的なものでもある。約言するなら、このメソッドは使えるのである。それはかつて公刊されたいかなるシステムもなしえなかった方法で精神の秘密の扉を開くのだ…しかしわたしは、黄金の夜明けの創立者たちが整備したエノキアン・システムが完全無欠で改良の余地など皆無であるなどと示唆する気はないことも表明しておきたい。[67]

エノキアン・システムは暗号文書の参入儀式概略が書き下ろされた時点から黄金の夜明けのカリキュラムの一部となっています。聖なるエノク名やそのもととなった物見の塔のタブレット（図24参照）がジェレーター位階から予備門に至るまであちこちで紹介されます。しかし実際にエノク魔術として研究がはじまるのは第二団入りしてアデプタス・マイナーとなってからです。

黄金の夜明け団が発展させたエノキアン・システムが多くの点でジョン・ディーのオリジナルとは異なっているのも事実です。ディーのシステムが黄金の夜明けのそれよりも「より純粋である」と唱える作家もいます。ディーのエノキアン・システムはヨハネ黙示録にある「この世の終わり」をもたらすよう設計されているといった噂もたちました。おそらくこういった恐怖心のなせるわざなのか、黄金の夜明けの流れを汲みながらもエノキアン・システムをすべて廃棄処分にしたグループも存在します。

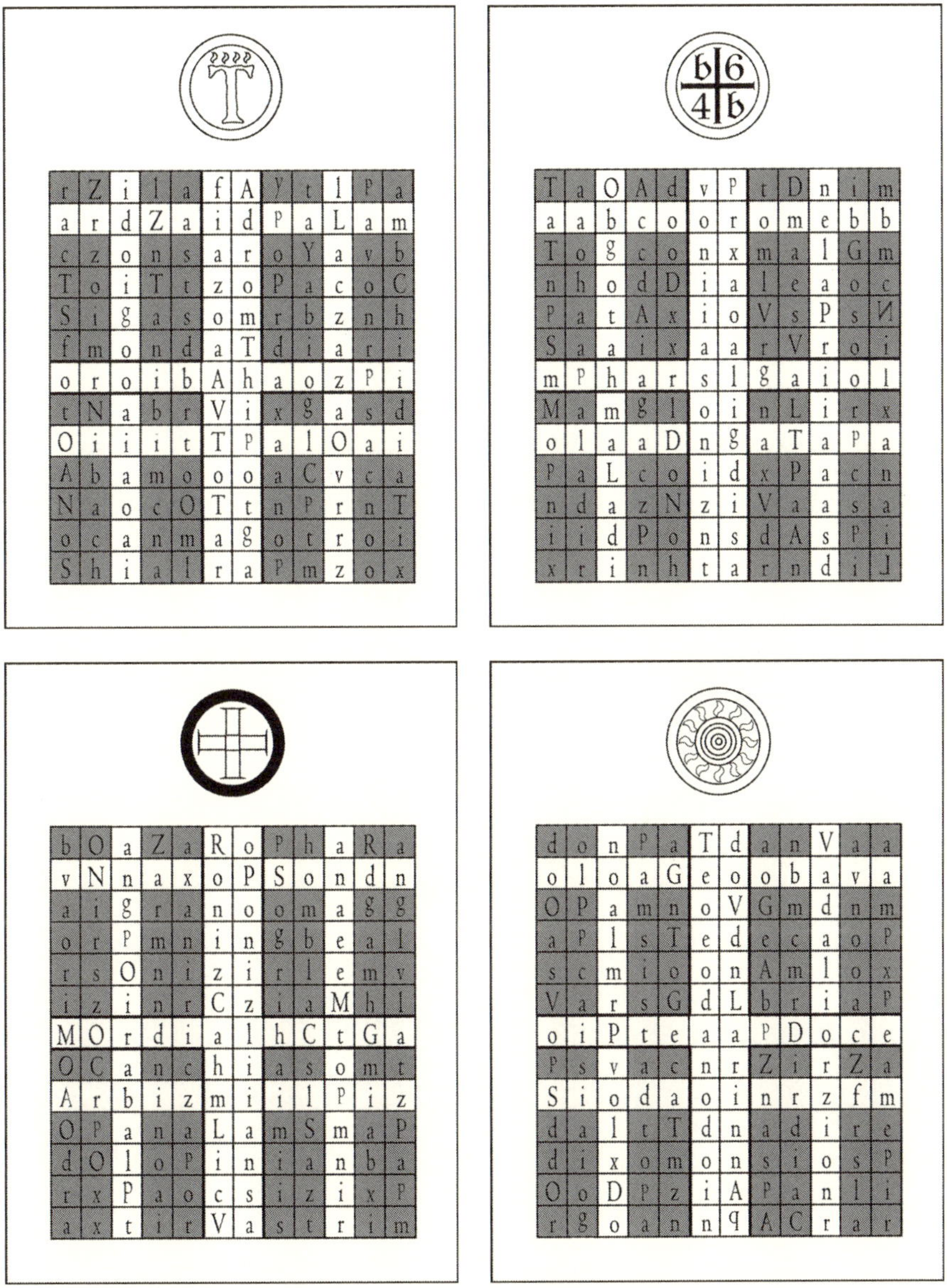

図24：黄金の夜明けの元素タブレット。左上は空気、右上は水、左下は地、右下は火。

エノキアン・システムの真の目的が魔術的破滅にあると、黄金の夜明けの創立者たちが少しでも思っていたなら、団のカリキュラムにそれを入れようとはしなかったでしょう。達人たちもそれを実践したり、他人に教えたりはしなかったはずです。また現代の黄金の夜明けの魔術師たちも、エノキアン黙示録論など真面目に受け取ってはいません。

以上、いろいろ語りましたが、エノク魔術はきわめて強力です。エノク魔術に登場する天使も大天使も、ヘブルの対称天使に較べると過ちに対して容赦がないといわれています。愚か者はひどいめにあうのが普通です。俗にエノキアンの天使たちは「噛みつく」といわれるほどです。くだらない理由で軽々しく召喚してはならない存在なのです。

スクライングを通じて得られたシステムはどれもそうなのですが、エノキアンもまたスクライヤーの精神というフィルターを通して開示されています。ヴィジョンの明晰性は魔術師の受容性はもとより、見者の心霊的「透明性」に依存するところ大といえます。ディーの日記には、ケリーを通して語る天使たちが転生論といったグノーシス思想に近いものを披露してディーに叱責される場面があります。現代の読者ならばなんとも思わない内容なのですが、ディーは信仰を害されるような事物には耳を傾けたくなかったのです。ディーの関心はむしろ国際政治や外交問題にありました。それならば天使が伝達してきた内容がディーの気分を害さなかったのも不思議ではありません。エノキアン召喚文にはヨハネ黙示録のこの世の終わりの描写に酷似している部分があるからです。ディーはそういったものにも賛同していたのでしょうか。

わたしたちの見解としては、エノキアン・システムの真の目的はテウルギア実践のための強力な場を提供することにあったというものです。少なくとも黄金の夜明け団ではその目的で使用されていたといってよいでしょう。

この流れでいえば、黄金の夜明け団のエノキアン・システムは生きている伝統であり、成長し、実験され、解釈され、変化するものだという点を強調しておきたく思います。黄金の夜明けのエノキアンの知識は10年前のマグレガー・マサースの編纂物に限定されるべきものではありません。またリガルディーの『黄金の夜明け魔術全書』中のジェレーター・アデプタス・マイナー文書にあるエノキアン関連の文言に束縛される理由もないといえます。一部の公刊文献を頼りに、黄金の夜明けの魔術師たちは物見の塔タブレットとエノキアン召喚文の作業しかやらなかったと間違った推測をする作家もいます。他のエノキアン部門たとえばヘプタルチア・ミスティカやタブラ・サンクタ、スクライング水晶、黄金護符などは黄金の夜明け魔術システムに居場所がないと決めつけています。それは間違いなのです。黄金の夜明けがエノキアン・システムに対してなした最大の貢献は、カリキュラム中の最高の位置を与えた点にあります。エノキアンは黄金の夜明けシステムの頂点にして輝く宝冠と見なされていました。それゆえエノキアンは黄金の夜明けカリキュラムをすべて修了した学徒にのみ教授されていたのです。

> はじめにあたり、この体系の精妙な意義を認識するには、かなりの量の系統立った研究が必要であると述べておきたい。この体系は、私が遭遇したなかでも、もっとも驚くべき魔術体系である。なぜならば、エノク魔術こそは、黄金の夜明け魔術体系全体の徹底的かつ包括的な綜合物を提供するからである…ゆえに、この体系はすべての団作業の綜合的融合であるから、研究者は黄金の夜明け団で教えられた他の全知識に完璧に精通することが必須である。タロットとジオマンシーの配属に関しては、名前も象徴も観念も指先で操る。当然これに、ヘブル語アルファベット、生命の樹、カバラ一般の基礎的な知識を加える。Z文書に由来する実践魔術術式、志願者やテンプルの象徴体系、またニオファイト位階儀式などは、記憶するのみならず、理解しなければならない。また五芒星儀式、六芒星儀式、聖別儀式の術式、一般召喚儀式、テレズマ像公式化、印形の描き方を完全に頭に叩き込む。[68]

エノキアンは魔術の統一システムであり、達人の実践作業の大部分の背後に存在するものでもあります。第二団のあらゆる位階と準位階においてさまざまなエノキアン部門を学習することになります。

一部の第二団儀式には程度の差はあれエノキアン要素が含まれています。アデプタス・マイナーはエノク語のアルファベットを学び、エノキアン・チェスで占術をすることを学習しましょう。儀式魔術でエノキアンの霊や天使を召喚し、物見の塔タブレットに関連するエノキアン区画のスクライングを実践するのです。公刊物としてのジェレーター・アデプタス・マイナー用エノキアン教材はリガルディーの『黄金の夜明け魔術全書』（*The Golden Dawn* (Book Nine), 623-696）に見ることができます。[69]

推薦図書

John Dee: The World of an Elizabethan Magus by Peter French (New York: Ark Paperbacks, 1972).
The Enochian Magick of Dr. John Dee by Geoffrey James (St. Paul, Minn.: Llewellyn Publications, 1994).
The Heptarchia Mystica of John Dee, edited by Robert Turner (Wellingborough, Northamptonshire: The Aquarian Press, 1986).
Golden Dawn Enochian Magic by Pat Zalewski (St. Paul, Minn.: Llewellyn Publications, 1994).
Enochian Chess of the Golden Dawn by Chris Zalewski (St. Paul,Minn.: Llewellyn Publications, 1994).

（1）Israel Regardie, *A Garden of Pomegranates; Skrying on the Tree of Life* (3rd ed., St. Paul, Minn.: Llewellyn Publications, 1999). 18.
（2）Dagobert D. Runes, *The Wisdom of the Kabbalah; Its Essence and Philosophy* (New York; Philosophical Library, 1957), 9.
（3）S.L. MacGregor Mathers, *The Kabbalah Unveiled* (York Beach, Maine; Samuel Weiser, Inc., 1989), 15.
（4）Dion Fortune, *The Mystical Qabalah* (New York; Ibis Books, 1981), 12.
（5）同上書、21。
（6）Pico della Mirandra's *Opera Omina* (Basil, 1557; reprint, Hildesheim: George Olms, 1969), 1, 166.
（7）Israel Regardie, *Foundations of Practical Magic* (2nd ed. Wellingborough, Northamptonshire: The Aquarian Press, 1983), 59.
（8）W. Wynn Westcott, "Introduction", *Sepher Yetzirah: The Book of Formation* (New York: Samuel Weiser, Inc. 1980), 14.
（9）Regardie, *The Tree of Life; An Illustrated Study in Magic* (St. Paul, Minn.: Llewellyn Publications, 2001), 45.
（10）Adoplhe Franck quoting from the Zohar in *The Kabbalah: Religious Philosophy of the Hebrews* (New York; Bell Publishing, 1940), 96.
（11）Cordovero, Frank において引用、99。
（12）Cordovero, deo Schaya, *The Universal Meaning of the Kabbalah* (Baltimore: Penguin Books, 1973) において引用、42。
（13）Christioan D. Ginsburg quoting Cordovero in *The Essenes, Their History and Doctrine: The Kabbala, Its Development and Literature* (London: Routledge & Kegan Paul Ltd., 1956), 216.
（14）Cordovero, qupted in Franck, 100.
（15）Franck, quoting from the Zohar, 101.
（16）Regardie, *Foundations of Practical Magic*, 61.
（17）Regardie, *A Garden of Pomegranates: Skrying on the Tree of Life*, 31.
（18）恒星占星術では惑星の位置を星座によって示す。トロピカルでは惑星の位置を宮によって示す。

(19)「基本的な科学を思い出そう……四季は地軸の傾きの結果である。地球の自転はジャイロスコープのそれと同様であり、常時同じ角度を保とうとする。しかしわれわれの惑星は完全な球状ではないため、若干のぶれが生じる。このぶれの結果として、太陽が前年の同位置（至点あるいは分点）から少し（背景の恒星群に対して）後退していくように見える。その動きは71・5年で1度相当である。

この歳差運動のため、大部分の西洋占星術で採用されている赤道十二宮は「可動十二宮」である。プトレマイオスの説論に従えば、十二宮の開始点すなわち白羊宮の0度は春分点となる。そして春分点が毎年わずかに移動しているため、十二宮全体が移動している。この運動のため十二宮と季節は同調するが、恒星との関係でいえば毎年後退していく。各宮の影響力が名前のもととなった星座から発していると考える人にとっては、これはなんとも居心地が悪い状況である。しかし恒星十二星座に切り替えると、今度は星座と季節にずれが生じてしまう。しかも各星座のシンボリズムにはかなりの季節関連のものが含まれているから、これはこれで都合が悪くなる。以上結論としては、両体系にもそれぞれ言い分があるというところであろう」James R. Lewis, *Astrology Encyclopedia* (Detroit, Mich.: Visible Ink Press), 431-432.

ニコラス・デ・ヴォアによれば、トロピカルとサイドリアルの十二宮が一致したのは紀元前254年とのこと。*Encyclopedia of Astrology* (New York, N.Y.: Philosophical Library, 1947), 308.

(20) レグルスは別名をコル・レオニス「獅子の心臓」という。レグルスとは「王侯の星」の意。ペルシャ人が「ロイヤルスターズ」「天界の守護者」と名付けた四つの輝く星の一つ。「最古の十二宮が恒星群から計測された点は疑問の余地がない」Rupert Gleadow, *The Origin of the Zodiac* (New York: Castle Books, 1968), 28.

(21) またシェム・ハ・メフォラシュの神の名に照応するデカンも同様である。

(22) 参照　Cornelius Agrippa's *The Three Books of Occult Philosophy*, edited and annoted by Donald Tyson (St, Paul, Minn.: Llewellyn Publications, 1993), 375-376.

(23) アグリッパはこのシステムを惑星の「顔」と称している。アグリッパは顔とデカンは異なるという記述もすれば、両者は同一であるとする場合もあり、話を混乱させている。参照　タイソン版の *The Three Books of Occult Philosophy*, 359-360.

(24) ヴァラハーミヒラ（505－587）は天文学者、哲学者、数学者でもあった。ギリシャ、エジプト、ローマ、インドの天文学の概略を記す「パンカ・シッダーンティカー」（五論）の著者。

(25) この配置はときに「エジプト系」とも呼ばれた。参照　Gleadow, 182-183

(26) エゼキエル書21章21節。

(27) 参照　"From God to My Soul; Reading the Auspices" by David Godwin, published in *The Golden Dawn Journal, Book One: Divination*, edited by Chic Cecero and Sandra Tabatha Cicero (St. Paul, Minn.: Llewellyn Publications, 1994), 203-212.

(28) Steven Marshall, "The Psychology of Divination", published in *The Golden Dawn Journal, Book One: Divination*, 10.

(29) Forrest, "Mysteria Geomantica," *The Golden Dawn Journal: Book One; Divination*, 194.

(30) Stephen Skinner, *The Oracle of Geomancy* (New York: Warner Destiny Books, 1977), 10.

(31) Forrest, "Mystera Geomantica", *The Golden Dawn Journal: Book One: Divination*, 199-200.

(32) 現在、ヴィスコンティ・タロットとして入手可能。*Visconti Tarots*, published by Lo Scarabeo and distributed in the U.S. by Llewellyn Publications.

(33) Eliphas Levi, *Transcendental Magic* (York Beach, Maine; Samuel Weiser, Inc., 1995), 334-335, 342.

(34) 四界はまた元素にも配属される。アツィルトは火、ブリアーは水、イェツィラーは空気、アッシャーは地。またタロットの4スートにも照応する。アツィルトは棒、ブリアーは杯、イェツィラーは剣、そしてアッシャーはペンタクル。

(35) コートカードはまた元素にも配属される。王は火、女王は水、王子は空気、王女は地。

(36) ケルト十字法は黄金の夜明けの達人A・E・ウェイトの著書『タロット図解』(*The Pictorial Key to the Tarot*)で紹介されて有名になった。ウェイトがデザインし、パメラ・コールマン・スミスが描いたいわゆるライダー・ウェイト版は世界で一番人気のあるタロットである。

(37) 参照　Regardie, *The Golden Dawn* (6th ed., St. Paul, Minn.: Llewellyn Publications, 1994), 393-395.

(38) Steffan Michelspacher, *Cabala* (1616), quoted in Stanislas Klossowski De Rola, *The Golden Game, Alchemical Engravings of the Seventeenth Century* (London: Thames and Hudson, 1988), 58.

(39) . C. J. S. Thompson, *The Lure and Romance of Alchemy* (New York, N.Y.: Bell Publishing Company, 1990), 10.

(40) E. J. Holmyard, *Alchemy* (New York, N.Y.: Dover Publications, Inc., 1990), 25.

(41) Westcott, "Flying Roll No. VII: Alchemy" published in Francis King's *Astral Projection, Ritual Magic, and Alchemy*

by S. L. MacGregor Mathers and Others (Rochester, Vt.: Destiny Books, 1987), 179.

(42) Pierre-Jean Fabre, *Les Secrets chymiques*, 1636, quoted in Stanislas Klossowski De Rola, *Alchemy the Secret Art* (New York: Bounty Books, 1973), 8.

(43) 一種の罵倒用語。錬金術の崇高な目的を知らず、「愚者の黄金」の製造に走る者たちを指す。

(44) Lapidus, *In Pursuit of Gold* (New York, N.Y.: Samuel Weiser, Inc., 1976), 18.

(45) この見解は現代の錬金術師にとっては真実であるが、古代や中世の錬金術師すべてに当てはまるものではない。雇用あるいは金銭目的で錬金術に取り組んでいた人もいたはずである。他の者たちが科学的好奇心から研究していた点は疑問の余地がない。

(46) 同上に引用、78。

(47) Klossowski De Rola, *Alchemy the Secret Art*, 7.

(48) 参照　Regardie, *The Golden Dawn*, 395-400.

(49) Quoted by Christopher McIntosh, from an article published in Richard Cavendish's *Encyclopedia of the Unexplained, Magic, Occultism and Parapsychology* (New York:McGraw-Hill Book Company, 1974), 222.

(50) 音や声が聞こえる場合は、霊視 clairvoyance ではなく霊聴 clairaudience と見なされる。

(51) これら3種の手続きに関して、より詳しくは Regardie *The Golden Dawn*, 455-478を参照せよ。また筆者たちの編集による Regardie, *A Garden of Pomegranates: Skrying on the Tree of Life*, chapter9, 193-215も参照せよ。

(52) 参照　Francis King, *Astral Projection, Ritual Magic and Alchemy*, 71.

(53) 第一エノク書は１７７３年、アビシニアにてジェイムズ・ブルースによって発見された。１８２１年、カシェルの大司教リチャード・ローレンスによってギリシャ語手稿のエチオピア語写本から翻訳された（参照　Richard Laurence, *The Book of Enoch the Prophet* (San Diego, Calif.: Wizard Bookshelf, 1983)。原典はおそらくアラム語で記されていたと推測される。かつてはキリスト教誕生以降の書物と見なされていたが、このテキストの写本が死海文書のなかから発見されたため、キリスト教以前のものと判明している。初期キリスト教徒がこの書物を肯定的に見ていた証拠は山のようにある。新約聖書にはエノク書からの影響が認められる文章が１００以上存在している。

(54) １８８６年、スラブ語で記された第二エノク書の写本がソコロフ教授によってベルグラードの公共図書館にて発見されている。おそらくはヘブル語ないしアラム語の原典のギリシャ語訳からの写本と思われている。エジプトで構成されたこのテキストは、キリスト教初期にまでさかのぼる。新約聖書の著者たちがこの書物に大いに影響されていた点は疑いようがない。１８９６年、モーフィルとチャールズによって英語に翻訳されている。参照　Rutherford H. Platt, *The Forgotten Books of Eden* (New York: Bell Publishing Co., 1980), 81-105.

(55) 第三エノク書は１９２２年にヒューゴー・オードバーグによって翻訳され、１９２８年に出版された。このテキストはヘカロス文献版となる。

(56) 参照　Karel Van der Toorn, Bob Becking, and Pieter W. Van der Horst, *Dictionary of Deities and Demons in the Bible* (Grand Rapids, Mich.: Eerdmans/Brill, 1999), 303.

(57) Lewis Spence, *An Encyclopedia of Occultism* (New York: Citadel Press, 1996), 148.

(58) 参照　Robert Turner, *Elizabethan Magic* (Great Britain: Element Books, 1989), 19.

(59) 参照　Robert Turner, *The Heptarchia Mystica of John Dee* (Wellingborough, Northamptonshire: The Aquarian Press, 1986), 75.

(60) このアルファベットはさまざまなフリーメイソンリー百科事典に掲載されているものとは同一ではない。参照　Albert G. Mackey and Charles T. McClenachan, *Endyclopedia of Freemasonry* (New York: The Masonic History Company, 1924), vol. One, 246.

(61) 参照　Turner, *Elizabethan Magic*, 22.

(62) 後代の黄金の夜明けの教義によれば、鍵は全部で19種類だが、音声で表現可能なものは18種しかないとのこと（神の純粋を語る原初的鍵があり、タロットの愚者と同じく0番を与えられている）。識別可能な第一の鍵は「統一のタブレット」全体に配属され、第二の鍵は統一のタブレットの霊の支配に配属される。続く４つの鍵は物見の塔のタブレット全体の天使たちに配属される。続く12の鍵は各タブレットのさまざまな区画に割り当てられる。次にくるのが30のアエティールあるいはエアーズに配属される鍵である。このアエティールとはエノク魔術の霊たちが棲む領域を指す言葉である。これらの30の領域にはたった一つの鍵しか用意されていない。コール内のアエティールの名前が変わるだけである。

(63) これらはのちに黄金の夜明けの四元素タブレット別名物見の塔のタブレットになる。

(64) 黄金の夜明けでは黒十字の文字を使って「統一のタブレット」を形成している。このタブレットはクインテセンス「四元素の上に立つ霊」に配属される。

（65）参照　Tuner, *Elizabethan Magic*, page 29, endnote 24.

（66）同上書、25。

（67）Thomas Head, "An Introduction to the Enochian Teaching and Praxis", published in *The Complete Golden Dawn System of Magic* by Israel Regardie (Phoenix, Ariz.: Falcon Press, 1984), Vol.X. no.2.

（68）Regardie, *The Golden Dawn*, 624-625.

（69）他の刊行物としては　Regardie's *The Complete Golden Dawn System of Magic*, Vol. Ten, 1-160. Pat Zalewski's *Golden Dawn Enochian Magic* (St. Paul,Minn.: Llewellyn Publications, 1994), "Book H: Clavicula Tabularum Enochi" by W.Wynn Westcott, published in Carroll Runyon's *The Seventh Ray: Book I: The Blue Ray* (Silverado, Calif.: C.H.S. Publications, 1999).

第7章　黄金の夜明けの魔術師の作業

これまでの紙面で黄金の夜明けの歴史的影響や著名団員、その魔術の原理や教義をざっと記してきました。これらの情報を一応理解された読者のなかには、黄金の夜明け魔術体系にさらに取り組んでみようかとお考えの方もいらっしゃるでしょう。そういった方々には以下の質問が適切なものとなります。自分は黄金の夜明け参入の道を求めるべきか？　自己参入は可能か？　血統は重要か？　魔術修行をするとはどういう意味か？　西洋秘教伝統の参入者になるということはなにを意味するのか？

参入の目的

> 類が友を呼ぶことはよく知られている。おそかれはやかれ、われわれは似たもの同士で集まってしまう傾向にある。とりわけ神的なものにコンタクトしてしまった人間はそうなのだ。磁気流が地球を包み込んで作用しているように、大いなる精神的力流は神羅万象に作用しており、その結果として人はしかるべき場に収まってしまう。これがあるから秘教科学は自ら弟子を求めるような真似はしないのである。(1)

参入は新たな始まりを象徴します。人生の新たなステージのはじまりであり、それまでとは明らかに違う新たな存在になるための通路です。参入は霊的成長を表します。世俗的物質的社会の原理とはまったく異なる原理で動く新たな集団へ参加し、その集団のために働く人生のはじまりです。この霊的「新生」を得たしるしは、精神の拡張や高次元の認識によって示されます。

参入儀式は志願者を浄化し、特定グループの秘密と教義を受け取るための準備を行います。それは一連の象徴体系と儀式の手続きであり、結果として意志を直接刺激し、想像力を夢中にさせます。なにをもたらすことを目的にしているのかといえば、まずは低次人格（プシケの「わたしがわたしが」の部分）の浄化であり、意識の昂揚状態の確立です。そうすることで魔術師の自我は徐々に清められ、時とともに自分の高次天才との合一が可能となります。黄金の夜明けの参入儀式はそのあらゆる面――演説、所作、シンボル――において、光の道に必要とされる特定の魔術エネルギーで志願者のオーラに影響を与えるよう設計されています。「聖なる都市を攻撃するべく、あらゆる感覚と能力が意図的に動員される。そして術者の全身全霊が作戦行動に入る必要がある」(2)。

ギリシャ時代の密儀宗教から現代のヘルメス系組織に至るまで、参入儀式は秘教グループ内で主役をつとめてきました。古代の霊的探究者がイシスとオシリス、エレウシス、サモトラキア、オルフェウスといった密儀に引き寄せられたのは、手の込んだ参入儀式がもたらす霊的活力感と至福感のゆえでした。参入者になるということは、なにかしらのインナー・サークルの一員として受け入れられるということです。そういった集団の教義や儀式は、共通体験を持つ人間にのみ意味があります。このあたりは古代も現代も一緒です。そういったグループに入ると、同志感覚と帰属感が与えられます。古代の知識を授かり、神的叡智を開示されるため、高揚感も生まれます。したがって、自己称賛とか他者に対する知的マウンティングをしたくて参入者になるなどはまったく的外れです。そういった行為は参入プロセスそのものを無効にしてしまいます。団への参入を希望する志願者はまず自分が信用するにたる人間かどうか、そして魔術修行に必要な各種の責任を負えるかどうかを証明しなければなりません。

参入にはアストラルとフィジカルの2形態があります。アストラル参入はエーテル次元で行われ、一定期間が経過しないと確認できない場合もあります（すぐにわかるときもあります）。この種の参入は他の人間を通じて得られるものではありません。プシケのなかの霊的アーケタイプによって直接本人に与えられるのです。
もう一方の参入は物理的儀式場で参入儀式チームによって行われる物理的儀式です。アストラル参入のみが有効な形態であると主張する人もいます。物理的参入儀式はただの演劇にすぎないというのです。これはまったくの間違いです。物理的に参入儀式を受けさせ、その過程でわざわざ物理的に頭を下げたり誓いを立てたりすることで志願者の霊的意志が再確認されるからです。物理的儀式はアストラル参入のエネルギーを、いわばアースします。それは集団儀式であっても個人儀式であっても同じです。物理的儀式とは、魔術師が聖なる神秘の道を歩みたいという宇宙への宣言であり、それをだれにでも見えるかたちにしたものといえるでしょう。

魔術グループの血統という問題

今日の友愛組織や魔術グループは、その血統や系譜を昔の秘教結社や宗教等までさかのぼれると主張します。それが流行となっているようです。16世紀の薔薇十字団、中世のテンプル騎士団、古代イスラエル人、エジプト人、バビロニア人、はては時の彼方にかすむアトランティス人までよりどりみどりです。古代から連綿とつながる秘儀の系譜と「使徒権継承」という伝説は、志願者に希望や寓意的情報や象徴的知識を与えるという点では有益かもしれませんが、歴史的事実として精査されるとたちまちボロが出てしまいます。世界最古の友愛組織フリーメイソンリーもエルサレムのソロモン神殿建築者たちにつながる神話を保持していますが、歴史的事実としてその創立は１７１７年以前にはさかのぼらないのです。(3)

秘教グループの「創始神話」というものは、叡智の集塊、倫理的教義、象徴的意味、グループ内の共通価値観の構築行動として判断されるべきであって、歴史的に正確などと思ってはいけません。

黄金の夜明けに関しても同様です。クリスチャン・ローゼンクロイツとマグレガー・マサースを直接つなぐ「使徒権継承の系譜」など存在しません。ウィン・ウェストコットのドイツ人薔薇十字団員フロイライン・シュプレンゲルは必要があって創作された人物ですが、やはり架空の存在でしかありません。黄金の夜明け団が1903年に活動停止し、主要な3派に分裂してからというもの、現代ではいかなる集団も元祖黄金の夜明け団との組織的つながりを主張できません。いわんやクリスチャン・ローゼンクロイツという神話的人物とのつながりなど論外です。(4)

魔術グループの血統問題はしばしば学徒の霊的成長を阻害します。血統云々に夢中になって、自分の霊的成長よりも「嫡流」組織の階級章を優先するような事態もままあるからです。からっぽの敬礼、大仰な称号、空虚な高位階宣言は「高次の自己」とはほとんど、いやまったく無関係です。

魔術的血統を重視したがために学徒が問題のあるグループや指導者につながってしまう場合もありあます。それでは血統になんの意味があるのでしょうか。とある流派の免許皆伝の巻物を持ちながらも、やることなすことすべてが流派の理想や倫理と正反対の人物もいるわけです（仮定の話ですが、あの悪名高いホロス夫妻がマグレガー・マサースから正当な許可証をもらってA・Oテンプルを運営していたらどうなっていたことでしょう？　この悪党夫婦に黄金の夜明けの血統を与えることが黄金の夜明けを求める志願者にとって益となったでしょうか？　どう考えても答えはノーです）。また血統ゲームに夢中になる組織はたやすく形骸化してしまいます。そもそも中心に霊的センターがない場合すらあります。「源流が純粋でないならば、そこより発する流れに純粋性は期待できない(5)」。

インターネットの時代になると、血統や系譜に関する中途半端な事実あるいは真っ赤な嘘を宣伝するのはもっと簡単になっています。オカルト系ウェブサイトのコンテンツの正確性を測る場所などほとんどありませんし、ウェブサイト上のレビューもその公平性で大いに疑問の余地があります。不運なことに、ネット上にニュースグループやオンライン・フォーラムが生まれると、これが諸刃の剣であることが判明しました。他に情報源を持たない人に膨大な量の情報がもたらされると同時に、煽りあい、縄張り争い、泥仕合といった人間性の最悪の部分が表面化してしまいました。とはいえこの問題は儀式魔術師特有のものではなく、ときに西洋魔術師全般をむしばむエゴマニアの副産物といってもよいでしょう。テウルギアの真の霊的心理的作業をおろそかにするとこの病に罹《かか》りがちなのです。またこの問題ゆえに膨大な数の真摯な探究者を遠ざけてしまいます。モニター上の偽名で正体を隠している人間の投稿をどれほど重要視できるでしょうか？[6] しょっちゅう投稿しては個人やグループを罵倒している人間がはたして霊的といえるでしょうか？　投稿者は他者を攻撃してなにが得られるのでしょうか？　金銭、権力、自己満足、他者への支配力といったところでしょうか？　もっとほかにましなことができないのでしょうか？

奥義書『ソロモン王の鍵』には高等魔術実践を求める人々への助言があります。現代の探求者もしっかり覚えておいたほうがいいでしょう。

前もって身を慎み、あらゆる不法なことを控え、心身ともに不純、不敬、邪悪、不遜を回避せよ。暴飲暴食をやめ、虚言、ほら、悪口、中傷、無益な会話も控えよ。かわりに善行を積み、正直に語り、すべてにおいて品行方正たれ。歩く際も、話す際も、飲食の際も、万事において慎みを失うなかれ。[7]

自己参入

自己参入は近年議論となっている主題です。たいていの場合、「大いなる作業」には関係がなく、新人勧誘の際に一儲けしたいグループがからんできます。世界の大宗教の創始者たちの多くが、真の霊性は自己分析と自己犠牲と自己成長という個人的プロセスの賜物であると教えています。西洋秘教伝統でもっとも影響力のある指導者たちのなかにも、自己参入は可能であるばかりでなく、事実上真の参入であると信じている人もいます。

すべての霊的発達は個人の内部から到来する。自分で修行して進歩することからはじまるのである。だれも他人の霊性を増大させることはできない。それを試みるのはもっとも基本的な自然の法則すなわちカルマの法を無視することになる。人は正しい思考と正しい行動によって叡智を獲得する。古代叡智の正統なる流派、正統なる師匠たちは他者に霊性を提供しない。行くべき道を指し示すのみである。その道を聖別と知性をもって長期間歩むならば、人格と知識において一定の進歩が見られるであろう。(8)

別の文献にいわく、

大いなる伝授者は沈黙のうちに高次意識を訪れるのであり、決して人間という形はとらない。どれほど超自然的な隠者が存在しようとも、その人が大いなる伝授者とはならない点をよく覚えておいていただきたい。マスターたちの侍従たちが物理次元でなせることは志願者に準備をさせることのみである。(9)

ニオファイト位階儀式においても、同じ内容が志願者にはっきりと語られます。

神のみがわれらの光にして完全なる叡智の授与者たることを忘るるなかれ。また現身の力にては汝をその叡智の戸口まで連れきたり、同意の上にて幼子の心に叡智を注ぐ以上のことかなわじ。(10)

学徒はさまざまな霊的発達の段階を通じて自己参入させることができる――イスラエル・リガルディーはそう確信していました。物見の塔儀式(11)や中央の柱といった儀式を繰り返し行うことで、魔術志願者は自らを黄金の夜明け流の参入者と見なす資格が十分にあるというのです。しかしそれが成功するか否かは学徒自身の克己心と決心次第である、というのがリガルディーの見解でした。霊的進歩を志すか否か、それに成功するか失敗するか、すべては個人に任せられています。

孤立した学徒が自らに参入を施すことが可能であると述べる場合、一つの重要なフレーズが主導権を握るようになる。すなわち、自己参入を志す者は、通常の黄金の夜明けテンプルの秘儀伝授者と同レベルの厳格さと徹底さを要求される。第二団の達人たちの管理監督下にある司官の役割を自分に課し、しかるべき水準に達しなければならないのだ。(12)

黄金の夜明けのカリキュラムはニオファイト位階からジェレーター・アデプタス・マイナー位階に至るまでほとんど公刊されています。独学の人でもその気になればすべて簡単に手に入ります。大いなる作業をなすために有名組織やテンプルの一員になる必要はなくなったのです。

たしかに自己参入は可能ですが、簡単だとか気軽に手を出していいなどと思ってはいけません。ソロの黄金の夜明け魔術師は自分で自分を引き上げて生命の樹を昇るほどの力量が要求されます。ソロ派の不利な点としては、まず問題が生じたときにアドバイスをもらえる仲間がいないことがあります。また魔術的事項の意味を明確に理解しようとすると、書物や他の魔術師との通信を頼るしかない点もあるでしょう。ソロ活動の利点は、堕落した魔術グループや教師の餌食になる心配がないことです。残念なことに、信者を恫喝して金銭、セックス、服従、追従を得ることしか考えていない連中も存在するのです。この手の利益追求型の導師たちは秘教教義を飯のタネあるいは威張り散らして自己満足するための手段としか見ていません。初心者が金を巻き上げられたり、肉体関係を迫られたりというのは実によくある話なのです。

混合伝統グループ

おわかりのように本書は伝統的な黄金の夜明けに主眼を置いています。すなわち外陣ではオシリス面[13]を強調し、内陣では薔薇十字面を強調しています。しかし昨今、黄金の夜明けに他の要素を付加したり、あるいは他の伝統を混合するグループも増えています。それ自体はなんら悪いことではありません。そういったグループが参入希望者に事実関係を明確に伝達していればよいことです。

伝統的な黄金の夜明け教義に引きつけられる霊的探究者もいれば、黄金の夜明けプラステレマやウィッカといった混合物を好む人もいるでしょう。どのグループを選ぶかは学徒の好みにまかされています。ただし混合派に突然伝統的な黄金の夜明け作業を注文しても無理な相談ですし、伝統派に所属している人は他の霊的伝統の追加を期待してはいけません。

黄金の夜明け体系の安全装置

第4章で論じたように、ウェストコットとマサースが考案した伝統的な黄金の夜明け体系は、徹頭徹尾ゆっくりと霊的訓練を行うよう設計されています。黄金の夜明け体系の特徴の一つは、外陣では実践魔術はほとんど教えられない点にあります。外陣は小学校のようなもので、実践魔術に手を出すまえに基本となるオカルト知識を頭に叩き込むことを主眼としているという事実もありますが、それだけではありません。参入により生じる錬金術的プロセスは学徒のプシケのなかに霊的諸力を覚醒させます。その圧倒的な力に圧倒されないよう、実践作業を遠ざけているのです。参入による錬金術作用は一つ間違えばエゴのインフレと幼稚な誇大妄想という結果を招いてしまうのです。残念なことに、かなりのパーセンテージの魔術師たちが黄金の夜明けのむかしながらの参入プロセスを軽視し、創始者たちがシステム内に組み込んだ安全装置も無視しているのが実情です。

以上の理由で黄金の夜明けの外陣の学習カリキュラムと参入プロセスは非常に重要なのです。アストラル界の深みに飛び込む前に無意識層の象徴的魔術的アルファベットを意識的に学んでおくことが心霊的反応能力の育成につながり、魔術師は魔術作業をスムースかつ安全に行えるようになります。しかしもっと重要なことは、魔術的データを記憶することがプシケの構造そのものを変化させるのです。学徒のプシケに聖なる象徴が浸透し、わたしたちのなかにある神的存在に潜在意識レベルで語りかけるようになります。世俗的思考や衝動の霊的思考に置き換わったり変容したりしていくため、魔術師の精神は徐々に、しかし確実に浄化されていきます。

内的浄化と心霊的再均衡化のプロセスは繊細ですから、この時期の参入者に喚起のような上級魔術作業を紹介すると、往々にして悲惨な結末になります。これは黄金の夜明け系に限った話ではありません。『術士アブラメリンの書』のような中世の奥義書でも、魔術師は心身ともに清浄たるべしと繰り返し説かれています。心も肉体も精神も徹底的に清めたのち、霊的世界の住人たちと接触し、命令できるのです。さもないと魔術師は低次アストラル界の波にさらわれ、岩にうちつけられてバラバラになってしまうでしょう。アブラメリン体系では長時間におよぶ祈禱、節制、断食、告解など、しかるべき清浄を達成するための厳格な手順を紹介しています。中世では、精神と身体と魂の清浄は魔術作業の絶対条件とされていました。黄金の夜明けにも多大な影響を与えているコーネリウス・アグリッパは「清浄」が持つ心理学的意味を理解し、魔術作業の前に清浄を達成していおくことがきわめて重要であると考えていたようです。

ゆえにかくも高みを目指して奮闘する者はとりわけ二つのことを瞑想しておくことが肝要である。まず、いかにして肉欲や物欲を断つか。次にいかなる手段によって神々の諸力とつながる純粋知性に到達できるのか。[14]

ゆえに魂の至高の状態に至ることを欲する者はだれであれ、謹厳実直にして品行方正たらねばならぬ。されば魂は汚れることなく、あらゆる罪から解放されよう。またあらゆる疾病や劣情、そして鉄につく錆《さび》のような不合理な状況から解放されるほどに心身を清めなければならない。精神の静謐に属する物事を正しく構成し、正しく配置することにより、より真実にして有効な神託を得られるであろう。[15]

最後にこれも紹介しましょう。

——さてわれらがこの聖なる（神の）影響力のみを受けるのは、わが身から重荷となる障害を取り除き、肉体と地上の俗事を離れ、外的刺激と扇動から自由の身になるときのみである。かすんだ不純な眼には明るすぎる事物は見えないのであり、また精神を浄化することを知らない者は聖なる事物を受け取ることができない。われわれはこの精神の純粋に段階を踏んで近づかなければならない。新たに密儀に参入した者がすべての明瞭なるものを理解できるわけもなく、段階を踏んで精神を慣らしていくしかないのである。そうすることでやがて知性はさらに啓発され、自らを聖なる光に応用し、それと混じり合うのである。[16]

黄金の夜明け魔術体系では、錬金術的かつ心理学的な浄化プロセスが外陣位階において至上の重要性を持っています。第二団の複雑な魔術を第一団のカリキュラムに持ち込む人はもはや黄金の夜明けの伝統教義に従っているとはいえないでしょう。そもそも本来の作業手順と様式を無視しているからです。

黄金の夜明けの第一団はいまもむかしも学徒が道具と建材と情報を集めるための基礎基盤です。いろいろ集める目的は（1）聖なる光の流れを受ける（2）生命の樹とのつながりを確立し、自分のプシケのなかに樹をインプリントする（3）元素的均衡を通じてプシケ中の不安定な部分を安定させる（4）達人位階の上級魔術作業に必要なしっかりした基盤と基礎構造を作り出すことにあります。

このプロセスを加速するには、なににもまして魂の作業を優先させなければなりません。他の欲望などすべて後回しです。神聖なる光は割れた器には注がれません。そしてわたしたちはみな割れた器であって、修復に必要な一歩を踏み出す決意を必要としています。この理由で第一団の学徒は第二団の高等魔術作業に手を出してはいけないのです。その種の技法はプシケに甚大な影響を与えます。そして外陣位階のために生じた元素の断片化効果が加わると、学徒のエーテル体にさらなるストレスがかかってしまうのです。

いまだ錬金術的断片化の過程にあり、霊的再統合を開始していない外陣の学徒は、至高の天使たちの敬意も得られず、また霊たちに命令する力もなく、苦労することでしょう（実際、この状況では命令するのは霊たちのほうです)。

人間のプシケが高度に複雑なメカニズムであると考えてみましょう。精神の意識部分と無意識部分が協同して思考・感情・行動の中枢として機能しているわけですから、人間が幸せになるのも不幸になるのもプシケが大いに関係しているのは明らかです。プシケは大変なポテンシャルを秘めており、至高の霊的覚醒を確保することもできれば、低劣な個人的衝動に屈することもあります。啓発あるいは狂気、あるいはその中間のさまざまな段階に対応できるのです。魔術において、プシケの慎重かつ着実なトレーニングこそ正しい道とされる理由はもうおわかりでしょう。十分に用意ができていないプシケに魔術作業をむりやりやらせると、ときに大惨事に等しい事態に陥ることもありうるからです。魔術的安全装置を真剣に受け取らなかった自称オカルティストや新米魔術師は、結果としてときに心理的コンプレックスの増大と拡大に苦しむはめになります。

危険な毒蛇を扱おうとする爬虫類学者は、前もって解毒剤（血清）を注射しておくこともあります。血清を繰り返し注射することで毒に対する免疫を増し、危険な蛇も安全に扱えるようになります。同様に、黄金の夜明けの魔術師は魔術実践を学び、だんだんと参入の錬金術的プロセスを経るわけです。そしてクリフォトの七つ頭の蛇という形で自己の個人的デモンと直面したときには、賢明なる魔術師はすでに蛇毒に対する予防接種を受けた状態になっているという仕組みです。そうしてはじめて魔術師は他の巨大なドラゴンとも対峙できるでしょう。ヘブル語アルファベットの基礎すら学ばずにゴエティアの悪魔を呼び出そうとしている魔術師は気の毒としかいいようがありません。身を守るものは虚勢と思い込みしかなく、自分の内的心霊作用すらわかっていないからです！

医師は長期間にわたる研鑽を積んだのち、複雑な外科手術の執刀を許されます。人間のプシケという最強の魔術道具を扱う儀式魔術師にも同じ水準を期待してもよいのではないでしょうか？

エゴの問題

黄金の夜明けの錬金術的参入プロセスは、分離と不純物除去と再結合です。これが完遂されない場合――学徒が魂の作業を行わずに位階を駆け上がろうとするなどしたとき――参入プロセスは完結せず、真の再統合は行われません。結果として自我の過剰肥大や救世主コンプレックスが発症したり、またクロウリーやマサースの生まれ変わりを自称する無数の魔術師が発生します。自我のインフレとの格闘は魔術作業の最重要局面の一つであり、参入者はつねにその兆候の有無に気を配っておく必要があります。これは黄金の夜明けの問題だけではありません。エゴマニアはあらゆる魔術伝統にはびこる厄介な代物なのです。こうなるにはいくつかの理由があります。一つは魔術に刺激されて引き起こされる幼児期の誇大妄想の再出現です。

すべての人類は幼児期に誇大妄想を経験します。子供の頃、世界は自分を中心に回っていると思い込むものです。成長とともにこの種の過剰な自己過信は徐々に消滅し、健全な大人の自我が登場します。

魔術作業を行うと、潜在意識から隠されたエネルギーが解放され、意識の地平が広がります。魔術師が召喚やスクライングや儀式作業に熟達するにつれ、心霊的覚醒が増大し、知識も自信も深まります。人生に新たな目標や方向性を見出す感覚も得られるでしょう。しかし魔術はまた幼児期の自我肥大を再発動させてしまう場合があるのです。結果として生じるものは壮麗なまでの自己欺瞞と自意識過剰です。リガルディーもこう記しています。

――この追従が自我を圧倒する。自分が経験している非人格的普遍的諸力を、「自分」が生み出した力であると思

――い込んだりする…この過剰な自己賛美が過剰な自我肥大につながり、最終的に惨事を招く。そして大いなる作業の目的と完全に矛盾してしまうのである。[17]

エゴ問題はしばしば本人の自覚症状なしに進行していきます。テンプル内の監督下で作業する魔術師にもあらわれますし、一人で作業している場合でも発症します。しかし複数で作業しているときのほうが発見がより容易になります。この点でテンプル作業のほうが安全装置が働きやすいといえるでしょう。自我のインフレを起こしている魔術師は直属のハイエロファントから助言をもらって矯正することができます。あるいは誇大妄想気味になったらテンプルの同僚からそう言ってもらえばよいのです。不運なことに、ハイエロファント自身が自我の罠に引っかかってしまう場合もあります。たとえば――

……導師その人が救世主幻想に陥ってしまう。そうなると、弟子たちにも同じ病をうつしてしまう。あるいは、弟子たちに降りかかろうとしている大惨事がまったく目に入らなくなってしまう。[18]――

イスラエル・リガルディーは自我のインフレを懸念するあまり、真剣な魔術修行者はなんらかの心理療法を受けてそれに備えよとまで主張していました。

黄金の夜明けの学徒にとって、エゴ問題の有無がはっきりするのは第二団参入の準備をしている時期です。この時点で外陣位階の錬金術的プロセスを完遂していることが極めて重要なのです。理由はというと、団の参入体系にあって、ティファレトは高次の自己の座です。ケテルの神的自己とイエソドの低次自己のあいだをとりもつ聖守護天使と言い換えてもよいでしょう。しかしティファレトはまたカバラ的魂の構造論におけるエゴの座でもあります。参入者の感覚の天球がティファレトまで上昇したとき、エゴ問題の残滓が残っていれば、それは増幅されてしまいます。そして魔術師は幼児期のエゴ意識と高次の自己を混同し、取り違えてしまうのです。

高次の天才によって導かれるかわりに、その人は幼稚な〝声〟と価値観の思うままになってしまう。頭のなかでなにかが語りかけてくる状態といってもよい。結果として個人的苦痛と欺瞞が引き起こされるだけでなく、テウルギアの術も学もまったく進歩しない状態に陥ってしまう。(19)

決定的な場面で間違った選択をすれば大いなる作業はそこで終了となります。賢く選択しましょう。

魔術修行

なにもかもが素早く展開されていく現代では、新たな宗教や魔術グループが驚くべき速度で出現してきます。月間ペースで霊的探究対象を変更している人々もいます。両親が信じていた伝統的宗教に幻滅し、霊的充足を他の方面に求める人が多いのはよくある話ですし、理解もできます。とはいえ、多数の人々が自分の霊的探究対象を決定するにあたり、いわゆる「イージー・モード」を基準にするというミスをやらかしているのです。危険のない、ロマンチックで気楽で、たいして手間もかからない霊的探究を求めているわけです。皮肉なことに、こういったお気楽コースは往々にして退屈、停滞、不満につながります。そこには「修行」という考えが含まれていないからです。霊的探究があまりに容易な場合、人は試練にさらされて進歩や向上する機会がないといえます。

人々が魔術を志す動機は往々にして自己改良ではなく、自己中心です。自分をよりよい人間にしたいとい難しいかがわかるのです。

うのではなく、自分になにができるか確かめてみたいわけです。動機はなんであれ、すぐにかれらも悟ります。名声や富や他者への支配力を得るなどとんでもない話であって、自分自身を統御するだけでもどれほど難しいかがわかるのです。

大部分の学徒は〝達人〟という言葉の意味を真に理解してはいない…人間性のあらゆる部分を厳しく鍛えることの絶対的必要性もわかってはいない。[20]

わたしたちが修行というとき、その意味するところは訓練と自己制御のルーチンです。それを間断なく行うことで、特定の性質あるいは行動パターンが生じるよう期待されています。とりわけ道徳的、倫理的、精神的向上といった結果が期待される訓練を指します。魔術修行に入ることは、魔術師の人生と進化における第一歩です。それは魔術的／神秘的生活へどっぷりはまる束縛的献身を表します。いずれ参入者は自我の低次元の欲求を脇に置き、霊的成長と変成の大いなる作業を積極的に行うという深遠な責務を引き受けるよう呼び出されるでしょう。この種の訓練は個人でも行えますが、結果として生じる心霊的バランスと向上は、家族や友人や交友関係、はては人類全体の益となるよう期待されています。

黄金の夜明けのような霊的修行に献身するには、魔術師の人柄に数々の必要条件があります。高潔、識別、忍耐、勤勉、中庸、責任感、自己犠牲、そして他者へ奉仕の心が必要なのです。

高潔

高潔には厳格な倫理コードをしっかり守るという意味があります。「高潔とは賢いこと、気高いこと、美しいことを行いたいという抵抗し難い内的衝動である」[21]。霊的原理を遵守すると公言しながら真逆の行動に走る魔術師は決して仲間の信頼を得られず、大いなる作業の完遂も望めないでしょう。

残念なことに、魔術グループや団に参加する人のなかには高潔を偽装している人々もいます。口先であれこれ誓いの言葉を述べてグループを利用しますが、その言葉に責任を持つ気などまったくないのです。

仮定の話で恐縮ですが、一つ例を出しましょう。敬虔なユダヤ教徒の志願者しか参入できないユダヤ系の友愛組織があるとします。仏教徒、キリスト教徒、あるいはネオペイガン信奉者がこの組織に入り、実は自分はユダヤ教徒ですと誓約するのは間違いでしょう。こういった志願者はあれこれ理屈をつけて自己正当化をはかります。「すべての世界的宗教は同じ真理を含有しているのだから、ある意味で自分がユダヤ教徒を名乗っても間違いではない」とか。この手の思考法は不合理でも不正直でもないように思われるかもしれませんが、仮定のユダヤ系友愛組織の基本原理を無視する口実となっているのです。

誓いの言葉がなんの意味も持たず、組織に入る際の決まり文句でしかなく、しかも唱える本人にはその組織の基本原理を尊重する気がさらさらないという状況では、誓いの言葉が持つ真の意図はもはや脈絡すらなくなってしまうでしょう。ただの無意味な言葉の羅列になるか、抜け穴さがしのために歪曲されるかのどちらかです。

同じことが、いかなる状況でも黒魔術を決して行わないと誓いを立てる黄金の夜明けの魔術師にもあてはまります。ニオファイトの誓約において志願者は誓います、「われはいかなる試練や誘惑のうちにありても、邪悪なる魔術の労苦においてわが神秘なる知識を悪用せぬことを誓約す」[22]。予備門の参入でも誓います。「汝、いまあるいはこの先に得る実践知識を良き目的のみに行使することをおごそかに誓うや?」[23]。アデプタス・マイナー儀式でも参入者はふたたび誓います。「わが実践魔術の知識を邪悪なる目的や利己のために用いることなし。この誓いに背くならば、われは報復の天使HUAを召喚し、邪悪と物質がわれに反作用せんことを祈願す(24)」。これほど重要な誓約の意味と意図をどうやったら取り違えるのか、想像するのも難しいほどです。

識別

識別にはよい判断力と視野の明瞭が伴います。真実が自明でない場合に真実を発見する能力、あるいは混乱した選択肢、あるいは相克する見解のなかから賢明な選択をする力といってもよいでしょう。識別力とは難しい重要な選択を迫られた際に抜け目なく正しい判断を下す力です。また真実の仮面をかぶる虚偽、現実としてまかりとおっている幻影を探知する能力も含まれます。識別は霊的叡智の探求において貴重極まりない力なのです。

> 識別力があればこそ、無数の星の銀河から北極星を誤りなく選び出すことができる。現代の形而上学にあっては、無数の研究者が気分と感情のおもむくままにカルトからカルトへと漂流している。目的の航路をきちんと海図に記さないかぎり、前進など望めないのである。識別力は行動から不確実性を除去する。われわれはもはや漂流することなく、確実な航路に舵を切り、探し求めた安全な港へと到着するのである(25)。

選択、責任、および自己犠牲

現代社会にあっては、わたしたちは「全部あり」という発想をしてしまいがちです。この物質主義世界では山ほどの選択肢がありますが、二つに一つの選択を望む人はほとんどいません。チョコレート・チーズケーキとスレンダーなウェストライン、減税と公共福祉、どちらかを選べとか言われたくないのです。時間と金銭という選択はわたしたちの社会に浸透しています。どちらもあるという贅沢な人はほとんどいません。皮肉なことに、選択をすること自体がときに悪と見なされることもあります。それは選択の可能性を制限する行為だからです。選択肢がなければ、わざわざ選択して責任をとる必要もないという考え方もあります。ゆえに選択と責任は手に手をとって進む間柄にあるといえます。全部欲しいのは人間のさがであり、低次の自我の基本的欲求でもあります。

人間だれしも、なにもかも欲しいという幼児期の欲求を心のどこかに残しています。しかし大人になるための基礎レッスンの一つが、こちらを選ぶとあちらは手に入らないということなのです。車を買えばコンピュータを買う金がなくなるとか。結婚すればもはやいろんな人とデートしてまわるわけにはいかないとか。イスラム教のイマムになると、カトリックの神学校に入学できないとか。本人がどれほど希望しようと、どれほど理屈をこねようとも、無理なものは無理でしょう。こういったものはしなくてはいけない選択なのです。そして一方を選べば、その選択についてくる責任を引き受けなければなりません。そして魅力ある他方を犠牲にしなければならない場合も多々あります。これは多数の霊的伝統に共通する考え方です。真の霊的献身を示すためには、自分にとって価値のあるなにかを犠牲にする必要があるのです。いらないものを捧げるのは犠牲ではありませんし、なんの証明にもなりません。

黄金の夜明けの魔術師の道に献身するとなると、個人的犠牲が必要です。勉強と訓練に多大な時間と労力をとられます。霊的修行の一環として断食するとき、食の楽しみを犠牲にするわけです。なにかを秘密にすると誓いを立てたなら、秘密をばらす楽しみを犠牲にしています。

黄金の夜明けの学徒が他に20もの魔術/秘教グループに所属しているとすれば、必要な研究や修行をすべて行うのは絶対に無理とまではいいませんがまず困難です。そういった人の個人的研究もあまりに広すぎて浅くならざるをえないでしょう。魔術師は自分の最大関心事を選択し、他を犠牲にする必要があるのです。

> この団を通じて世俗的あるいは社会的利益を得ようと期待する者たちは、失望するであろう。しかし正しい心で団のために犠牲を払ってきたわれわれは、その結果に失望することは絶対にない。[26]

学徒は秘教知識と心霊スキルを得れば得るほど、他者のため、人類全体のために働くよう期待されます。これは団の規則というよりは基本的な宇宙の法則といったほうがよいでしょう。「入れた分だけ引き出せる」というのはすべてに共通する真理なのであり、大いなる作業にあっても同様です。したがって犠牲が必要になります――時間、金銭、感情、エネルギーなどを捧げる必要が生じるのです。偉大な密儀の流派がどれも犠牲になった神のイメージを採用している理由がここにあります。死してなお復活する神は霊的変成と成長の作業を象徴するものです。

　自己犠牲をなすのは低次の自己の役割です。平均的人間にあっては、自我の一部を犠牲にするのは愚行に思われるかもしれません。しかし下位の人格を「高次の自己」に従わせるならば、一時的な欲求や欲望よりもはるかに充足し、かつ永続する何かを達成できる可能性が生まれます。内的な神聖な光に照らされる魂すなわち錬金術師のいう真の霊的黄金を手に入れられるのです。

奉仕

　この数十年というもの、自己を評価する風潮が大いにもりあがっています。それも神聖なる自己ではなく、小さな自己、個人的自己が称賛の対象となっています。子供たちの「自己評価」にはじまり、わたしたち大人の「自己実現」に至るまで、この世はすべて自己に夢中の社会となってしまいました。個人的自我の称揚は史上最高レベルに達しています。

たしかに日常生活でも自我がちゃんと機能してくれないと困ります。自我があればこそ他者との交流における参照点も持てますし、危機に際しては自己保存の動機も生まれます。とはいえ、自我のインフレは西洋魔術師の年中行事、持病の一種といえます。魔術に熟達すればするほど、自我のインフレに脅かされるわけです。イスラエル・リガルディーは口を酸っぱくして主張していました――魔術師は良質の心理療法を受けて自我のインフレを防ぎ、そのエネルギーをもっと建設的な方向へ向かわせるべきであると。

その建設的な方向の一つが他者への奉仕です。西洋秘教伝統のアデプトたちに大いに期待されている分野でもあります。奉仕となれば、直近の目標と自己充足を超えて視野を広げる必要があります。「幸せになりたい」から魔術を学ぶだけではだめなのです。この2000年にわたって確認され、アリストテレスも認めている人生の大いなる皮肉の一つは、幸せを目標として頑張っても幸せにはなれないというものです。幸せはよい人柄と存分に生きた人生の副作用なのです。「よい生活」とはたんに快楽をもたらすものに集中することではなく、正しいことをなし、他者に対する責任を果たすことです。

> 友愛会では、人格陶冶がとりわけ強調される。そして兄弟としての連帯や無私の奉仕という偉大な教訓を学ばねばならない。(27)

大いなる作業を完成させようと苦闘する魔術師は、自分や自分の運命を改善しているだけではないのです。人類全体に対して益をもたらしているともいえます。全人類は「大いなる意識の連環」によってつながれているのですから、一人の魔術師の個人的成長はある種の霊的浸透作用によって全人類の進化を促進するからです。しかしそれ以上に、生命の樹の枝をのぼる人はあとから続く者たちに手をさしのべるよう期待されています。だからといって魔術師は称賛や報酬を望んではいけません。たいていの場合、どちらも到来しないのです。真の報酬は真の薔薇十字系の霊的ヒーラーになれること、そして「存分に生きる人生」に集中できることにあるからです。

忍耐と辛抱

黄金の夜明け団外陣の作業は参入者が高等儀式魔術を行えるようあれこれ準備を施すことです。具体的には、確固たる魔術知識の基盤を構築することです。これはどうやってやればいいのでしょう？　秘教知識をゆっくりと着実に積み重ねていきます。プシケのなかの元型的元素のバランスをとります。そして必要とされる瞑想その他の位階作業を行います。以上はあわててどうこうなる活動ではありません。外陣作業における人員訓練過程は、あるレベルでは重要な職業の人員訓練と比較してもよいでしょう。黄金の夜明けはヘルメス学の知識を教える学校であり、その目的は学徒を鍛えてよりよい人間にするだけでなく、バランスのとれた倫理的な魔術師にすることにあります。

できるだけ短期間で位階を駆け上がろうなどと考えてはいけません。霊的成長は競争ではないのです。各位階には最低滞在期間が定められています。その間に参入者のプシケの元素構成を探査し、均衡化させることが目的です。なるほど他の人よりも元素の均衡化が早く済む人もいるでしょう。しかし位階をあまりに急速に駆け上がるとバランスが崩れるだけでなく、長い目で見ると有害であったりします。位階作業の暗記ものに習熟したからといって高位階に進む理由にはなりません。次の位階に参入するには、以前の参入で得たものを均衡化させることがなにより肝要なのです。

辛抱、勤勉、そして忍耐は魔術の道に必須です。多数の作家があれこれ書いたため、数日あるいは数週間ほど霊的訓練をしたり、あるいは特定の参入儀式を受けると、啓発が突然やってくるといった間違った印象を持っている人も多いのです。真の霊的修行の場合、そういうわけにはいきません。ダーウィン的進化と同様、大いなる作業は一夜にして達成されないのです。長期間にわたって従事しなければなりません。参入者の作業はときに恍惚感があり、ときに疲労感があります。霊的領域にあっては、価値あることは辛抱なしでは達成されません。期待すべきは「突然大地が震えて天が開く絶対的啓発」ではなく、一連のゆっくりとした神秘的洞察や心霊的明瞭の瞬間です。大地は震えませんが、それでも大変貴重な経験となるでしょう。「神との合一」は錬金術の慎重かつ手間のかかるプロセスに似ていて、ごく少量ずつ段階的に到来します。長年にわたる洞察の閃《ひらめ》きが積み重なって真に永続する霊的成長が構築されるのです。

真の参入者

本書は黄金の夜明け伝統の学徒と参入者を専門に扱うものですが、これまで口を酸っぱくして説いてきた価値観はすべての西洋秘教伝統の参入者に共通するものです。

真の参入者は慎ましい人です。素晴らしい魔術冒険の話を自慢したり、えらぶったり、偉大な力を持つ魔術師になったなどと吹聴したりはしないのです。魔術的大言壮語は自らの不安定、エゴイズム、未熟を明らかにするだけです。参入者は自らの短所を認め、真の魔術は決して超能力を持つ「至高マスター」を生み出したりしないと理解しています。真のアデプトになれば、神聖なる光を意識し、光と交流関係に入ります。そして永遠の光の美しさを目指す仲間たちを助けたいと真摯に願うようになるものです。

参入者とはプシケのバランスをとるべく苦闘し、自分のなかに眠る能力を可能な限り育てようとする人間です。参入者は高次の神聖原理を発動させるための浄化と聖別の必要性を理解しています。自ら進んで霊的修行をなし、刻苦精励する人間です。参入者はテウルギスト――自分自分を実験対象とし、滓《かす》を除去して精髄を昇華させる霊的錬金術師です。光の魔法の道は近道でも容易な道でもないと理解している人です。参入者は全人生をかけて賢者の石、真の叡智、完全なる幸福、至高の善を追求するのです。

とりわけ魔術師が達成を願うものはかれの意識的宇宙の霊的再構成であり、ついでに全人類のそれ、およそ考えられるかぎりの大変化である。魔術の技法は、それによって魂が飛翔する。引き絞った弓から放たれた矢が直進し、深遠なる破られることのない安息へと向かうようなものである。

しかし弓を引き絞るのは人間自身である。自分でやる以外にこの作業を達成する方法はない。もちろんこの資格条項には欠点が潜んでいる。「救済」を自分で推進し、自分で考案しなければならないからだ。宇宙の精髄と神羅万象の中心は常に存在しているが、人はまずそれに向かって一歩踏み出さねばならない。そうすればカルデア神託にあるように「祝福された不滅の者たちがすぐに到来する」。運命も宿命も人間自身が作り出すのである。将来的にいかなる存在になるかはいまの行動にかかっている。それればかりか、全人類の運命がかれの手のひらにあるといってもよい。眠っている勇気を目覚めさせ、宇宙を支配するという深刻な決意を持つ個人は決して多数はいないであろう。しかしそういった人々の活動によって障害物のない直進の道が開かれ、人類はより気高く理想的かつ十全な調和的生活へと導かれるのである。少人数といえども、自らを叱咤激励して自己のなんたるかを悟り、あらゆる雑音にかまわず心の内奥に燃える栄光と叡智のきらめきを確かめ、自身と宇宙との絆を発見するならば、そういう人々は人生の目的を達成して運命を成就させるものと考えられる。それ以上にはるかに重要な

ことは、かれらの人生そのものが莫大な意識的有機体としての宇宙の運命をも成就させることと同義となる点にある。(28)

ヘルメス学があなたの霊的探究の道に思えてきましたか？　黄金の夜明け伝統の教義に興味を覚えましたか？　これまでお読みになったページのなかで、わたしたちはこういった疑問に対する回答の指標を提供してきたつもりです。さらに情報をお望みの方々は、リカルディーや筆者たちの黄金の夜明け関係書をお読みになるとよいでしょう。パット・ザレウスキー、ダーシー・クーンツ、ジョン・マイケル・グリア、R・A・ギルバートといった人々の著書もご購読ください。魔術グループに加わりたい方は、既存のグループに関する調査を自分で行って、すでに参加している人たちから話を聞くとよいでしょう。質問をいっぱいしましょう。結論は自分で出しましょう。わたしたちのよき友人の一人がこう助言してくれます。「自分で考え、権威は疑え」。これまでこのアドバイスが外れたことはありません。

霊的成長がいつも容易というわけではないことを覚えておいてください。密儀の道を歩むという誓約をすると、宇宙はわたしたちに個人的進化に必要なものを提供してくれる傾向にあります。その瞬間のお楽しみのために欲しいものをくれるわけではないのです。これを最初から理解しておく必要があります。とはいえ、決意と忍耐を持って追求するなら、黄金の夜明けの教えはあなた自身に対する理解を深め、あなたが棲む神聖宇宙の理解も深まるでしょう。物質世界に浸透しこれを形成する不可視の諸力に対するより明瞭な洞察も得られるでしょう。しかし一番大事なことは、あなたが真の個人的進化への道を確実に一歩踏み出したということです。この一歩はこれから続く無数の歩みのはじまりであり、目標は「大いなる作業」の完成なのです。

第７章　注

（１）Dion Fortune, *The Training and Work of an Initiate* (York Beach, Maine: Samuel Weiser, Inc., 2000), 30.

（２）Israel Regardie, *The Tree of Life: An Illustrated Study of Magic* (St. Paul, Minn.: Llewellyn Publications, 2001), 150.

（３）第2章注（11）を参照。

（４）いまでも多数のグループが血統ゲームを試みているという事実は、その種の組織の指導者の霊的不安定と未熟を物語るものである。Ｒ・Ａ・ギルバートからの私信および公開書簡によれば、多数の個人やグループがいまだにそういった組織的系譜や設立許可証所持その他の不可能的主張をしているという。しかし世間一般に認められた黄金の夜明けの歴史家たとえばギルバートのような人物に問題の文書等の鑑定を許す例はほとんどないのである（フリーメイソン規則によって認められている参入系譜は組織的系譜とは同一ではない）。

（５）１９１６年日付、ジョージ・ウィンスロウ・プラマーからエドワード・ブラウンに宛てた書簡の抜粋。

（６）一部の個人は世の中に対するうっぷん晴らしを目的としてネットの匿名性と偽のハンドル名に隠れて他者を攻撃する。なんとしても世間の注目を集めたいという必死の認証要求活動だが、個人的に責任をとる気はさらさらないのである。こういった貧しい人々は複数のハンドル名と複数の人格を使い分けて、あたかも多人数が投稿者と同じ意見を表明しているかのように見せかける。この手のさまざまな「投稿者」は続いて特定のターゲットに無数の攻撃を仕掛け、「全員」が反対しているのだからターゲットに非があるにちがいないといった欺瞞を作り出す。この種の欺瞞を用いることで攻撃者は世間一般にプロパガンダを押しつけ、世間がそれを信じることを願っているのである。

節操がない投稿者がよく使うトリックとしては、複数のハンドル名を使ってターゲットを攻撃したあと、本名で登場して一段高い道徳的見地からターゲットを「擁護」するというものもある。

（７）S. L. MacGregor Mathers, *The Key of Solomon the King* (York Beach, Maine: Samuel Weiser, Inc., 1974), Book II, ch.4, 88.

（８）Manly P. Hall, *Words to the Wise: A Practical Guide to the Esoteric Sciences* (Los Angeles, Calif.: The Philosophical

Research Society, Inc., 1963), 30.
(9) Fortune, *The Training and Work of an Initiate,* 52.
(10) Israel Regardie, *The Golden Dawn* (6th ed., St. Paul,Minn.: Llewellyn Publications, 1994), 130.
(11) リガルディーの考案による儀式。黄金の夜明け団の五芒星至高召喚儀式と地下納骨所聖別式がベースとなっている。詳しくは拙著を参照 *Self-Initiation into the Golden Dawn Tradition* (St. Paul,Minn.: Llewellyn Publications, 1995), 692-696.
(12) Israel Regardie, *The Complete Golden Dawn Systems of Magic* (Phoenix, Ariz.: Falcon Press, 1984), Vol. One, 9.
(13) オシリスはエジプトの再生と復活の神。
(14) Cornelius Agrippa, *Three Books of Occult Philosophy,* edited and annotated by Donald Tyson (St. Paul,Minn.: Llewellyn Publications, 1993), Book III, Ch. 3, 448.
(15) 同上書、Book III, Ch. 53, 638.
(16) 同上書、６３８－６３９。
(17) Regardie, *The Complete Golden Dawn System of Magic,* vol. One, 18.
(18) 同上書、20。
(19) 同上書、17。
(20) Rigardie, *My Rosicrucian Adventure* (1936), reprinted as *What You Should Know About the Golden Dawn* (Phoenix, Ariz.: Falcon Press, 1987), 99.
(21) Hall, 52.
(22) Regardie, *The Golden Dawn,* 123.
(23) 同上書、２０３。
(24) 同上書、２３０。
(25) Hall, 53-54.
(26) "Flying Roll No. XVIII" by Annie Horniman, published in Francis King's *Astral Projection, Ritual Magic, and Alchemy: By S. L.MacGregor Mathers and Others* (Rochester, Vt.: Destiny Books, 1987), 113.
(27) Dion Fortune, *The Esoteric Order and Their Work* (York Beach, Maine: Samuel Weiser, Inc., 2000), 84.

（28）Regardie, *The Tree of Life, An Illustrated Study in Magic*, 20.

訳者解説

名著、大著とされる書物は名山高峰のようなもので、ありがたいけれど近づきにくい場合があります。とりあえず購入はするけれどあまりのボリュームと難解さに本棚の片隅に放置されてしまうわけです。近代西洋魔術方面でいえば、イスラエル・リガルディーが１９３７年から数年をかけて発表した『黄金の夜明け魔術全書』がそれにあたります。19世紀末の魔術結社の儀式と教義を編集した素晴らしい書物なのですが、そこに盛り込まれた要素はヘルメス学、カバラ、薔薇十字、エノキアンといった普通の人にはちんぷんかんぷんなものばかり、多少オカルトに詳しい程度では歯が立たないのです。

ゆえにこの種の名著は名山と同様に有能なガイドが必要となります。本書『「黄金の夜明け団」入門』はまさにその目的で記された書物です。ヘルメス学やカバラの概略、占星術や錬金術の基礎といった魔術修行に必要な知識を網羅し、各位階儀式の意味も明らかにしてくれます。本書を読んで黄金の夜明け団を理解したのち、実践に進むもよし、さらに他の道をあたるもよし。オカルト系の一般常識として黄金の夜明け団を知る際にも一番のガイドブックとなるでしょう。

黄金の夜明け団をわかりやすく解説してくれる本書に対して、訳者がさらに解説を重ねるのも野暮な話です。しかし21世紀に生きる外国人が19世紀末の英国の魔術を行うことに関しては、少し語るべきことがあるのかもしれません。

黄金の夜明けのエキゾチシズム

魔術の多くは海の彼方からもたらされるものであり、魔術師の多くは旅人です。あるい魔術は現代では失われた叡智であったり、異界から伝達される情報であったりします。すなわち魔術はおおむね異国の文物であり、異なる時代に属する知識なのです。この異国情緒、エキゾチシズムが魔術の世界への招待状であるとするならば、魔術の間口はとても広いといってよいでしょう。

本書のテーマである黄金の夜明け団もエキゾチシズムの集大成のようなものです。基本となるものはユダヤ教神秘主義、さらにグレコ・ローマンのヘルメス思想、ドイツの薔薇十字、フランスのエリファス・レヴィ、インドのタットワ論と百花繚乱しています。黄金の夜明け団の魔術のなかで、英国起源といえるものはエノキアンぐらいですが、それとて建前上は天界由来です。

これほど多様な要素を集められたのも、世界に先駆けて産業革命を成功させた大英帝国の実力に帰するところ大です。フランス革命以後、共和制化の波及を懸念した各国の貴族たちが資産の現金化を急いで書画骨董の類を叩き売りしていたという事情もあります。このときに英国に集まったオカルト文献も多数に上り、大英図書館に粛々と積みあげられた類書の山のなかから英国近代魔術が萌芽したといっても過言ではありません。

さらに英国近代魔術に必要なメンタリティーをもたらしたのが１８５１年の大博覧会、いわゆるロンドン万博だったと思われます。大英帝国の勝利宣言といった趣のイベントではありますが、ここではエジプトを含む古代神殿の数々が再現され、言葉は悪いですが「見世物」とされました。バビロニアの神々もエジプトの神々も、英国の一般市民と同じ空間、同じ平面上に並べられ、好奇心の対象となっていたのです。かくして「神々をもコレクションする」という不遜な一面が生まれたといえましょう。ロンドン万博はその後会場をロンドン郊外のシデナムに移し、二次大戦直前までテーマパークとして機能しました。

ようするに黄金の夜明け団は英国的収集癖の産物といってもよいのです。その特質ゆえに外国人にもとっつきやすい面があります。異国の文物に魅力を覚えるのは人として当然であり、異国の魔術を学びたくなるのも自然です。「われは思ふ、末世の邪宗、切支丹でうすの魔法」が正しいアプローチ法なのかもしれません。

日本に黄金の夜明け団の魔術をはじめて紹介した書物は大沼忠弘先生が訳されたバトラーの『魔法入門』(角川文庫)です。英米を席捲した60年代末のオカルトブームが日本に到着するまでほぼ3年かかっており、エクソシストやノストラダムスに混じってこの良書が登場したのが１９７４年。すなわち大阪万博から4年後というあたり、ロンドン万博から4年前後で公刊されたエリファス・レヴィの『高等魔術の教理と祭儀』を思わせます。

黄金の夜明けと流行科学

オカルティズムは反科学というよりは疑似科学の趣があり、できるならば科学のふりをしたい、利用したいという傾向があります。ただしすでに確立した科学が相手となると真似をするのも難しいため、模倣対象は新興科学になりがちです。

19世紀半ば、ダーウィンの進化論が世間の注目を浴びると、オカルト側はこれを批判しつついいとこどりを行います。すなわち人は天使や神に進化するという霊的進化論を提唱し、アフリカの類人猿はアトランティス人が魔術実験に失敗して退化した姿であると示唆したりするのです。

ユング心理学はオカルト界で大歓迎され、集合的無意識とシンクロニシティはどれほど利用されたのか想像もつかないほどです。

チャールズ・ヒントンが提唱した四次元は異界の比喩としてずいぶんと利用されています。相対性理論は1919年の皆既日食観察による実証を経てオカルト界でもある程度言及されるようになりました。しかし作家も読者もついていくのが精一杯という事情もあり、それほど広まらずに終わりました。

21世紀の流行りはオカルト量子論です。時代時代の比喩は貴重であり面白くもありますが、人をだますための小道具に使われる場合もあるため、注意が必要です。

黄金の夜明けとインターネット

ネット的発想は魔術の得意分野です。全人類の意識が根底でつながっているとする「アニマ・ムンディ」（世界魂）は、個々のPCがネットでつながる現状を予言したようなものです。

1926年に発表されたダイアン・フォーチュンの魔術小説『あのひとは悪魔』では、野心に燃える若い魔術師が結社の奥義を盗み出すのですが、その様子はネット上のハッキングそのものです。同じくフォーチュンの『タヴナー博士の秘密』では、博士が患者の前世に関する情報をグーグルよろしくアカシック・レコードから検索します。1980年代、アストラル界のファンタジー・トレッキングに惑溺《わくでき》して現実生活がおろそかになる人々が問題となりましたが、いまでいうネトゲ廃人を先取りしていたといえましょう。

全体、魔術関係者のインターネットへの順応は簡単でした。簡単すぎたのかもしれません。有力結社の多くがウェブサイトを立ち上げて新人勧誘を開始し、メールによるレッスンを行うようになりました。それ自体は1920年代から続く雑誌上の広告と通信教育の延長ですから目新しくはありません。ただし当時から問題とされていた部分もネットによって迅速に拡大されてしまいました。10ドルと引き換えに達人位階を授けるといった行為は、ネット時代では「アストラル・イニシエーション」等の名のもとに行われました。もちろんそれを批判する勢力もあり、非難の応酬が始まります。あとは御約束の展開と申しましょうか、匿名による見苦しい人格攻撃やヘイトスピーチ等が飛び交うようになり、ＳＮＳ上の炎上騒ぎが続きました。結局シセロ夫妻も本書中で嘆いているように、その醜態を目の当たりにして心ある多くの人々が去っていきました。

２０１７年の時点では、ネットやＳＮＳの匿名性も薄皮一枚程度のものということが周知されたようで、全体的に以前よりもみなさんおとなしくなったような印象を受けます。

参入と自己参入

黄金の夜明けに興味を持ち、入団してみたいが近所に組織が見当たらないという人は多いです。英米ですらそうですから、外国とりわけ非英語圏ではちゃんとした黄金の夜明け系組織は発見すら困難という状況が長らく続きました。

また黄金の夜明けの組織形態が大人数向けではありません。19世紀末の元祖黄金の夜明け団でも参加人数は15年間で総数３００名前後。１９４０年までの分派メンバー全員を合計しても２０００人もいかないでしょう。それに魔術結社は基本的に秘密結社と同義です。看板を出しているほうがおかしいのです。

そういう事情もあって近年、「自己参入」という考え方が提唱されてきました。公開されている魔術カリキュラムを自習し、自己参入儀式を行って「黄金の夜明けの魔術師」を名乗るわけです。そういったソロ派が増えれば、そのなかから自然発生的に団が組織されたり、新たな流派が誕生することが期待されます。

もちろんこの傾向を非難する伝統墨守派もいます。自己参入はただの我流であり、独善と自己欺瞞の温床と考えるのです。

肯定派は自己参入こそ自然であるとします。そもそも黄金の夜明けの創始者ウェストコットやマサースはだれから参入儀式を施してもらったのか、と。頭数が必要な儀式はそのつど人員を募集すればよいのであって、がちがちに固めた組織など百害あって一利なしと主張します。また肯定派にも区別があり、自己参入は次善策であってできるなら実参入がよいと考える人もいれば、自己参入のみを評価する人もいます。事態は混沌としてきました。

いずれにせよ、自己参入派が増えているのは間違いのないところです。シセロ夫妻もそのあたりを考慮してタイトルもそのものずばりの『黄金の夜明け伝統への自己参入』（１９９５）を発表しています。

解説がわりにいろいろ記してまいりました。本書の訳出にあたってはヒカルランド編集部の児島祥子様に大変お世話になりました。記して御礼申し上げます。

訳者　江口之隆

付録I　黄金の夜明け年表

1887年	ウェストコット、暗号文書を解読。マサースとウッドマンに新団体への参加を要請。
1888年3月1日	イシス・ウラニア・テンプルNo.3設立認可。ウェストコット、ウッドマン、マサースの三名が三首領。最初の参入者はミナ・ベルグソン（モイナ・マサース）。（ナンバリングの由来は、ドイツのフロイライン・シュプレンゲルのテンプルであるリヒト・リーベ・レーベンがNo.1、ロンドンのヘルマニュビスNo.2は認可されたものの活動はなかったと推測される。）
1888年	ウェストン・スパー・メアにオシリスNo.4設立。団員は全員フリーメイソン。ブラドフォードにホルスNo.5設立。
1891年秋	RRAC設立。
1891年12月	ウッドマン死去。後任人事なし。
1891年12月7日	アニー・ホーニマン、RRACの最初の参入者となる。
1892年5月21日	マサース夫妻、パリに移住。
1893年3月	ウェストコット、プレモンストレーターを辞任。後任にフロレンス・ファアー。アニー・ホーニマン、副プレモンストレーターとなる。
1893年6月8日	エジンバラにアメン・ラーNo.6設立。団員としてJ．W．ブロディー・イネス、フェルキン博士など。
1894年1月6日	マサースのアハトゥールNo.7がパリにて設立。団員としてフランスの有名オカルティストであるパピュス（ジェラール・アンコース博士）。

1896年	フロレンス・ファーが黄金の夜明け団員にて分派活動「スフィア」を開始。スクライング等を行う。
1896年春	アニー・ホーニマンとマグレガー・マサースが決別。
1896年10月29日	マサースが宣言書を出して第二団団員から書面による承服許諾を求める。
1896年12月3日	アニー・ホーニマン、不服従を理由に黄金の夜明けから追放される。
1897年春	ウェストコットの団関係が公となり、黄金の夜明けとＲＲＡＣの役職を辞任。フロレンス・ファーが後任としてイングランドの団代表となる。
1897年	イリノイ州シカゴにテーメ№8設立。ニューヨークにトート・ヘルメス№9設立。
1900年1月23日	アレイスター・クロウリー、ロンドンにて第二団参入を拒否されたのち、パリにてマサースの手で参入。ロンドンのアデプトたちはクロウリーの第二団参入を認めず。
1900年1月	フロレンス・ファー、マサースに書簡を出す。マサース、ファーの行動をウェストコット返り咲きを狙う策動としてこれを非難。ファー、イングランドの団代表を辞任。
1900年2月	マサース、マダム・ホロスをフロイライン・シュプレンゲルとしてアハトゥールに紹介。
1900年2月16日	マサース、ファーの辞任を認めず。ウェストコットのシュプレンゲル書簡捏造を告発。
1900年3月	ロンドンの第二団委員会が捏造告発を調査。マサース夫妻の追放を決定。アニー・ホーニマン、復団。

1900年4月	分裂。マサース、第二団委員会の無効を宣言。アレイスター・クロウリーを送り込んでロンドンのRRAC資産の差し押さえをはかるも失敗。
1900年	ロンドンにベリッジ博士によりイシス№11が創立。マサースに忠誠を誓う（このテンプルはのちにアルファ・オメガ1と称される）。
1901年	フロレンス・ファーの「スフィア」グループをめぐって内紛。ホロス裁判のため望ましくない世間的注目を浴びる。
1902年1月	フロレンス・ファー、黄金の夜明けを退団。
1902年6月	黄金の夜明け団、団名をモルゲンロス・ヘルメス協会に改名。
1902年	ブラドフォードのホルス・テンプル、徐々に黄金の夜明けの教義から離れる。最終的に黄金の夜明けから英国薔薇十字協会に鞍替えし、マスター・メイソンのみを受け入れる。
1903年7月	分裂。ブロディー・イネス、フェルキンその他の魔術志向の団員たちが暁の星団を結成。マザー・テンプルをアマウンと呼称。
1903年11月	ウェイト、ブラックデン、アイトン師および神秘主義志向の団員たちがイシス・ウラニア№3の残存物を吸収。ウェイト、RRAC独立改定儀礼を（のちに薔薇十字友愛会を1916年に）結成。
1903年後半	マサースに忠誠を誓うテンプル群がアルファ・オメガを名乗る。
1912年	フェルキン、ニュージーランドのハヴロック・ノースに暁の星団スマラグダム・タラセス・テンプルを設立。
1912－13年	アメン・ラーの下位支部としてアルファ・オメガ2が結成。ブロディー・イネス、フェルキンと袂を分かってマサースと和解し、首領に就任。

1913年	アメン・ラーからクロムレク・テンプル別名ソーラー・オーダーがスピンオフ。アルファ・オメガ2と英国国教会の牧師たちの合作。ブロディー・イネス、エジンバラの復興アメン・ラーの南部支部としてロンドンにアルファ・オメガ・テンプルを設立（モイナ・マサースのアルファ・オメガ3とは別個に機能する）。
1916年	フェルキン、以下の暁の星テンプル群を創立。ブリストルにヘルメス・ロッジ、ロンドンにシークレット・コレッジ（ＳＲＩＡ会員専用）、ロンドンにマーリン・ロッジ。フェルキン、英国国教会の組合として聖ラファエル組合を創立。
1918年11月	ポール・フォスター・ケース、ニューヨークのトート・ヘルメス№9の⓪＝0として参入。
1919年	モイナ・マサース、夫マグレガーの死後にロンドンに帰還、アルファ・オメガ3を設立。ダイアン・フォーチュン、ロンドンのブロディー・イネス系アルファ・オメガに参加。
1920年	ロンドン暁の星団アマウン・テンプルが首領（スタッダート夫人）の偏執狂的行動のため閉鎖。アルファ・オメガ、ロサンゼルスにアトゥム№20を設立。
1922年1月	モイナ、ポール・フォスター・ケースを黄金の夜明けから追放。ケースは自分の団体「聖堂の建設者」ＢＯＴＡを創立。

1922年	ダイアン・フォーチュン、アルファ・オメガを離れて内光協会を創立。（内光協会からのスピンオフ組織としては、マスター・ジーザス組合（1925年、ロンドン）、ヘリオス（ガレス・ナイト、トッディントン、1956）、エノキアン・テンプル（ロンドン、1969）、光の侍従（W・E・バトラー）等。）
1923年	暁の星、崩壊ののち閉鎖。イエイツ、辞任。
1923年	アハトゥール№7、おそらく休止状態に入る。
1926年	イスラエル・リガルディー、黄金の夜明け儀式を用いる米国薔薇十字協会に参入。
1933年1月	イスラエル・リガルディー、ブリストルの暁の星ヘルメス・テンプルに参加。
1934年11月	リガルディー、ZAM（ジェレーター・アデプタス・マイナー）の必修科目であるエノキアン試験に合格。ThAM（セオリカス・アデプタス・マイナー）に昇進。
1934年12月	リガルディー、団の現状に幻滅して退団。
1937年	リガルディー、団の教義を『黄金の夜明け魔術全書』として出版開始。
1939年	アルファ・オメガおよび暁の星のほとんどのテンプルが休止状態となる（例外はブリストルのヘルメスであり、断続的に1960年代初頭まで活動し、1970年代初期に完全閉鎖となる。またニュージーランドのスマラグダム・タラセスは1970年代後半まで存続している）。
1960年	ヘルメス・テンプル、休止状態に入る。 クロムレク・テンプル、休止状態に入る。
1972年	暁の星の最後の英国テンプル、ブリストルのヘルメスが完全閉鎖。

1977年	黄金の夜明けの伝統に連なるテンプルがジョージア州コロンバスにて設立。達人の地下納骨所の製作を開始。
1978年	最後のニュージランド・テンプル、スマラグダム・タラセス、閉鎖。
1982年	イスラエル・リガルディー、ジョージア州コロンバスの地下納骨所を聖別。二人の人間を⑤＝6位階に参入させ、アメリカにて黄金の夜明け団の再結成となる。
	ニュージーランドのカップル（パット&クリス・ザレウスキー）が同地にて黄金の夜明けテンプルを創立。
2003年	現在、黄金の夜明けの教義に接する人々の数はかつてないほど増大。無数の人々が黄金の夜明けの魔術師を積極的に名乗っている。

付録II　団員魔法名一覧

黄金の夜明けの団員たちは、参入の際に魔法名（magical motto）を付ける。これに男性はフラター（兄弟）、女性はソロール（姉妹）を付して呼称としていた。

ウィリアム・アレクサンダー・アイトン師	*Virtue Orta Occident Rarius*「徳によりて興る者は衰えることなし」
アラン・ベネット	*Yehi Aour*「光あれ」
エドワード・ベリッジ博士	*Resurgam*「われは再び起き上がるであろう」
アルジャーノン・ブラックウッド	*Umbram Fugat Veritas*「真実は闇を追い払う」
ジョン・ウィリアム・ブロディ・イネス	*Sub Spe*「希望の下に」
パーシー・ブロック	*Levavi Oculos*「われはまなざしを上げん」
ポール・フォスター・ケース	*Perseverantia*「辛抱」
ベンジャミン・コックス	*Crux dat Salutem*「十字架は救済をもたらす」
アレイスター・クロウリー	*Perdurabo*「われは最後まで耐えん」
ウィリアム・エリオット・カーネギー・ディクソン	*Fortes Fortuna Juvat*「運命は勇者を助ける」

フロレンス・ファー	*Sapientia Sapienti Domo Data*「叡智は賢者に与えられる賜物」
ロバート・ウィリアム・フェルキン博士	*Finem Respice*「最後まで敬意を持て」
ヴァイオレット・ファース（ダイアン・フォーチュン）	*Deus Non Fortuna*「運命によらず、神によりて」
フレデリック・リー・ガードナー	*De Profundis Ad Lucem*「深みより光へ」
モード・ゴン	*Per Ignum Ad Lucem*「火をくぐって光へ」
アニー・ホーニマン	*Fortier et Recte*「勇敢に、公正に」
ウィリアム・ホートン	*Spes Mea Christus*「キリストはわが希望」
モイナ・マサース	*Vestigia Nulla Retrorsum*「あとに痕跡を残さず」
サミュエル・リドル・マサース	*'S Rioghail Mo Dhream*「王家はわが血筋」 *Deo Duce Comite Ferro*「指導者に神を、同伴者に剣を」
ウィリアム・ペック	*Veritas et Lux*「真理と光」
ヘンリー・プーレン・ベリー博士	*Anima Pura Sit*「魂を純粋に」
ヘレン・ランド	*Vigilate*「警戒せよ」
イスラエル・リガルディー	*Ad Majorem Adonai Glorium*「アドナイのより大いなる栄光に」
アーサー・エドワード・ウェイト	*Sacramentum Regis*「王の秘蹟」

ウィリアム・ウィン・ウェストコット博士	*Sapere Aude*「あえて賢明たれ」 *Non Omnis Moriar*「わたしは完全には死なないであろう」
コンスタンス・ワイルド	*Qui Patitur Vincit*「耐える者が勝利する」
ウィリアム・ロバート・ウッドマン博士	*Magna Est Veritas Et Praelavebit*「真理は偉大であり、広まるであろう」 *Vincit Omnina Veritas*「真理はすべてを治める」
ウィリアム・バトラー・イエイツ	*Demon Est Deus Invesus*「悪魔は神の裏返し」

付録Ⅲ　用語集

アイン・ソフ　Ain Soph　無限を意味するヘブル語。三重の消極のヴェイルの中間。名状しがたい神格を表す際に用いられる一番近い表現。

アイン・ソフ・アウル　Ain Soph Aur　無限の光を意味するヘブル語。三重の消極のヴェイルの最奥。

アカシック・レコード　Akashic Record　貯蔵された宇宙的記憶。アストラル界のなかにある時間意識のレベルであり、時間のはじまり以来の人類のすべてのイベント、思念、イメージ、活動を保持する。この「世界年代記」は神秘家と魔術師によってアクセス可能である。アカシック・ライブラリー。

暁の星　Stella Matutina　元祖黄金の夜明け団が崩壊したあとの主要三分派の一つ。最大かつもっとも長続きした分派。

アーケタイプ　Archetype　プロトタイプ、祖型、そこから同パターンのものを作るためのオリジナルモデル。あるタイプの理想形。普遍的概念。ユング心理学では前もって存在したイデア、思考モード、人類の集合的無意識を通じて顕現する神の姿の意で用いられる。

アグラ　Agla　ヘブル語の Atah Gebur Le-Olahm Adonai「主よ、汝は永遠に偉大なり」の頭文字を集めるノタリコン（頭字法）。小五芒星儀式では北に配属される。

アシュ　Ash　「火」を表すヘブル語。

アストラル　Astral　「星」を表すギリシャ語 astrum に由来。物質的、物理的世界の向こうにある無形の存在レベルに属するものを指す。

アストラル・ライト　Astral Light　遍在にしてすべてに浸透する流体あるいはきわめて精妙な物質の媒体。

このライトはあらゆる空間に広がり、あらゆるものに浸透している。

アストラル・プレーン Astral Plane 物理次元とより高次の神的領域のあいだにある中間的不可視的現実レベル。個的現実と直観的現実の中間に位置する共通境界。物理次元の基礎である非物理的存在レベル。

アター Atah 「汝は」を表すヘブル語。小五芒星儀式のケテルに配属される。

アダム・カドモン Adam Kadmon 「天上の人」あるいは神の身体。人類の神聖祖型であり、生命の樹に接している。その頭上にはケテルの王冠があり、足元にはマルクトがある。アダム・カドモンはその内部に人類全体を含んでいる。すなわち人類の真の家は樹の上のセフィロトであり、天体群もまたそのなかに含まれている。

アツィルト Atziluth 「高貴なる世界」。カバラ四界論あるいは顕現段階における最高にして最抽象的世界。アツィルトはアーケタイプの神的世界であり、ケテル、火の元素、ヘブル文字のヨッドに配属される（四界論を参照せよ）

アッシャー Assiah 「物質的世界」。顕現段階を表すカバラの四界論における第四の最終的かつもっとも密度の高い世界。マルクトと地の元素とヘブル語文字のへー（YHVHの最終のH）に配属される。（四界論を参照せよ）

アデプタス・イグゼンプタス Adeptus Exemptus 被免達人。黄金の夜明けの内陣第三位階。

アデプタス・マイナー Adeptus Minor 小達人。黄金の夜明けの内陣第一位階。

アデプタス・メジャー Adeptus Major 大達人。黄金の夜明けの内陣第二位階。

アデプト Adept 達人。一定レベルの達成をなした参入者のこと。

アドナイ Adonai 「主」を意味するヘブル語。小五芒星儀式では南に配属される。

アドナイ・ハ・アレッツ Adonai ha-Aretz 「大地の主」を表すヘブル語。マルクトに関連する神名。中央の柱儀式で振動発声される。

アニマ　Anima「魂」を表すラテン語。ユング心理学では女性的魂像を指す。男性の潜在意識にある内省的女性的性質の具現化。

アニマ・ムンディ　Anima Mundi「世界の魂」を表すラテン語。万物に浸透する神の精髄。

アニムス　Animus　ユング心理学のおける男性的魂像。女性の潜在意識にある創造的男性的性質の具現化。

アブラメリン　Abramelin　S・L・マサースが翻訳した奥義書『術士アブラメリンの神聖魔術の書』に登場するエジプト人魔術師の名前。翻訳元となったフランスの原稿は18世紀に記されているが、１４５８年にまでさかのぼるヘブル語の原典からの翻訳とされている。この奥義書には6か月にわたる浄化と祈禱の複雑な指示が記されており、術者をして「聖守護天使との知遇と会話」が可能となる高次元意識に至らしめるとされている。

アペイロン　Apeiron「広大」を表すギリシャ語。

アーメン　Amen「主、忠実なる王」を意味するヘブル語 Adonai Melekh Na'amon のノタリコン（頭字法）。「かくあれかし」の意味で用いられる。

アルコン　Archon「支配者」を表すギリシャ語。

アルファ・オメガ　Alpha et Omega（A.O.）　元祖黄金の夜明け団が崩壊したあとに登場した主要三派のなかの一つ。

アレッツ　Aretz「大地」を表すヘブル語。

暗号文書　Cipher Manuscript　暗号化された儀式概略を記した文書。ウェストコットがこの暗号文書に肉付けして黄金の夜明けの儀式を考案している。

アンチモニー　Anmtimony　錬金術においては毒物だが、少量用いると強力な薬効をあらわすとされる。

イエソド Yesod 「基盤」を表すヘブル語。生命の樹の第9のセフィラ。

イェツィラー Yetzirah 「形成の世界」。カバラ四界論の第三の世界。顕現の段階であり、天使の領域。イェツィラーはケセド、ゲブラー、ティファレト、ネツァク、ホド、イエソドに配属される。元素としては空気、ヘブル文字のヴァウにも配属される（四界論を参照せよ）。

イェヘシュア Yeheshuah 別名を聖五文字、ペンタグラマトン。聖四文字ＹＨＶＨの中心にＳｈを配置したもの。かくして四元素に統括者の霊が加わり、ＹＨＳｈＶＨが完成する。

イェホヴァシャ Yehovashah イェヘシュアの別形。

イスラエル Israel 黄金の夜明けでは、秩序とバランスがとれている状態を示す言葉。

イプシシマス Ipsissimus 黄金の夜明けでは仮説上あるいは名誉的な最高位階。⑩＝1。生命の樹のケテルに照応する。

印形 Sigils シジル。紋章、印、署名。天使、大天使、神名などの霊的力を表現するシンボル。いかなる名前も印形化可能。

インペラトリクス Imperatrix インペレーターの女性形。

インペレーター Imperator 「指導者、指揮官」を意味するラテン語。法を与える者。ニオファイト会堂の三首領司官の一人。

ヴェ・ゲドゥラー Ve-Gedulah 「そして栄光を」を表すヘブル語。ケセドに照応。カバラ十字にて振動発声する。

ヴェ・ゲブラー Ve-Gevurah 「そして力を」を表すヘブル語。ゲブラーに照応。カバラ十字にて振動発声する。

宇宙を映す魔法鏡 Magical Mirror of the Universe 神的なものの反映としての人体オーラのこと。

ウリエル　Uriel　「神の光」を表すヘブル語。ＬＢＲＰにて召喚される地の元素の大天使。

叡智の32の小径　Thirty-Two Paths of Wisdom　10のセフィロトとそれをつなぐ22の小径のこと。

エツ・ハ・カイム　Etz ha-Chayim　「生命の樹」を表すヘブル語。

エドムの王たち　Kings of Edom　黄金の夜明けでは、不和と混沌をもたらすもの、作用などを表す。

エノキアン　Enochian　エノク語。真正の言語であり、ジョン・ディー博士と助手のエドワード・ケリーによって発見された魔術体系。１５８２年からエリザベス朝の魔術師ディーと見者ケリーが7年以上かけてエノキアン体系を解明。両名は膨大な量の作業を積み重ねたが、そのなかに独自の文字と統語規則を有する言語があった。この言語は「秘密の天使語」とされ、一般にはエノク語として知られている。天使エイヴがエノクに明かした天使語にあたるとされる。

エノキアン・システムは物見の塔あるいは元素タブレットと統一のタブレットとして知られる文字と記号の配列を基盤としている。これらのタブレットから元素力、天使、存在、アエティールとして知られる霊的領域の名前を導き出す。エノク魔術は元素と霊の階層構造からなる複雑なシステムであり、黄金の夜明けによってさらに発展している。

エノキアン召喚文　Enochian Calls　別名「エノキアン・キー」。エノキアンの天使を呼ぶための召喚文。天使によって開示され、スクライングによってディーとケリーに伝えられたもの。黄金の夜明けは魔術作業にエノキアン召喚文を多用している。

エノキアン・タブレット　Enochian Tablet　別名を元素タブレット。ジョン・ディーとエドワード・ケリーのスクライングから生じた4枚の図表。複数の文字列があり、それぞれが火、水、空気、地の四元素に割り当てられる。これらの図表から無数の天使、大天使、霊的存在の名前が導き出される。元素タブレットは黄金の夜明け団外陣儀式で重要な役割を果たしており、また第二団の高等魔術作業でも用いられる。

4枚のタブレットは統一のタブレットによって一つになり、支配されるといわれる。

エノキアン・チェス Enochian Chess 別名を薔薇十字チェス。物見の塔タブレットの一部を用いる複雑な占術形式。インドのチャトランガ、ペルシャのシャトランジなどの4人指しのチェスから発展。

エノキアン・ピラミッド Enochian Pyramid エノキアン区画のアストラル形状。物見の塔タブレットの文字列をユニット化したもの。エノキアン区画のアストラル形状は台形ピラミッドであり、各側面に元素、惑星、タロット、ジオマンシーのテトラグラム、ヘブル文字等が入る。

エノク Enoch 別名ヘノク。「かれは神とともに歩んだ」。アダムのあとをついだ7番目の世界の主とされるヘブライの預言者。（エノキアンを参照せよ）

エヘイエー Eheieh 「わたしはある」を意味するヘブル語。ケテルに関係する神名であり、中央の柱儀式で振動発声される。

エメラルド・タブレット Emerald Tablet 紀元前2－3世紀にまでさかのぼる最古の錬金術文献の一つ。エメラルド・タブレットはヘルメス・トリスメギストスが書いたとされる。よく引用される「上下一如」の出所（ヘルメス・トリスメギストスを参照せよ）。

エレウシス儀式 Rites of Eleusis エレウシス密儀を参照せよ。

エレウシス密儀 Eleusinian Mysteries 古代宗教のなかで最も有名かつ秘密に包まれた宗派。アテネ近郊のエレウシスに伝わる秘密儀式であり、女神デメテルが娘のペルセポネを探す物語がもとになっている。エレウシス密儀は参入者がアテネからエレウシスのテレステリオン（参入の会堂）まで儀式的行列を組んで旅行するところからはじまる。儀式の具体的内容は謎のままである。

円十字 Circled Cross （薔薇十字を参照せよ）

奥義書 Grimoire 「文法」を意味するフランス語が語源。魔術の教科書。魔術の手続きあるいは霊の呼び出し法を記した中世の書物全般。オクスフォード英語辞典では、この単語を最初に用いた例としてアーサー・エドワード・ウェイトを出している。

大いなる作業　Great Work　錬金術のマグヌム・オプスから借用した用語。人間の霊的進化、成長、啓発などを求める秘教の道。テウルギアの目標でもある。聖なるものとの合一を求める霊的探究を表す。

オカルト　Occult　形容詞。「覆い隠す」を意味するラテン語 occuiere が語源。隠されてた、秘密の。オカルト的叡智は秘密の叡智を表す。俗化しないよう秘密にされた叡智。一般大衆には知られていない叡智ないし知識。内部からのみ伝達可能な神的叡智。

オーラ　Aura　肉体を取り巻き、浸透しているアストラル物質の殻ないし層。人体を取り巻く後光ないし霊的光／エネルギーの鞘《さや》。霊視者によって観察可能。また感覚の天球とも称される。

オルフェウス密儀　Orphic Mysteries　別名オルフェウス教。オルフェウスに帰せられる古代ギリシャの宗教祭儀。オルフェウス教徒は魂の神的起源を信じていたが、また人間の魂の善悪の二面性も承知していた。密儀に参入し、別の世界に移住するプロセスを経ることで、魂が悪から解放されて永遠の至福を達成すると信じていた。

開鍵式　Opening of the Key　黄金の夜明けの第二団で行われる複雑なタロット・リーディング法。1回のリーディングで5種類のスプレッドを用いる。

外陣　Outer Order　（第一団を参照せよ）

会堂　Hall　外陣儀式が行われる部屋ないしテンプル空間。

鉤十字　Fylfot Cross　直角に曲がる同長腕の十字。渦巻くエネルギーを表す。別名スワスチカ、クルクス・ガムマータ、トールの槌《つち》、ヘルメティック・クロスなど。

影　Shadow　ユング心理学では、人生において拒絶ないし拒否され、ゆえに集合してなかば独立した分裂人格となる心的要素の総計のこと。

数札 Pip Cards タロットの小アルカナ4スートのエースから10までの札。

カデュケス Caduceus ヘルメスの有翼蛇巻きワンド。黄金の夜明けではケリックスの持ち物。

カバラ Qabalah 「伝統」を意味するヘブル語。語源は「受け取る」を意味するヘブル語の qiber。秘教知識を口伝で伝える古代の習慣を示している。カバラという言葉に包含されるものは、古代ヘブライの神秘的原理全体であり、西洋秘教伝統の基盤そのものである。

カバラ十字（QC） Qabalistic Cross LBRPに組み込まれた短い儀式。魔術師の感覚の天球に均衡の十字を形成する。

カビリ Kabiri サモトラキア密儀の神格群。プラクティカス位階儀式にて言及される。（サモトラキア密儀を参照せよ）。

ガブリエル Gabriel ヘブル語で「神の力」の意。水の元素を司るヘブライの大天使。小五芒星儀式、大五芒星儀式にて召喚される。またイエソドと月の大天使の名前でもある。

神の姿 Godform 視覚化によってアストラル界に構築する神や女神のアーケタイプ的イメージ。神格の外見的表現（神の姿をまとう術を参照せよ）。

神の姿をまとう術 Godform Assumption 神装術。達人が特定の神の姿をまとい、その神のエネルギーを用いて作業すること。視覚化、神名振動発声、印形描などによって神のアーケタイプ的イメージをアストラル界に作り出し、それを衣あるいは仮面のようにまとい、さらに集中して強化する。魔術師の作業対象となる神の特定面の乗り物を作り出すことが目的である。魔術師は神を模倣するが、チャネリングしたり同一視してはいけない。ただしこの作業中にその神からなんらかの通信があるかもしれない（リガルディーがよく語っていたが、完全に神と一体化してしまう魔術師は「迷子」であり、自己欺瞞に陥ってしまう可能性が高い）。

カルデア人　Chaldean　「バビロニア人」を表すギリシャ語の同義語。バビロニアの一部であったアッシリアのカルデュに類似している。ダニエル書では、この言葉は賢者階級を指す言葉として使われている。「カルデア人」は最終的に預言者、見者、占星術師、錬金術師といったエリート集団を意味するようになった。

カルデアの神託　Chaldean Oracles　2世紀に魔術師ユリアヌスによってローマに持ち込まれた神託の断片。ゾロアスターが書いたとされる断片には古代バビロニアの司祭たちの聖なる教義と哲学が含まれていて、それがギリシャ語の翻訳を通じて現代に伝わったとされる。新プラトン主義の文献と哲学によって解説され、重要な西洋秘教文献となる。

カルヴァリ十字　Calvary Cross　ラテン系のクリスチャン・クロス。

感覚の天球　Sphere of Sensation　オーラをあらわす黄金の夜明け用語。

観照　Contemplation　思慮深く連続的に考察すること。

カンセラリア　Cancellaria　カンセラリウスの女性形。

カンセラリウス　Cancellarius　「大臣」「高官」を表すラテン語。記録官。ニオファイト会堂の三首領司官の一人。

儀式　Ritual　魔術的エネルギーを解放して特定の目的を達成することを企図する一連の肉体的精神的活動形式。

キリスト教汎神論　Christian Pantheism　アンナ・キングスフォードが支持した霊的体系。キリスト教多神論は聖書の伝説と象徴の意味を精査する。エジプト、ギリシャ、ローマの神話に加えてカバラも組み込んでいる。

クインテセンス　Quintessence　第五のエッセンス。ときに第五元素としての霊のことを指す。火、水、空気、地の四元素を統轄するもの。

グノーシス　Gnosis　「知識」を表すギリシャ語。

グノーシス教　Gnosticism　ギリシャ語の gnostikos「知識を得た者」から派生した単語。キリストと同時代とりわけ2－3世紀に地中海世界で繁栄した複数のグノーシス系セクトの総称。グノーシス教の二大流派はユダヤ系グノーシス教であるセト派、およびキリスト教系のヴァレンティヌス派。

クリスチャン・ローゼンクロイツ　Christian Rosenkreutz　薔薇十字団の寓意的創始者。ときにCRCと表記される。（薔薇十字主義を参照せよ）。

クリフォト　Qliphoth　「殻」を意味するヘブル語。混沌にして不均衡の諸力ないし実体。邪悪なるデモン。堕ちた霊。調和のとれたセフィロトのネガティヴな対立者。単数形、クリファ。

ケセド　Chesed　「慈悲」を表すヘブル語。生命の樹の第4のセフィラ。別名をゲドゥラーといい、この場合の意味は「偉大さ、壮麗、栄光」。

ケテル　Kether　「冠」を表すヘブル語。生命の樹の第1のセフィラ。

ゲドゥラー　Gedulah　「偉大、壮麗、栄光」を表すヘブル語。ケセドの称号。

ゲブラー　Geburah　「力」を表すヘブル語。しばしば「峻厳」とされる。生命の樹の第5のセフィラ。

ゲマトリア　Gematria　逐字カバラの一部門。神秘的文献中のヘブル語単語に発見できるコードを解釈するカバラ部門。ヘブライの数秘術の一形態であり、文字の数値を用いる。名前や単語を数字に変換して秘められた意味を探る。同じ数値を持つ単語同士は重要な関係にあると想定する。

ケム　Khem　エジプトの古代名。

ケリキッサ　Kerykissa　ケリクスの女性形。

ケリクス　Keryx　「前触れ」を意味するギリシャ語。ニオファイト会堂の司官であり、周行を先導し、宣言を行う。
ケルビム　Kerubim　「強い者」を表すヘブル語。イエソドに割り当てられる。天使の一団。
ケルブ　Kerub　ケルビムを構成する天使たちの単数形。
ケルト十字　Celtic Cross　A.E.ウェイトによって有名になったタロット・スプレッド。黄金の夜明けの第一団で教えられる。
剣　Swords　タロットの4スートの一つで、空気の元素とイェツィラー界に配属される。
顕教的　Exoteric　一般公開の、外向けの、外側の。
見者　Seer　（スクライヤーを参照せよ）
賢者の石　Philosopher's Stone　哲学者の石。ラテン語でLapis Philosophorum。人間の低次の性質をより高次の浄化された状態へと変成する錬金術の象徴。実践錬金術においては賢者の石は卑金属から黄金を生成することを意味する。霊的錬金術では低次から高次への変成を指す。真の霊的達成と啓発の象徴。賢者の石の探求は究極の真理と純粋を求める探究である（錬金術を参照せよ）。
見者の石　Shewstone　スクライングで用いる水晶球。
元素　Element　魔術では基本的な四元素（火、水、空気、地）が存在し、それぞれが領域、王国、あるいは自然の区分と見なされる。元素は存在と活動の存在様式であり、宇宙に存在する万物を構成する素材とされる。四元素論はまずエンペドクレス（紀元前5世紀）が提唱し、のちにアリストテレスが整理している。第五の元素「霊」が下位四元素を統轄してつなぎ合わせるとされる。
元素の三角形　Elemental Triangles　（錬金術の三角形を参照せよ）
高次の自己　Higher Self　超絶的霊的自己の擬人化。ティファレトに座し、神的自己と下位人格のあいだを仲裁する。時に聖守護天使、下位天才、アウゴエイデスとも称される。

光体 Body of Light アストラル体、あるいはエーテル体ダブル。アストラル旅行のために儀式によって構築された乗り物を指すことが多い。

コクマー Chokmah 「叡智」を表すヘブル語。生命の樹の第2のセフィラ。

コスモス Cosmos 「よい秩序」をあらわすギリシャ語kosmosが語源。混沌とは対照的な秩序ある宇宙をあらわす。

個性化 Individuation ユング心理学では人間が自己実現をする過程を指す。自己のあらゆる局面を持つ「全体」ないし分割不可能な統一体として差異化することを指す。

コートカード Court cards 小アルカナの16枚の人物札。王、女王、王子、王女。

護符 Talismans 特定の目的を達成するよう充塡ないし聖別された物品。魔術師のもとになんらかのものを引き寄せる際に作るのが普通。

五芒星 Pentagram ペンタグラム。五角形をもとにした幾何的図形。五つの線と五つの「先端」を持つ。五角形をもととした図形としてはペンタゴンもある。五芒星は火、水、空気、地、霊の五元素に配属される。ときに「燃える星」「魔法使いの足」「マギの星」「小宇宙の星」とも呼ばれる。ギリシャ語のアルファ五つで構築することができるのでペンタルファとも呼ばれる。

五芒星儀式 Pentagram Ritual 主要シンボルとして五芒星を用いる儀式。黄金の夜明けの小五芒星追儺儀式を指すことが多い。

催眠術 Hypnotism 睡眠状態の誘引。催眠術をかけられた人間は抑圧された記憶や忘れていた記憶、幻覚、被暗示傾向の増大等を経験することもある。他人をトランス状態に導く方法であり、その間、催眠術をかけられた人間は催眠術師の意に従う。

再留 Cohobation　物質に溶剤をかけて繰り返し蒸留すること。再結合。再統合。

三重の消極のヴェイル Three Negative Veils　アイン、アイン・ソフ、アイン・ソフ・アウル。「無」の3つの抽象的段階であり、ここより生命の樹が流出する。消極的存在のヴェイルはいかなる説明をもはねのける。

参入 Initiation　新人を友愛組織、魔術組織、あるいは特定の達成段階に加入させること、そのための儀式、典礼、試練、指導期間。

参入者 Initiate「新たなはじまり」の意も含まれる。参入儀式を経て魔術グループに入った人間。

杯 Cups　タロットの4スートの一つで、水とブリアー界に配属される。

サモトラキア密儀 Samothracian Mysteries　ギリシャのサモス島にちなむ名前。ギリシャ最古の密儀宗教といわれる。（カビリを参照せよ）。

サンダルフォン Sandalphon　マルクトの大天使。黒い柱を支配する大天使ともいわれる。契約の櫃の左手のケブルでもある。（メタトロンを参照せよ）。

シェム・ハ・メフォラシュ Shem ha-Mephoresh「72の神の名前」を意味するヘブル語。聖四文字テトラグラマトンの延長といわれている。出エジプト記（14章19－21節）の3節に由来する216文字の神の名前。ここからテムラー（ゲマトリア）を用いて72の神の名前を獲得し、それを十二宮の5度区分に割り当てる。さらに語尾にyahあるいはelをつけて72の天使の名前を作る。

ジェレーター Zelator「熱意」を表すギリシャ語が語源。ジェレーター位階は黄金の夜明けの第二参入であり、第一段階の構成する四元素位階の最初である。地の元素と生命の樹のマルクトに配属される。位階記号は1＝10。ジェレーター位階に参入した人。

ジェレーター・アデプタス・マイナー（ZAM） Zelator Adeptus Minor　アデプタス・マイナー位階の第

二準位階。

ジオマンシー　Geomancy　地の元素に関連する古代の占術。占星術照応も用いる。

自我　Ego　プシケの意識的部分。思考と行動を直接支配し、外的現実にもっとも関与する。別名を意識的自己。

四界論　Four Qabalisitic Worlds　生命の樹を四つに区分し、YHVHの術式にそって顕現を4段階に分割したもの。最上層はもっとも抽象的かつエーテル的であり、最下層はもっとも濃密である。アツィルト、ブリアー、イェツィラー、アッシャーがある（YHVHを参照せよ）。

視覚化　Visualization　場所や神格などを、なにかを強く明確に想像する練習。

志願者　Candidate　参入予定者。

慈悲の柱　Pillar of Mercy　生命の樹の右の柱。コクマー、ケセド、ネツァクからなる。白い柱はヤッキンと呼ばれる。

シャダイ・エル・カイ　Shaddai El Chai　「全能なる生ける神」を意味するヘブル語。中央の柱儀式の際に振動発声するイェソドの神名。

周行　Circumbulation　魔術儀式の一部として円を描いて歩くこと。

集合的無意識　Collective Unconscious　ユング心理学では全人類が共有する精神パターンにして原初的イメージを指す。

首領達人　Chief Adept　RRACの筆頭司官の称号。

峻厳の柱　Pillar of Severity　生命の樹の左手の柱。ビナー、ゲブラー、ホドから構成される。黒い柱はボアズと呼ばれる。

小アルカナ　Minor Arcana　「より小さな秘密」。タロットの数札と人物札の総称。

小宇宙　Microcosm, Microcosmus　「より小さな宇宙」。人間は大宇宙の反映ないしミニチュアとされる。
召喚　Invocation　高次の霊的存在との内的コミュニケーションを確立するための儀式ないし儀式の一部。神を召喚するための強力な祈禱。
召喚する　Invoke　動詞。霊的存在を「呼び入れる」こと。高次の霊的存在の力ないし実体をプシケのなかに呼ぶこと。
小五芒星召喚儀式（ＬＩＲＰ）　Lesser Invoking Ritual of the Pentagram　五芒星を用いて儀式場に元素のエネルギーを召喚する儀式。黄金の夜明けの基本儀式。
小五芒星追儺儀式（ＬＢＲＰ）　Lesser Banishing Ritula of the Pentagram　五芒星を用いて儀式場あるいは儀式空間から不要なエネルギーを除去する儀式。黄金の夜明けの基本儀式。
小召喚五芒星　Lesser Invoking Pentagram　ＬＩＲＰにて用いられる五芒星の形式の一つ。
小追儺五芒星　Lesser Banishing Pentagram　ＬＢＲＰにて用いる五芒星の形式の一つ。
初期神学者　Prisci Theologi　具体的にはモーセ、ヘルメス・トリスメギストス、ゾロアスター。キリストの教えを先取りした偉大な霊的指導者としてルネッサンス期の哲学者たちに認められた存在。キリストに先駆ける者。
諸次元への上昇　Rising on the Planes　黄金の夜明けの霊的ヴィジョンの旅から発展したアストラル作業。カバラの生命の樹を用いる純粋に霊的なプロセス。魔術師の意識はアストラル体のなかに位置し、樹のさまざまなレベルを上昇する。
進化　Evolution　もつれをほどく行為。複雑性を縮小し、単純を獲得すること。秘教用語では物質の幽閉から解放された霊が上昇することをいう。神への帰還。生命の樹を昇ることに象徴される。精神と魂の前進的発達。（巻き込みを参照せよ）。

シンクレティズム　Syncretism　諸神混淆。複数の異なる信仰体系が合一ないし融合している状態。
シンクロニシティー　Synchronicity　共時性。カール・G・ユングの用語。明白な説明はつかないが意味ある関連をする偶然の出来事を指す。
振動発声術式　Vibratory Formula　神名や言葉を力強く権威をもって「振動」させながら発声する方法。適切に行うと、振動が全身で感じられ、宇宙全体が振動していくように想像される。
神秘的食事　Mystic Repast　四元素を摂取すること。キリスト教の聖餐に類似する。（聖餐を参照せよ）。
新プラトン主義　Neoplatonism　ギリシャ哲学の最後の学派。紀元3世紀にプロティヌスによって創始される。6世紀までギリシャ思想の主流となる。プラトンの教理と東洋神秘主義を結合したもの。新プラトン主義者は理性のみでは人間の魂を満足させることはできないと信じていた。
神名　Divine Name　神あるいは神の一面に関連する聖なる魔法の名前。儀式中に振動発声する。
心霊術　Spiritualism　1848年にアメリカではじまった運動。心霊術においては、霊媒として知られる受動的個人がトランス状態で死者や異界の存在と意思疎通を行うとされる。
心霊的　Psychic　形容詞。プシケに関する、プシケの。霊的エネルギーの。
スクライング　Skrying　古英語descry「見る、観察する」から派生した言葉。鏡、水晶球、水を張った器その他の凝視装置を用いて行う霊視の一種。スクライング装置はスクライヤーが静かに意識を集中してトランス状態を誘発する際の補助器具である。
スクライング・シンボル　Skrying Symbol　スクライングの際にアストラル・ドアウェイとして用いる象徴のこと。
スクライヤー　Skryer　スクライングを行う人。見者。
ストリステス　Stolistes　「準備をする者」を表すギリシャ語。ニオファイト会堂にてすべての法具管理と浄化に責任を持つ司官。

スパーナル　Supernal　「天界の、天上界の」カバラにおいては生命の樹の最上位の3セフィロトを指す形容詞。

スムマム・ボナム　Summum Bonum　至高善。

スワスチカ　Swastika　（鉤十字を参照せよ）

西旗　Banner of the West　黄金の夜明けでは闇の主要シンボル。ハイエルースが手に持つ。

聖餐　Eucharist　キリスト教の中心となる秘蹟。イエス・キリストの体と血を表すパンとワインを聖別し、食す。聖体拝領。黄金の夜明けには神秘の食事あるいはオシリスの祝宴と称する類似の儀式がある。参入者がオシリスの再構成された肉体を表す四元素を摂る。

聖守護天使　Holy Guardian Angel　アブラメリンが高次の自己を説明するさいに用いる言葉。各人に付属する、あるいは一部である存在で、守護ないし案内役をつとめる。（高次の自己を参照せよ）。

精妙体　Subtle Body　人間が有する、生命力が流れるための心理的物理的な循環回路。肉体のためのエネルギー的青写真。アストラル体、エーテル体ダブル、光体とも呼ばれる。

生命の樹　Tree of Life　ヘブル語でエツ・ハ・カイム。カバラの中核となる絵図ないしシンボル。まとめてセフィロトと称する10の円あるいは球、およびそれらをつなぐ22の小径をシンメトリカルに配置したもの。宇宙の万物と関係、神の本質と人類の魂を理解するための青写真と見なされる（カバラ、セフィロトを参照せよ）。

セオス　Theos　「神」を表すギリシャ語。

セオリカス　Theoricus　「見るもの」「傍観者」「研究者」を表すギリシャ語が語源。セオリカス位階は黄金の夜明けの第三参入であり、団の第一段階を構成する四元素位階の2番目にあたる。空気の元素と第九のセフィラであるイエソドに配属される。位階記号は２＝９。セオリカス位階に参入した人。複数形、セオリシ。

セオリカス・アデプタス・マイナー Theoricus Adeptus Minor アデプタス・マイナー位階の第三準位階。

世界魂 Soul of the World （アニマ・ムンディを参照せよ）

セフィラ Sephirah セフィロトの単数形（セフィロトを参照せよ）。

セフィロト Sephiroth 「数、天球、流出」を意味するヘブル語。カバラの生命の樹に描かれる10の神的状態あるいは神のエネルギーを指す。単数形、セフィラ。

セフェル・イェツィラー Sepher Yetzirah 『形成の書』。カバラ最古の文献の一つ。紀元前１００年から紀元２００年頃まで口頭にて伝えられていたが、その後に標準テキストが決定。宇宙の形成を22のヘブル文字と比較する内容。１６４２年、ヨハネス・ステファヌス・リッタンゲリウスがヘブル語原典に関する小論文を執筆、これが後年「32の叡智の小径」としてセフェル・イェツィラーの付録となる。

セフェル・ゾハール Sepher Zohar 『壮麗の書』。14世紀に初版が出た膨大なカバラ文献。著者はシメオン・ベン・ヨハイとされる。ゾハールには律法の注釈も記されている。著者はおそらくモーゼス・デ・レオン。

セフェル・バヒル Sepher Bahir 『輝きの書』。１世紀のタルムードの賢者ラビ・ネフリア・ハカナの作とされる12世紀のカバラ文献。古代カバリストの瞑想法、とりわけ文字のマントラ的唱え方を解説する。

占者 Diviner 占術を行う人。

占術 Divination 偶然的出来事の背後にある神意を探る術。黄金の夜明けでは霊的福祉と成長の道具として用いられた。占術にはさまざまな様式があり、代表的なところはタロットとジオマンシー。

占星術 Astrology 天体の活動があらゆる生物、非生物、および地上の状態に及ぼす影響を精査する古代科学。また天体の影響に対する万物の反応も精査する。現代天文学は星間距離と体積と速度を扱う客観科学であるのに対し、占星術はホロスコープ上の天体配置を扱う主観的直観的科学であり、また生命の霊的本質を説明する哲学とも見なされている。

ソフィア　Sophia　「叡智」を表すギリシャ語。

ソルヴェ・エト・コアグラ　Solve et Coagula　「溶かしたのち凝固させよ」を意味するラテン語。固体を液体にし、ふたたび固体に戻すという錬金術作業の要点を示す金言。心理療法と自己統合、あるいは参入と霊的成長の暗喩として用いられた。

ゾロアスターあるいはツァラトゥストラ　Zoroaster or Zarathustra　（前628−同551頃）。イランの宗教指導者にして改革者、司祭、ゾロアスター教の開祖、またインドのパーシ教の開祖。モーゼ、ヘルメス・トリスメギストスとともに、キリストに先駆ける偉大なる霊的教師、初期神学者の一人とされる。

ゾロアスター教　Zoroastrianism　ゾロアスターが創始した宗教。

ダアス　Daath　「知識」を表すヘブル語。いわゆる生命の樹の「不可視のセフィラ」であり、実際はセフィラではなく、コクマーとビナーのエネルギーの交差点。深淵を越える通路になぞらえられる。

大アルカナ　Major Arcana　「より大いなる秘密」の意。タロットの22枚のトランプを指す。

第一団　First Order　黄金の夜明け団。別名、外陣。

第一段階　Fisrt Degree　黄金の夜明けにおける三段階の最初。ニオファイトからフィロソファスまでの外陣5位階を含む。

大宇宙　Macrocosm, Macrocosmos　大いなる宇宙。（小宇宙を参照せよ）。

退去許可　License to Depart　儀式における宣言の一つ。魔術作業の完了後、霊的存在に対し、テンプルやサークルを去る許可を与えるためのもの。

台座 Dais　ニオファイト会堂の東に設けられた席で、第二団の首領司官が座す。

第三段階 Third Degree　黄金の夜明けにおける三段階の最後。内陣を含む。

大天使 Archangel　天使の大軍を統率する強力な天使（天使を参照せよ）。大天使には自由意志があるが天使にはないとする意見もある。

第二団 Second Order　（ルビーの薔薇と金の十字架を参照せよ）。

第二段階 Second Degree　黄金の夜明けにおける三段階の2番目。予備門のみを含む。

タウマツルギア Thaumaturgy　「奇跡の作業」を意味するギリシャ語。物質界あるいは下界で変化を起こす際に使う魔術。

タットワ Tattwa　「質」を意味するサンスクリット語。主要五タットワ（プリティヴィ、ヴァユ、アパス、テジャス、アカサ）はそれぞれ地、空気、水、火、霊に照応する。

ダドゥコス Dadouchos　「松明を持つ者」を表すギリシャ語。ニオファイト会堂で聖別を行う司官。

ダドゥシェ Dadouche　ダドゥカスの女性形。

魂 Soul　人間の三重構造、肉体、魂、霊の中央の部分。魂は個人の人格部分であり、肉体と神的霊の仲裁者となる。

タロット Tarot　占術のための秘教的画像が描かれている一組のカード。通常は全部で78枚あり、うち22枚はヘブル語アルファベット22文字と関連して大アルカナと呼ばれる。残りの56枚は小アルカナと称される。タロット自体は14世紀イタリアで生まれたものと考えられる。

団 Order　兄弟会、友愛組織。同じ考えを持つ人々の連合あるいは協会。

地下納骨所 Vault of the Adepti　第二団の儀式部屋。

力の名前 Words of Power　儀式中に朗唱する神名あるいは言葉。魔術的力を持つとされる。

知遇と会話　Knowledge and Conversation　特に「聖守護天使の知遇と会話」を指す。アブラメリンから採用されたフレーズであり、クロウリー等が好んで用いる。

中央の柱　Middle Pillar　生命の樹の中央の柱。黄金の夜明けにおいては、感覚の天球のなかに中央の柱のセフィロトを覚醒させるための技法。

中庸の柱　Pillar of Mildness　または中央の柱、均衡の柱。ケテル、ダアス、ティファレト、イエソド、マルクトからなる生命の樹の中央の柱。(中央の柱を参照せよ)。

追儺儀式　Banishing Ritual　不必要な世俗的、アストラル的、霊的エネルギーを除去するための儀式。追儺はアストラルにおける魔術円ないし神聖空間を定義する。通常、より複雑な儀式の前に行われる。

ティファレト　Tiphareth　「美」を表すヘブル語。生命の第6のセフィラ。

テウルギア　Theurgy　「神の作業」を意味するギリシャ語。個人的成長、霊的進化、神聖なるものとのより密なる調和を求めるための高等魔術。黄金の夜明けが支持する魔術。

デカン　Decan　十二宮の10度分区画(一つの宮は30度)。

テトラグラマトン　Tetragrammaton　「四文字の名前」を表すギリシャ語。ヘブライの神の至高の名前YHVHを指す。

テトラグラム　Tetragram　「四文字」を表すギリシャ語。4文字からなる聖なる言葉や名前。また4つの線から構成されるジオマンシー表象のこと。ジオマンシーでは16種のテトラグラムを用いる。

デミウルゴス　「創造者」を表すギリシャ語。プラトンが作り出した用語で、のちにグノーシス主義者も採用している。創造された宇宙を支配する小神格。デミウルゴスは至高神ではなく、高次の諸力の道具でしかない。

テレズマ　Telesma　像を活性化して充填する際に用いるエネルギー。テレズマ像に注入する。

テレズマ像 Telesmatic Image 視覚化創造された神格や天使のイメージ。特にヘブル文字照応を用いて想像力のなかで構築されるイメージを指す。天使の各文字が秘教配属によって構築された像に色や形を与える。

天才 Genius 支配的あるいは守護的霊。複数形は genii。

天使 Angel 神聖階層構造に含まれる存在。職能と作業を有する純粋な混じり気のない善の高級霊。天使は神人的存在であり、善なるものと聖なるものの象徴とされる。天使と大天使は神の特定局面を表すと想定されていて、それぞれ特定の目的と管轄を持つ。また特定の仕事たとえば人類への教育、警告、メッセージ等の伝達を担当する。カバラ系天使の名前は通常エルないしヤーという接尾辞がつく。それ自体が神の名前であり、天使が「神に属する」ことを表している。エンジェルという言葉はギリシャ語のアンゲロス「使者」に由来する。

伝授者 Initiator 参入を司る者、参入儀式の主宰者。秘密を伝授する者。

天動説 Geocentric 「地球中心」。地球を宇宙の中心として惑星が周囲を回るとする古代の宇宙観。

東旗 Banner of the East 黄金の夜明けでは、光の主要シンボル。ハイエロファントが持つ。

トリオンフィ Trionfi 「勝利」を表すイタリア語。タロットのトランプに関係する。

内在 Immanent 存在する。内側にある。

内陣 Inner Order ルビーの薔薇と金の十字架団 Rosae Rubeae et Aureae Crucis (R.R. et A.C.)、RRAC。黄金の夜明け団の第二団。

ニオファイト Neophyte ギリシャ語の neophytos「新たに植えられた」が語源。新参者、初心者。黄金の夜明けの最初の参入位階。位階記号は⓪=0。ニオファイト位階に参入を認められた人。

ニオファイト・アデプタス・マイナー Neophyte Adeptus Minor アデプタス・マイナーの最初の準位階。

入場者の合図　Sign of the Enterer　別名を投射の合図、攻撃の合図、ホルスの合図。黄金の夜明けのニオファイトの二つある位階合図の一つ。

ネシャマー　Neshamah　カバラにおける魂の最高部分。大いなるネシャマーはケテル、コクマー、ビナーを包含する。魂の至高の熱望。本来的ネシャマーすなわち直覚的魂はビナーにある。

ネツァク　Netzach　「勝利」を表すヘブル語。生命の樹の第7のセフィラ。

ネミス　Nemyss　古代エジプトの頭巾。黄金の夜明けの魔術師たちが着用する。

ハイエルース　Hiereus　「司祭」を意味するギリシャ語。ニオファイト会堂の主要司官の一人で、適切な浄化や聖別が行われるまで志願者を通せんぼしたり脅したりする。

ハイエレイア　Hiereia　ハイエルースの女性形。

ハイエロファンティッサ　Hieropahantissa　ハイエロファントの女性形。

ハイエロファント　Hierophant　「秘儀を伝授する司祭」を意味するギリシャ語。黄金の夜明け団外陣の筆頭司官。

パス・ワーキング　Path Working　生命の樹の10のセフィロトを連結する22本の小径（パス）にはタロットカードの大アルカナ22枚が配属されている。そのパスを霊的に体験するために大アルカナを視覚化して瞑想する作業をパス・ワーキングと称する。体験した内容を後日文書にまとめて団の書庫に収めることも多い。

パッファー　Puffer　いかさま錬金術師。

薔薇十字　Rose Cross　黄金の夜明け第二団のキーシンボル。薔薇十字団の象徴である紅い薔薇と金の十字架が基になっている。薔薇十字の胸飾りは達人たちによって着用される。

薔薇十字主義　Rosicrucianism　17世紀に出現した神秘的哲学運動。その影響を受けて秘教的霊的信仰を明らかにしたうえで神秘主義や錬金術、カバラなどを研究するオカルト系の秘密結社が誕生している。薔薇十字の象徴体系は基本的にキリスト教系であり、キリストを推進力とする変成の道を強調する。

パロケス　Paroketh　生命の樹のティファレトと下位四セフィラのあいだに存在する境界。しばしば「ヴェイル」と称される。

光の魔術　Magic of Light　黄金の夜明けの第二団で行われる実践魔術のこと。聖五文字ＹＨＳｈＶＨの下で分類される。喚起と召喚はヘブル文字ヨッドＹ、火の元素に分類される。護符の聖別と自然現象誘発は第二の文字へーＨ、水の元素に分類される。霊的発達と変成にかかわる全作業は第三の文字シンＳｈ、霊の元素に分類される。すべての占術は第四の文字ヴァウＶ、空気の元素に分類される。すべての錬金術作業は最終のへーＨ、地の元素に分類される（聖五文字を参照せよ）。

秘教的　Esoteric　隠秘的な、秘密の、内的な（顕教的を参照せよ）。

左手の柱　Left-Hand Pillar　（峻厳の柱を参照せよ）

ビナー　Binah　「理解」を表すヘブル語。生命の樹の第3のセフィラ。

ファーマ・フラテルニタティス　Fama Fraternitatis　薔薇十字三大宣言書の一つにしてもっとも有名かつ謎に満ちたもの。１６１４年、ドイツのカッセルにて発見され、以降薔薇十字運動を刺激していまに至る。

フィラキッサ　Phylakissa　フィラクスの女性形。

フィラクス　Phylax　「見張り」を意味するギリシャ語。ニオファイト会堂を警護する司官。

フィロソファス　Philosophus　ギリシャ語の「知恵を愛する者」が語源。フィロソファス位階は黄金の夜明けの第五の参入であり、第一段階を構成する四元素位階の最終である。火の元素と第7のセフィラであるネツァクに配属される。位階記号は④＝7。フィロソファス位階に参入した人間。複数形、フィロソフィ。

プシケ　Psyche　「魂」を表すギリシャ語。思考、感情、行動の中枢として機能する精神。心理－物理的存在の肉体を持たない部分。意識的、無意識的機能の両者を含む。

プラクティカス　Practicus　黄金の夜明けの第四参入、第一段階を構成する元素位階群の3番目。プラクティカスという言葉は理論を実践に移しはじめたばかりの人間を表す。水の元素と第8のセフィラであるホドに配属される。位階記号は③＝⑧。プラクティカス位階に参入した人。複数形、プラクティ。

ブリアー　Briah　「創造の世界」。カバラ四界論の第二の世界であり、コクマーとビナーから構成される。ブリアーは大天使の領域であり、水の元素、ヘブル文字のヘーに配属される（四界論を参照）。

プレモンストラトリクス　Praemonstratrix　プレモンストレーターの女性形。

プレモンストレーター　Praemonstrator　「案内役」「予言する者」を意味するラテン語。教師。ニオファイト会堂の三首領司官の一人。

「ヘカス・ヘカス・エステ・ベベロイ！」　Hekas Hekas Este Bebeloi!　もともとはエレウシス密儀で発せられていた魔法のフレーズ。「俗なるものよ、遠ざかれ」の意味。黄金の夜明けでは、儀式がまさにはじまることを示す。

ヘゲモーネ　Hegemone　ヘゲモンの女性形。

ヘゲモン　Hegemon　「案内役」を意味するギリシャ語。ニオファイト会堂の主要司官。儀式場で志願者をあちこち案内してまわる。

ヘルメス学　Hermeticism　古代ヘルメス術から発展したヘルメス伝統の後代的顕現。メソポタミア、エジプト、ギリシャ、ローマから伝わった西洋世界の魔術と神秘主義。薔薇十字、ユダヤ、アラビアおよびヨーロッパ土着の霊的伝統も含む。総称して西洋秘教伝統。

ヘルメス・メルクリウス・トリスメギストス　Hermes Mercurius Trismegistus　「三重に偉大なるヘルメス」。ギリシャのヘルメス神とエジプトのトート神が一体化したもの。最初にして最高の魔術師とされる。ヘルメス・トリスメギストスは古代エジプトの司祭にして魔術師であり、ヘルメス文書と呼ばれる42冊の書物を書いたとされる。このなかにはエメラルド・タブレット、神聖ピマンドロスなどが含まれていて、宇宙の創造、人間の魂、霊的再生の方法などが記されている。

ヘルメティック Hermetic 形容詞。ヘルメス・トリスメギストスに関する、あるいは帰せられる。オカルト関連、とりわけ西洋系（バビロニア、エジプト、ユダヤ、キリスト教、ギリシャ、ローマ）の錬金術、占星術、魔術の。

ヘレニスティック Hellenistic 形容詞。アレクサンドロス大王の死後からアウグストゥスの即位までのギリシャ後期古典時代に関係する。ギリシャ風の。ギリシャ的思想や習慣の。

変成 Transmutation 物質、性質、状態などを別のものに変えるプロセス。錬金術では低劣なものを高貴かつ精妙なものに変えることを指す。

ペンタグラマトン Pentagrammaton 聖五文字。「五文字の名前」を意味するラテン語。ヘブル語でイエスを表すＹＨＳｈＶＨイェヘシュア。聖四文字ＹＨＶＨの中央にＳｈを加えたもの。（テトラグラマトンを参照せよ）。

ペンタクル Pentacle タロットの4スートの一つで、地の元素とアッシャー界を表す。ペンタクルは魔術師の図表であり、通常は円形で、羊皮紙、金属その他の材料に刻んで護符とする。また黄金の夜明けの魔術師の元素道具の一つ。

ホド Hod 「壮麗」を表すヘブル語。生命の樹の第8のセフィラ。

マイム Maim 「水」を表すヘブル語。

巻き込み Involution 包み込む、もつれる行為。複雑性を得ること。秘教用語では霊が物質に下降することを指す。対合。生命原理が物質に「巻き込まれる」こと。霊が自ら物質に囚われるという自己犠牲の一つの形。生命の樹のセフィロトの形成も巻き込みの一例（進化を参照せよ）。

マグヌム・オプス　Magnum Opus　「大いなる作業」。錬金術の目標。

マジスター・テンプリ　Magister Templi　「神殿の主」。黄金の夜明けではビナーに配属される仮定的あるいは名誉位階。8＝3。

魔法名　Magical Motto　魔術ロッジで用いるために魔術師が自ら選ぶ特別の魔法の名前あるいはフレーズ。魔法名は魔術作業中に俗世と自分を切り離すために採用する。多数の魔術師が自分にとって霊的意義のある文言を選んでいる。黄金の夜明けの魔法名は、世俗的生活で使われる通常言語を回避する目的でラテン語やヘブル語でつけることが多い。

マルクト　Malkuth　「王国」を表すヘブル語。生命の第10のセフィラ。

マルタ十字　Maltese Cross　4つの三角形から構成される十字。プレモンストレーターの杖の頭部のシンボル。

ミカエル　Michael　「神の完成」「神に似たもの」を表すヘブル語。ホドの大天使。また小五芒星追儺儀式で召喚される火の大天使の名前。

右手の柱　Right-Hand Pillar　（慈悲の柱を参照せよ）

胸飾り　Lamen　首から下げて胸のあたりにつける魔術的シンボル。儀式中に着用してオカルト的権能を示す。胸飾りは通常は丸い板、ときに金属製で、魔術的象徴や文言を刻む。現代の胸飾りは木製ないし厚紙製が多い。

メイガス　Magus　術士。熟達した魔術師、達人。ゾロアスター教の司祭階級を示すマギ magi およびギリシャ語の魔術師 magos に由来する。同じくギリシャ語の「偉大な」mega との関連も考えられる。黄金の夜明けではコクマーに配属される仮定的あるいは名誉位階。9＝2。

瞑想　Meditation　内的通信あるいは高次の自己からの啓発に耳を傾けるため精神を落ち着かせる行為。

メタトロン　Metatron　おそらくはギリシャ語「汝の座の近く」の訳。ケテルの大天使にしてヘブライの大天使中の最強者。生命の樹全体を支配する大天使とされ、特に白い柱を担当する。契約の櫃の右手のケルブともいわれる。

予備門　Portal　黄金の夜明けの第一団と第二団の間に存在する橋渡し的位階。黄金の夜明けの第二段階。

ラファエル　Raphael　「神の癒し手」を表すヘブル語。ティファレトの大天使の名前、またLBRPにて召喚される空気の大天使の名前。

ルアク　Ruach　「息」「空気」「霊」を表すヘブル語。カバラの魂構造論における中間部。精神と理性の力を表す。

「ル・オーラム、アーメン」　Le-Olahm, Amen　「世界よ、とこしえに永遠なれ」の意。カバラ十字のフレーズの一つ。

ルビーの薔薇と金の十字架　Rosae Rubeae et Aureae Crucis (R.R. et A.C.)　RRAC。黄金の夜明けの階層構造における第二団あるいは内陣。

霊　Spirit　他の四元素を統轄する超絶的第五元素。生命体にあっては生命原理ないし生命力。あるいは、感覚はあるが実体を持たない存在。人間の三重構造、肉体、魂、霊の最高部分。

霊視　Clairvoyance　フランス語のclairvoyant「明瞭に見える」が語源。通常の視覚以外の方法を用いて時間と空間を隔てた人物やイベントを見る見者、占者、スクライヤーの能力。ときに超感覚ESPの一種とされる。知覚補助器具として水晶球、魔法鏡、シンボルなどを使う場合もあれば、使わない場合もある。

霊的ヴィジョンのスクライング　Skrying in the Spirit Vision　黄金の夜明けで行われるスクライングでは、水晶球や鏡ではなく、タットワや元素記号などを厚紙に描いたものを使うのが普通である。ジオマンシー記号、惑星記号、タロットカードなども使用される。ある程度アストラル体投射に似る部分もある。

錬金術　Alchemy　浄化と変成の古代科学。2種類の錬金術が存在するが、互いに重なり合う部分も多い。実践型、実験室型、あるいは外的錬金術は、鉛のような卑金属をより純粋な黄金の如き物質へ変成することに従事する。また万能薬生成を目的として植物から薬草成分を抽出する。霊的、理論的、内的錬金術は人間の魂を卑しい状態から霊的啓発へと変成することを目的とする。

錬金術の三角形　Alchemical triangles　別名を元素の三角形。四大元素を表す一連の三角形群。火の三角形、水の三角形、空気の三角形、地の三角形がある。

錬金術の三原理　Three Alchemical Principles　万物に内在するといわれる錬金術の基本的三物質。すなわち硫黄、水銀、塩の三つであり、それぞれ魂、霊、肉体に関連する。この三つは通常物質のそれと決して混同してはならない。

六芒星　Hexagram　ヘクサグラム。二つの三角形を組み合わさって形成される六つの角を持つ図形。二つの三角形はそれぞれ火と水という対立する力に照応する。六芒星は互いにバランスをとって調和する対立エネルギーを表す。別名をダビデの星、あるいはマクロコズムの星。完成された人間の象徴であり、ヘルメスの金言「上下一如」を意味する。互いを貫く三角形は、高次の神的力に貫かれる人間の下位性質を表すといわれている。黄金の夜明けでは、六芒星儀式は惑星およびセフィロトの諸力を召喚あるいは追儺する際に使用される。

ロゴス　Logos　「言葉」を意味するギリシャ語。グノーシス教徒にとっては、宇宙に顕現する神格を表す言葉。宇宙の背後にある創造的原理にして法則。宇宙の創造以前に存在した可視世界の創造者。世界の生命にして光、すべての生命と運動と進化と律動をはじめるもの。

ワンド　Wands　タロットの4スートの一つで、火の元素とアツィルト界に配属される。

LBRP Lesser Banishing Ritual of the Pentagram　小五芒星追儺儀式。

LIRP Lesser Invoking Ritual of the Pentagram　小五芒星召喚儀式。

QC Qabalistic Cross　カバラ十字。

RRAC R.R. et A.C.　ルビーの薔薇と金の十字架。

YHVH 神の至高の名前ヨッド、ヘー、ヴァウ、ヘーの4文字。神の真の名前は知られておらず、発音も不可能とされる。この4文字には火、水、空気、地の四元素が配属される。聖四文字、テトラグラマトンとも称される。ときに「エホバ」「ジエホヴァ」とされるが、それは不正確である。(聖四文字を参照せよ)。

YHVH エロア・ヴェ・ダアス YHVH Eloah ve-Daath　ティファレトのヘブル語の神名。「主よ、知識の神よ」の意。中央の柱儀式で振動発声される。

YHVH エロヒム YHVH Elohim　ビナーのヘブル語の神名。「主なる神」の意。中央の柱儀式で振動発声されるとき、ビナーとダアスの両者に関連する。

参考文献

Agrippa, Cornelius. *Three Books of Occult Philosophy.* Edited and annotated by Donald Tyson. St. Paul, Minn.: Llewellyn Publications, 1993.

Albertus Spagyricus, F. R. C. *The Alchemist's Handbook.* Salt Lake City, Utah: The Paracelsus Research Society, 1960.

Blavatsky, H. P. Compiled with notes by Lina Psaltis. *Dynamics of the Psychic World.* Wheaton, Ill.: Theosophical Publishing House, 1967.

Bowersock, G.W., Peter Brown, and Oleg Grabar. *Late Antiquity: A Guide to the Postclassical World.* Cambridge, Mass.: Belknap Press/Harvard University Press, 1999.

Burckhardt, Titus. *Alchemy.* Longmead, Shaftesbury, Dorset: Element Books, Ltd., 1986.

Burkert, Walter. *Ancient Mystery Cults.* Cambridge, Mass.: Harvard University Press, 1987.

Cavendish, Richard. *The Encyclopedia of the Unexplained: Magic, Occultism and Parapsychology.* New York: McGraw-Hill Book Company, 1974.

Christian, Paul. *The History and Practice of Magic.* Secaucus, N.J.: The Citadel Press, 1972.

Cicero, Chic, and Sandra Tabatha Cicero. *Creating Magical Tools.* St. Paul, Minn.: Llewellyn Publications, 1999.

———. *Experiencing the Kabbalah.* St. Paul, Minn.: Llewellyn Publications,1997.

———. *The Golden Dawn Journal: Book One: Divination.* St. Paul, Minn.: Llewellyn Publications, 1994.

———. *The Golden Dawn Journal: Book Two: Qabalah: Theory and Magic.* St. Paul, Minn.: Llewellyn Publications, 1994.

———. *The Golden Dawn Journal: Book III, The Art of Hermes.* St. Paul, Minn.: Llewellyn Publications, 1995.

———. *The Magical Pantheons: A Golden Dawn Journal.* St. Paul, Minn.: Llewellyn Publications, 1998.

———. *The New Golden Dawn Ritual Tarot.* St. Paul, Minn.: Llewellyn Publications, 1991.

———. *Self-Initiation into the Golden Dawn Tradition.* St. Paul, Minn.: Llewellyn Publications, 1995.

Cicero, Sandra Tabatha, "Re-creating the Golden Dawn Tarot." *The Proceedings of the Golden Dawn Conference — London 1997,* edited by Allan Armstrong & R. A. Gilbert. Bristol, England: Hermetic Research Trust. 1998.

Clark, R. T. Rundle. *Myth and Symbol in Ancient Egypt.* London: Thames and Hudson, Ltd., 1995.

Crowley, Aleister. *Magick in Theory and Practice.* New York: Dover Publications, Inc., 1976.（アレイスター・クロウリー著、島弘之・植松靖夫・江口之隆訳『魔術―理論と実践』国書刊行会、新装版、１９９７年）

Davidson, Gustav. *A Dictionary of Angels: Including the Fallen Angels.* New York: The Free Press, 1967.（グスタフ　デイヴィッドスン著、吉永進一訳『天使辞典』創元社、２００４年）

De Rola, Stanislas Klossowski. *Alchemy: The Secret Art.* New York: Bounty Books, 1973.（スタニスラス・クロソウスキ・ド・ローラ著、種村季弘・松本夏樹訳『錬金術：精神変容の秘術（新版イメージの博物誌）』平凡社、新版、２０１３年）

———. *The Golden Game: Alchemical Engravings of the Seventeenth Century.* London: Thames and Hudson, 1988.（スタニスラス・クロソウスキ・ド・ローラ著、磯田富夫・松本夏樹訳『錬金術図像大全』平凡社、１９９３年）

Deuel, Leo. *Testaments of Time: The Search for Lost Manuscripts and Records.* New York: Alfred A. Knopf, 1965.

De Vore, Nicholas. *Encyclopedia of Astrology.* New York, N.Y.: Philosophical Library, 1947.

Essentia, *Journal of Evolutionary Thought in Action.* Summer 1981, Vol. 2.

Essentia, *Journal of Evolutionary Thought in Action.* Winter 1983–Spring 1984,Vol. 5.

Dungan, David Laird. *A History of the Synoptic Problem: The Canon, the Text, the Composition, and the Interpretation of the Gospels.* New York: Doubleday, 1999.

Franck, Adolphe. *The Kabbalah: Religious Philosophy of the Hebrews.* New York: Bell Publishing, 1940.

French, Peter. *John Dee: The World of an Elizabethan Magus.* New York: Ark Paperbacks, 1972.（ピーター・J・フレン

チ著、高橋誠訳『ジョン・ディー—エリザベス朝の魔術師（クリテリオン叢書）』平凡社、１９８９年）

Forrest, Adam. Hermetic Fellowship Website: www.hermeticfellowship.org.

Fortune, Dion. *The Esoteric Orders and Their Work.* York Beach, Maine: Samuel Weiser, Inc., 2000.

———. *The Mystical Qabalah.* New York: Ibis Books, 1981.（ダイアン・フォーチュン著、大沼忠弘訳『神秘のカバラー』国書刊行会、新装版、１９９４年）

———. *The Training and Work of an Initiate.* York Beach,Maine: Samuel Weiser, Inc., 2000.

Gilbert, R. A. *The Golden Dawn and the Esoteric Section.* London: Theosophical History Centre, 1987.

———. *The Golden Dawn Scrapbook.* York Beach,Maine: Samuel Weiser, Inc., 1997.

———. *The Golden Dawn, Twilight of the Magicians.* Great Britain, The Aquarian Press, 1983.

Ginsburg, Christian D. *The Essenes, Their History and Doctrines: The Kabbalah, Its Development and Literature.* London: Routledge & Kegan Paul Ltd., 1956.

Gleadow, Rupert. *The Origin of the Zodiac.* New York: Castle Books, 1968.

Godwin, David. *Light in Extension.* St. Paul, Minn.: Llewellyn Publications, 1992.

Graf, Susan Johnston. *W. B. Yeats — Twentieth-Century Magus.* York Beach, Maine: Samuel Weiser, Inc., 2000.

Greer, Mary K. *Women of the Golden Dawn.* Rochester, Vt.: Park Street Press, 1995.

Greer, John Michael. *Earth Divination, Earth Magic.* St. Paul, Minn.: Llewellyn Publications, 1999.

Hall, Manly P. *Words to the Wise: A Practical Guide to the Esoteric Sciences.* Los Angeles, Calif.: The Philosophical Research Society, Inc., 1963.

Hamlyn, D.W. *A History of Western Philosophy.* Great Britain: Penguin Books, 1987

Herodotus. *Histories.* Great Britain: Wordsworth Editions Ltd., 1996.（ヘロドトス著、松平千秋訳『歴史』岩波書店、改版、（上）１９７１年、（中・下）１９７２年）

Holmyard, E. J. *Alchemy.* New York, N.Y.: Dover Publications, Inc., 1990.（E・J・ホームヤード著、大沼正則監訳『錬

金術の歴史—近代化学の起源』朝倉書店、１９９６年）

Howe, Ellic. *The Magicians of the Golden Dawn.* New York, Samuel Weiser, Inc., 1972.

Iamblichus. *On the Mysteries.* Translated by Thomas Taylor, San Diego, Calif.:Wizard‧ s Bookshelf, 1984.

Interpreter's Dictionary of the Bible: An Illustrated Encyclopedia in Four Volumes. Nashville, Tenn.: Abingdon Press, 1962.

James, Geoffrey. *The Enochian Magick of Dr. John Dee.* St. Paul, Minn.: Llewellyn Publications, 1984, 1994.

Kaplan, Stuart. *The Encyclopedia of Tarot. Vol. I.* New York: U.S. Games, Inc., 1980.

Kieckhefer, Richard. *Forbidden Rites: A Necromancer's Manual of the Fifteenth Century.* University Park, Pa.: Pennsylvania State University Press, 1997.

King, Francis. *Astral Projection, Ritual Magic, and Alchemy By S. L.Mac-Gregor Mathers and Others.* Rochester, Vt.: Destiny Books, 1987.（フランシス・キング著、秋端勉責任編集、江口之隆訳『黄金の夜明け魔法大系3　飛翔する巻物—高等魔術秘伝—』国書刊行会、１９９４年）

———. *Modern Ritual Magic.* Great Britain: Prism Press, 1989.（フランシス・キング著、秋端勉責任編集、江口之隆訳『黄金の夜明け魔法大系5　英国魔術結社の興亡』国書刊行会、１９９４年）

King, Leonard W. *Babylonian Magic and Sorcery.* York Beach, Maine: Samuel Weiser, Inc., 2000.

Knight, Gareth. *Magic and the Western Mind.* St. Paul, Minn.: Llewellyn Publications, 1991.

Kraig, Donald Michael. *Modern Magick.* St. Paul, Minn.: Llewellyn Publications, 1988.

Küntz, Darcy. *The Complete Golden Dawn Cipher Manuscript.* Edmonds, Wash.: Holmes Publishing Group, 1996.

———. *The Golden Dawn American Source Book.* Edmonds, Wash.: Holmes Publishing Group, 2000.

———. *The Golden Dawn Source Book.* Edmonds, Wash.: Holmes Publishing Group, 1996.

Kurrels, Jan. *Astrology for the Age of Aquarius.* London: Tiger Books International, 1992.（ジャン・カレルズ著、阿部秀典訳『占星術大全』青土社、１９９６年）

Lapidus. *In Pursuit of Gold.* New York, NY: Samuel Weiser, Inc., 1976.

Laurence, Richard. *The Book of Enoch the Prophet.* San Diego, Calif.: Wizards Bookshelf, 1983.

Lewis, James R. *The Astrology Encyclopedia.* Detroit, Mich.: Visible Ink Press, 1994.（ジェームス・R・ルイス著、鏡リュウジ訳『占星術百科』原書房、２０００年）

Levi, Eliphas. *The History of Magic.* York Beach, Maine: Samuel Weiser, Inc., 1999.（エリファス・レヴィ著、鈴木啓司訳『魔術の歴史―附・その方法と儀式と秘奥の明快にして簡潔な説明』人文書院、１９９８年）

———. *The Magical Ritual of the Sanctum Regnum.* Kila, Mont.: Kessinger Publishing Co.

———. *The Transcendental Magic.* York Beach, Maine: Samuel Weiser, Inc., 1995.（エリファス・レヴィ著、生田耕作訳『高等魔術の教理と祭儀（教理篇）』人文書院、１９８２年、同『高等魔術の教理と祭儀（祭儀篇）』人文書院、１９９２年）

Mackey, Albert G. and Charles T. McClenachan. *Encyclopedia of Freemasonry.* New York: The Masonic History Company, 1924.

Mathers, S. L. MacGregor. *The Key of Solomon the King.* York Beach, Maine: Samuel Weiser, Inc., 1974.

———. *The Kabbalah Unveiled.* York Beach, Maine: Samuel Weiser, Inc., 1989.（S・L・マグレガー・メイザース著、判田格訳『ヴェールを脱いだカバラ』国書刊行会、２０００年）

Mead, G. R. S. *Thrice-Greatest Hermes.* London: Stuart & J. M. Watkins, 1964 reprint.

Mirandola, Pico della. *Opera Omnia.* Basil, 1557; reprint, Hildesheim: George Olms, 1969.

Montet Pierre. *Eternal Egypt.* New York:Mentor Books, 1964.

Papus. *The Tarot of the Bohemians.* New York: Arcanum Books, 1958.

Pingree, David. *Picatrix: The Latin Version of the Ghayat Al-Hakim.* London: The Warburg Institute, 1986.

Platt, Rutherford H. *The Forgotten Books of Eden.* New York: Bell Publishing Co., 1980.

Randolph, Paschal Beverly, ed. *Divine Pymander attributed to Hermes Mercurius Trismegistus.* Des Plaines, Illinois: Yogi Publication Society, 1871.

Regardie, Israel. *The Complete Golden Dawn System of Magic.* Phoenix, Ariz.: Falcon Press, 1984.
———. *Foundations of Practical Magic.* 2nd ed.Wellingborough, Northamptonshire: The Aquarian Press, 1983.
———. *A Garden of Pomegranates: Skrying on the Tree of Life.* 3rd ed., St. Paul, Minn.: Llewellyn Publications, 1999.（イスラエル・リガルディー著、片山章久訳『世界魔法大全２　柘榴の園』国書刊行会、新装版、２００２年）
———. *The Golden Dawn.* 6th ed., St. Paul, Minn.: Llewellyn Publications, 1994.（イスラエル・リガルディ編、秋端勉責任編集、江口之隆訳『黄金の夜明け魔法体系１――黄金の夜明け魔術全書　上』『黄金の夜明け魔法体系２――黄金の夜明け魔術全書　下』国書刊行会、１９９３年）
———. *The Middle Pillar: The Balance Between Mind and Magic.* St. Paul, Minn.: Llewellyn Publications, 1998.
———. *The Philosopher's Stone.* St. Paul, Minn.: Llewellyn Publications, 1978.
———. *A Practical Guide to Geomantic Divination.* New York: Samuel Weiser, Inc., 1972.
———. *The Tree of Life: An Illustrated Study of Magic.* St. Paul, Minn.: Llewellyn Publications, 2001.
———. *What You Should Know About the Golden Dawn.* Phoenix, Ariz.: Falcon Press, 1987.
Runes, Dagobert D. *The Wisdom of the Kabbalah: Its Essence and Philosophy.* New York: Philosophical Library, 1957.
Runyon, Carroll. *Secrets of the Golden Dawn Cypher Manuscript.* Silverado, Calif.: C.H.S., Publications, 1997.
———. *The Seventh Ray: Book I: The Blue Ray.* Silverado, Calif.: C.H.S., Publications, 1999.
Schaya, Leo. *The Universal Meaning of the Kabbalah.* Baltimore: Penguin Books, 1973.
Scholem, Gershom. *Kabbalah.* New York: Dorset Press, 1974.
Scott, Walter. *Hermetica: The Ancient Greek and Latin Writings which contain Religious or Philosophic Teachings Ascribed to Hermes Trismegistus.* Melksham, Wiltshire, Great Britain: Solos Press, 1993.
Seligmann, Kurt. *The History of Magic.* New York: Pantheon Books, 1948.（カート・セリグマン著、平田寛訳『魔法：その歴史と正体』人文書院、１９９１年）
Shaw, Gregory. *Theurgy and the Soul: The Neoplatonism of Iamblichus.* University Park, Pa.: Pennsylvania State University

Press, 1995.

Silverman, David P. *Ancient Egypt.* New York: Oxford University Press, 1997.

Skinner, Stephen. *The Oracle of Geomancy.* New York:Warner Destiny Books, 1977.

Spence, Lewis. *An Encyclopedia of Occultism.* New York: Citidel Press, 1996.

Stanley, Thomas. *The Chaldaean Oracles.* Gillette, N.J.: Heptangle Books, 1989.

Thompson, C. J. S. *The Lure and Romance of Alchemy.* New York, N.Y.: Bell Publishing Company, 1990.

Turner, Robert. *Elizabethan Magic.* Great Britain: Element Books, 1989.

———. *The Heptarchia of John Dee.* Wellingborough, Northamptonshire: The Aquarian Press, 1986.

Tyson, Donald. *Enochian Magic for Beginners.* St. Paul, Minn.: Llewellyn Publications, 1997.

———. *Scrying for Beginners.* St. Paul, Minn.: Llewellyn Publications, 1998.

Van der Broek, Roelof and Wouter J. Hanegraaff. *Gnosis and Hermeticism: From Antiquity to Modern Times.* Albany, N.Y.: State University of New York Press, 1998.

Van der Toorn, Karel, Bob Becking, and Pieter W.Van der Horst. *Dictionary of Deities and Demons in the Bible.* Grand Rapids, Mich.: Eerdmans/Brill, 1999.

Waite, Arthur Edward. *The Mysteries of Magic: A Digest of the Writings of Eliphas Levi.* Kila, Mont.: Kessinger Publishing Co.

———. *Shadows of Life and Thought.* Kila, Mont.: Kessinger Publishing Co.

Westcott, William Wynn. *Collectanea Hermetica.* York Beach Maine: Samuel Weiser, Inc., 1998.

———. *Sepher Yetzirah: The Book of Formation.* New York: Samuel Weiser, Inc. 1980.

———. *Sepher Yetzirah: The Book of Formation.* Ed. by Darcy Küntz. Edmonds, Wash.: Holmes Publishing Group, 1996.

Williams, Brian. *A Renaissance Tarot: A Guide to the Renaissance Tarot.* Stamford, Conn.: U. S. Games, Inc., 1994.

Zalewski, Pat. *Golden Dawn Enochian Magic.* St. Paul, Minn.: Llewellyn Publications, 1994.

索引

［アルファベット］

［あ］

[か]

［さ］

［た］

[な]

[は]

［ま］

[や]

[ら]

[わ]

[著者]
チック・シセロ
アメリカ合衆国ニューヨーク州生まれ。ミュージシャン、ビジネスマンを経て、儀式魔術の実践家となり40年に及ぶキャリアを有する。黄金の夜明け団の魔法体系を初めて世に開示したイスラエル・リガルディーと親交があり、1977年、アメリカに同団のテンプル（支部）を創設。1980年代初頭におけるリガルディーの黄金の夜明け団復活の試みを補佐した中心人物の一人。位階はシニア・アデプト。現在は妻のサンドラ・タバサ・シセロとともにフロリダ在住。サンドラとの共著に *Self-Initiation into the Golden Dawn Tradition*、*Golden Dawn Magical Tarot Mini-Kit*、*Ritual Use of Magical Tools*（いずれもLlewellyn Worldwide Ltd）などがある。

サンドラ・タバサ・シセロ
アメリカ合衆国ウィスコンシン州生まれ。ウィスコンシン大学ミルウォーキー校学士（美術）。黄金の夜明け団シニア・アデプト。

[翻訳]
江口之隆（えぐち これたか）
1958年、福岡県生まれ。魔術研究家、翻訳家。1983年、日本初の黄金の夜明け団の歴史書『黄金の夜明け』（共著、国書刊行会）を上梓。1984～85年にかけて英国・ウォーバーグ研究所で夜明け団研究を行う。魔術関係の著訳書多数。主な著書に『黒魔術・白魔術』（長尾豊名義、学研）、『西洋魔物図鑑』（翔泳社）など、訳書にクロウリー『ムーンチャイルド』（創元推理文庫）、リガルディー編『黄金の夜明け魔術全書』上下巻をはじめとする『黄金の夜明け魔法大全』シリーズなどがある。Webサイト・Twitterアカウント『西洋魔術博物館』を主宰。魅惑的な西洋魔術の世界に関するウィットに富んだ情報発信が幅広い層の人気を呼んでいる。
[ホームページ] http://www.elfindog.sakura.ne.jp/

Translated from
THE ESSENTIAL GOLDEN DAWN: AN INTRODUCTION TO HIGH MAGIC

Published by Llewellyn Publications
Woodbury, MN 55125 USA www.llewellyn.com
through Japan UNI Agency, Inc., Tokyo

現代魔術の源流
［黄金の夜明け団］入門

第一刷 2017年12月31日

著者 チック・シセロ
サンドラ・タバサ・シセロ
訳・解説 江口之隆

発行人 石井健資
発行所 株式会社ヒカルランド
〒162-0821 東京都新宿区津久戸町3-11 TH1ビル6F
電話 03-6265-0852 ファックス 03-6265-0853
http://www.hikaruland.co.jp info@hikaruland.co.jp
振替 00180-8-496587

本文・カバー・製本 中央精版印刷株式会社
DTP 株式会社キャップス
編集担当 児島祥子

ISBN978-4-86471-547-8

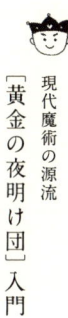